从零开始学演讲

马逸琳 著

北京大学出版社
PEKING UNIVERSITY PRESS

内 容 提 要

本书详细介绍了演讲的整体理论体系与系统的训练方法,并分析了古今中外的优秀演讲案例,力求读者可以提升演讲能力,掌握演讲的方法。

本书分为12章,第1章主要讲解什么是成功的演讲;第2章主要讲解演讲前的准备;第3章主要讲解如何设计开场;第4章主要讲解演讲的主体部分;第5章主要讲解如何设计结尾;第6章主要讲解如何让声音动听;第7章主要讲解如何准备演讲;第8章主要讲解如何提升舞台魅力;第9章主要讲解开幕后你会遇到的问题;第10章主要讲解互动;第11章主要讲解经典演讲案例;第12章主要讲解即兴演讲。

本书内容由浅入深、案例丰富、通俗易懂、并详细说明了训练方法,实用性极强,特别适合真正需要提升自己演讲能力与思维能力的读者阅读。

图书在版编目(CIP)数据

从零开始学演讲 / 马逸琳著. —北京 : 北京大学出版社, 2023.2
ISBN 978-7-301-33710-3

Ⅰ.①从… Ⅱ.①马… Ⅲ.①演讲—语言艺术 Ⅳ.①H019

中国国家版本馆CIP数据核字(2023)第021826号

书　　　名	从零开始学演讲
	CONGLING KAISHI XUE YANJIANG
著作责任者	马逸琳　著
责任编辑	刘 云　刘 倩
标准书号	ISBN 978-7-301-33710-3
出版发行	北京大学出版社
地　　　址	北京市海淀区成府路205号　100871
网　　　址	http://www.pup.cn　　新浪微博:@北京大学出版社
电子信箱	pup7@pup.cn
电　　　话	邮购部 010-62752015　发行部 010-62750672　编辑部 010-62570390
印 刷 者	河北滦县鑫华书刊印刷厂
经 销 者	新华书店
	880毫米×1230毫米　32开本　10.25印张　295千字
	2023年2月第1版　2023年2月第1次印刷
印　　　数	1–4000册
定　　　价	59.00元

未经许可,不得以任何方式复制或抄袭本书之部分或全部内容。
版权所有,侵权必究
举报电话:010-62752024　电子信箱:fd@pup.pku.edu.cn
图书如有印装质量问题,请与出版部联系,电话:010-62756370

自序

为什么要学演讲？

"为什么要学演讲？"这是我常问学员的问题，每个学员给我的回答都不同。有的人说"我希望招商引资的路演能够成功，这样我的梦想才能实现"；有的人说"我希望自己的努力能被看见，这样才能升职加薪，不被埋没"；有的人说"我希望能讲好自己的设计，这样才有可能竞标成功"；有的人说"我希望别人理解我，支持我的决定"……他们是我的学员，也是急需演讲来帮助他们的人。让我欣喜的是，在经过一段时间的训练后，演讲能力的整体提升让他们获得了更多的机会，让他们的人生重新充满了希望。

最重要的是，他们最大的改变是思维方式的改变。在训练演讲能力的过程中，有很多关于思维方式的训练。在这期间，他们学会了多角度看待并分析事物，学会了站在他人的立场上思考问题，学会了多元化处理事情，学会了做决策前的思考逻辑……其实说到演讲，"嘴皮子功夫"只是非常表面的，演讲与口才好的人，一定有深厚的知识、广博的见识以及多角度的思维方式和缜密的逻辑分析能力作为支撑，因此他们会更加自信、更加有魅力、更加有领导力。

所以，学习演讲，提升语言表达与思维能力，增长见闻，不仅可以为自己争取更多的机会，获得他人的支持，更重要的是，还可以从内到外让自己变成一个更好的人。

笔者的亲身感受

在日常生活中，口才好的人往往有更多机会展示自己并获得成功。

但是有一个奇怪的现象,那些演讲能力较强的人会反复训练自己的口才,而表达能力欠佳的人,却很少关注自身演讲能力的提升。

为什么呢?因为演讲能力是一种综合能力。它是语言表达能力、思维方式、知识积累、见识与格局的综合体现,这些都无法在短时间内快速提升。因此也导致有的读者误以为语言表达能力是一种天赋,无法习得。

其实提升语言表达能力,有长期和短期两种训练方法。本书中笔者介绍了自身在实践中总结的提升表达能力的方法,结合案例,容易理解,可操作性强。只要大家亲自去训练,笔者相信,大家的提升效果一定非常明显。

语言表达能力提升了,工作和生活就会变得不同。例如,与家人朋友的关系更加和谐,在职场中越来越能掌握话语权,创业也能得到更多人的支持。如果你是律师、外交官或新闻发言人等,那么好的口才更是你安身立命的重要基石。

卓越的演讲能力可以为你带来意想不到的结果,小则为自己争取机会,大则为国家、为人民发声。这是一项可以让你不被埋没、发展不设上限的能力。

本书的特色

- 理论专业系统。笔者结合中国传媒大学语言类人才的培养体系与国外演讲类人才的培养体系,将自己十余年的教学经验创新优化后形成了专业化的适合普通大众提升自己演讲与口才能力的系统理论。
- 训练方法有效。笔者经过多年的学习与实践,发现国内外对于语言表达训练和思维提升训练的方法差别很大,在教学中,笔者反复进行整理、修改、创新、实践等,最终形成了一套行之有效的系统的训练方法。
- 结合了国内外著名案例。本书讲解分析了古今中外大量的优秀演说,影视、综艺中的精彩演说,读者可以全方位、生动地了解演讲的知识理论，以及在何种情境下使用这些理论、使用效果如何等。
- 有趣有料，通俗易懂。本书用轻松的对话式语言讲述知识，使得广大读者可以在轻松愉快的氛围中学习知识和训练方法，提升演讲能力。

适合阅读本书的读者
- 希望成为演讲家、主持人的人；
- 有招商引资路演需求的创业者；
- 公司中层、高层管理人员；
- 律师、外交官、讲师、主播、销售等需要"靠嘴吃饭"的人；
- 需要做竞标演讲的团队核心人员；
- 演讲爱好者；
- 希望获得别人理解和支持的人；
- 有志于做青年导师、意见领袖等用语言影响他人的人。

如果你有演讲方面的问题和需求，可以与本书作者联系。联系邮箱：1092672411@qq.com；小红书账号：20192020marisa。

第1章 ▶ 什么是成功的演讲? 1

1.1 只要有第三个人在场,就是你的演讲时刻 1

1.2 演讲必须是激情澎湃的吗? 3

1.3 "我"在台上讲话,下面的人却在偷偷玩手机 7

1.4 演讲成就人生:一次演讲成就一个伟大的建筑
——贝聿铭 12

1.5 你想要的演讲能力究竟是什么? 16

第2章 ▶ 演讲前的准备 20

2.1 下个月才演讲呢,到时候再说 VS 明天有个会议要发言,现在准备来得及吗? 20

2.2 "我"讲的都是有用的干货,为什么他们都不爱听呢?
.... 28

2.3 讲两句别人没印象,说太长又招人烦,一场演讲的黄金时长是多久呢? 41

第3章 开场,先声夺人 ………………………………… 46

- 3.1 无论是在聚光灯下还是在乱糟糟的会场,你的机会只有开场的一分钟 ……………………………………… 46
- 3.2 什么?你还在用同一个模板的自我介绍应对所有场合? ……………………………………………………………… 53
- 3.3 开场不是介绍信息,而是要吸引观众:你需要掌握的三种精彩开场方式 ………………………………………… 64
- 3.4 一上场就道歉,这些错误的开场方式你还在用吗? ……………………………………………………………… 70
- 3.5 "新奇"的开场,用得好成就经典,用不好一场垮掉 ……………………………………………………………… 72

第4章 主体部分,这才是"我"要讲的 ……………… 74

- 4.1 想要传播观点,必须选对故事 ……………………… 74
- 4.2 演讲是传播内容、价值,还是传播情感、情绪? ……… 88
- 4.3 当你看到观众开始玩手机或发呆时该怎么办:三种抓住观众的"魔法" ………………………………………… 95
- 4.4 这点很重要,"我"要怎样强调才能让大家重视呢? ……………………………………………………………… 100
- 4.5 用不好 PPT 便会拖垮你的演讲 …………………… 106
- 4.6 选好道具,让你如虎添翼 ………………………… 111
- 4.7 幽默,很难吗? …………………………………… 115
- 4.8 找不到逻辑,片段再精彩也没用 …………………… 122

目录

第5章 ▶ 精彩结尾，让你的演讲回味无穷 **131**
- 5.1 一场好的演讲，若结尾说错了话，则全部白费了......131
- 5.2 演讲这样结束，让观众一直回味.................................139

第6章 ▶ 你的声音动听吗？ **148**
- 6.1 "我"普通话不好，演讲时"我"要怎么办？...............148
- 6.2 如何让"我"的声音有魅力？.......................................169
- 6.3 接连演讲，嗓子都快哑了，该怎么办？...................181

第7章 ▶ 准备演讲，像准备一场秀 **184**
- 7.1 排演，排演，怎样做才是有效排演？.......................185
- 7.2 你真以为对着镜子练习就够了？...............................193
- 7.3 演讲前一分钟，发现稿子不对，改吗？...................197

第8章 ▶ 如何提升舞台魅力？ **206**
- 8.1 为什么穿得这么正式，观众离"我"却更远了？............206
- 8.2 身体语言有魔力：优雅、搞笑随意换......................213
- 8.3 你离成功，就差一个眼神..220
- 8.4 三个小动作，瞬间拉满你的气场................................227

第9章 ▶ 鼓掌！开幕！ **232**
- 9.1 紧张吗？三招让紧张变精彩！...................................232
- 9.2 拉近与观众的心理距离，让他们更愿意捧场............238
- 9.3 三个小技巧，背词、忘词全搞定................................245

第10章 互动，考验你的时刻来临了 250

- 10.1 演讲到一半，观众开始陆续离场，你该怎么办? ...250
- 10.2 出现意外时，你被"晾"到台上了吗? 257
- 10.3 观众花式提问，如何应对? 263

第11章 经典演讲实战案例 278

- 11.1 商业演讲公式：发现商业产品发布会成功的秘密 278
- 11.2 TED 如何把一个外行培养为演讲专家? 287
- 11.3 职场演讲的关键秘诀——让你在职场如鱼得水 292
- 11.4 主题演讲——让观众共情，成为民众的意见领袖 301

第12章 即兴演讲 305

- 12.1 即兴演讲能力的提升训练 305
- 12.2 偶遇领导，他问的话怎么接? 309
- 12.3 工作会议上，老板让"我"发个言，"我"该怎么办? 311
- 12.4 亲友聚会，举起酒杯说两句 314

结 语 316

致 谢 318

第1章 什么是成功的演讲？

学习之始，我们需要先设立一个学习目标。我们熟知的演讲能力非常强的人，如马丁·路德·金、温斯顿·丘吉尔、顾维钧、李大钊、陈独秀、奥巴马、乔布斯、陈铭、熊浩等，他们来自不同的国家，拥有不同的职业，而且演讲风格也非常不同。

那么我们，拥有自己的思想、学识、生活经验、理想、观念、见识的独一无二的我们，应该拥有什么类型的演讲才能呢？演讲到底能对我们独特的人生产生什么帮助呢？本章会帮助每位读者设定适合自己的学习目标，帮助大家找到专属学习方法。

本章涉及的主要知识

- 什么是演讲？
- 演讲的风格和种类。
- 演讲者们会担心哪些问题，以及这些问题的本质。
- 解决这些担忧的关键。
- 练演讲，练的是什么？

注意

只有学习目标和方向明确了，学习才会高效有用、不走弯路。

1.1 只要有第三个人在场，就是你的演讲时刻

演讲究竟是什么？在很多人心里，演讲就是一个人站在舞台上，站在聚光灯下，面对着台下成百上千的观众，发出振聋发聩的呐喊。真的是这样吗？

1.1.1 什么是演讲？

究竟什么是演讲，它核心的定义是什么？搞清楚这一点有助于我们制定学习目标。

演讲，在《现代汉语词典（第 7 版）》中的释义为"演说"；而"演说"作为动词，意为"就某个问题对听众说明事理，发表见解"，作为名词的释义是"就某个问题对听众发表的见解"。

以上是演讲、演说的核心定义。可见，它只规定了演讲的内容和目的；并没有规定讲话的场合在哪里；没有规定演讲的人数是多少，听众的人数是多少；没有规定演讲的方式是独自阐述还是问答，或者其他方式……所以，是不是演讲，主要在于讲述的内容和目的。

现在我们从演讲的核心概念出发，将没有表明的隐含条件列举出来，由此可以将演讲分为狭义的概念和广义的概念。

从狭义的角度理解，演讲是指在公开场合，某个人以有声语言为主，以表情语言和体态语言为辅，调用 PPT、道具、音乐等各种辅助手段，面对广大观众"就某个问题说明事理，发表见解"。比如，《TED 演讲》《星空下的演讲》《开讲啦》、融资路演、项目宣讲、年终总结汇报等。

从广义的角度理解，演讲可以在任何场合，当任何人以有声语言为主，调用其他各类道具与手段"就某个问题说明事理，发表见解"时，我们都可以将其理解为演讲。比如，带投资人去你的公司参观时，在你接到他的那一刻演讲就开始了。你展现的除了有声语言中的思想观念，还有待人接物的礼仪与风度等；你所用的道具除了手里的茶杯、礼品、项目手册，还有公司装饰、公司环境等。

1.1.2 哪些场合，开口即演讲？

了解了演讲的定义后我们就能明白，在日常的工作生活中，与其说某个场合决定你的话是不是演讲，不如说，某个场合给了你演讲的机会。

这句话怎么理解呢？举个例子，公司团建或者老同学聚餐，你可以选择上台讲话，可以选择举杯敬酒（茶），也可以选择低头吃饭或微笑着附和别人的话。再如，给客户介绍项目时，你可以精心准备，为客户做一个项目演说,也可以选择在客户面前读PPT……这一切境况只是给了你演讲的机会,而你的表现与你的意愿和能力相关(如果你只是在客户面前读PPT,就不能算是成功的演讲)。很明显,如果你有能力把握住这个机会,能够表现得很好,那么这段演讲就有可能给你带来意外的惊喜。

具体地讲,哪些场合,开口即演讲呢?

狭义地讲,工作汇报、商务洽谈、路演、求职面试、考试面试、项目阐述、设计讲解、科技成果展示、公司年会、项目会议、演讲比赛等都是演讲。

广义地讲,只要你是在发表观点、讲述理念、抒发情感、分享故事、鼓舞人心,那就是演讲,哪怕是在电梯里对着客户讲,茶水间与同事讲,回家与家人分享你公司(学校)的趣事儿,都有可能成就一段精彩的演讲。

关于两个人在一起的情况,正式表达个人见解的谈话可算作演讲,而两个人聊闲天、聊私事儿则不算演讲。

最后也是最重要的一点——如此划分,并不单单是为了显示演讲的范围广,而是要告诉各位朋友,在演讲场合,你的语言、动作、表达互动的方式、道具的选择、行动路线的选择等,都是可以设计和排演的。

不要觉得那些精彩瞬间是"一拍脑门"的即兴发挥,那些不经意的表达很有可能是演讲者在心里排演无数遍的结果。比如,在带着投资人参观公司之前,有的创业者会默默在心里排演,要怎么说,先带他参观哪里、再去哪里,什么时候讲什么样的话,什么时候讲自己的创业理念,等等。

1.2 演讲必须是激情澎湃的吗?

一说到演讲,很多朋友想到的是站在舞台上振臂高呼的场景。但其实这只是演讲的一种风格,而且这种风格只适合某些特定的演讲类型和演讲者。那么演讲的风格和种类到底有哪些呢?

1.2.1 演讲有哪些风格？

演讲的风格是由演讲者个人性格、演讲目的、演讲场合三方面共同决定的。其中，个人性格特点占有非常大的比重。

比如，有一档辩论节目《奇葩说》，选手们的演讲目的是一样的，即说服观众同意自己的观点，演说场合也一样，但是不同选手的演说风格却大不相同。比如，哈佛大学法学博士詹青云习惯冷静说理，即便是表达情感，也是将浓烈的情感融入景物、感慨、思考、诗词当中；而自称"中年妇女"的傅首尔的风格是接地气、通透、从柴米油盐中感悟真理，她的情感表达直接、强烈：愤怒就咆哮，悲伤就哭泣，常用排比句来增强气势；而传媒大学毕业的冉高鸣，综艺感十足，他发言时关于"癞蛤蟆""屎壳郎"等动物的歇后语层出不穷，即便要讲感人的故事，也能先让观众笑得前仰后合……

综上，我们了解到，影响演讲风格的首先是演讲者的个人性格特色，其次才是演讲目的和演讲场合。所以，接下来我们来看几种常见的演讲风格，大家可以多多尝试，然后根据自己的性格特点和常用场景选择两到三种风格重点训练。

1. 演讲风格

风格一：激情澎湃型。一般激励人们行动的演讲、表达个人愤怒的演讲、激发观众情感的演讲、需要煽动观众情绪的演讲、需要鼓舞人心的演讲常用这种风格，如丘吉尔的《我们将战斗到底》。

风格二：循循善诱型。这种风格较为知性，需要演讲者动之以情、晓之以理，用故事、比喻去阐明道理。比如，演讲主题是传递人生价值观，指引人生道路，阐明人生道理时可以用这类风格。

风格三：理性分析型。科技成果展示类演讲、逻辑缜密的说理型演讲、社会性问题分析的演讲，常会用到大量的数据分析、实验案例等来支撑演讲者的论点，所以常用理性分析的方式来增强可信度。

风格四：幽默风趣型。这种类型的演讲非常依赖演讲者个人的性格特点。一般运用范围也比较广，如脱口秀、商务、会议、项目宣讲、设计展示等。恰当又不失真诚地运用幽默可以极大地提升演讲者的个人魅力。

风格五：朴实真诚型。这类演讲一般是依托个人的成长经历去表达自己的观点，语言朴实无华但是非常真诚，能够与观众迅速拉近关系。

2. 训练要点

虽然演讲的风格与个人的性格特点有很强的相关性，但是大家一定要记住，在学习初期不要轻易给"自己适合什么样的演讲风格"下判断，而是要多多尝试不同的风格。

一般情况下，演讲者在练习初期，要先用自己擅长的风格（平时与他人讲话时的最佳状态）做自己原创演讲的练习；同时，找一到三个与自己风格相差很大的演讲案例进行模仿训练，探索自己的可能性。每位成熟的演讲者一般至少能掌握三种风格的演讲，同时他们可以根据演讲主题和演讲场合的不同去调整自己的风格。因此我们会发现，每一场优秀的演讲，最终的呈现效果都是两三种风格的杂糅。

1.2.2 演讲有哪些种类？

根据演讲方式的不同，演讲可分为带稿演讲、脱稿演讲（不带稿件，依靠记忆力进行演讲）、提纲式演讲、即兴演讲等。

根据传播方式的不同，演讲可分为电视演讲、广播演讲、舞台演讲、街头演讲、宴会演讲等。

根据适用场合的不同与演讲目的的不同，演讲可以分为更多不同的种类。

1. 工作演讲

工作演讲，顾名思义就是工作场合常用的演讲种类，包括针对公司内部的工作汇报、述职演讲，以及针对公司外部的合作方案讲解、招商引资演讲等。

一般情况下，针对公司内部的工作汇报、述职演讲的重点在于逻辑清晰、通过结果突出自己的贡献与价值，强调效率、专业度、态度、合作等工作的各个方面。

针对公司外部的演讲，重点在于提高吸引力，展现自身价值，展现实力，展示诚意，展现可以为对方提供的价值等。

2. 竞选演讲

竞选演讲在学生团体、公司内部、政界等组织中较为常见，一般是为了竞选某个职位而发表的演说。其目的在于争取观众、选民的信任和支持。

竞选演讲的基本内容包括自身背景的介绍、对于职位的理解、就任后的措施、给大家提供支持你的理由等。

3. 学术演讲

学术演讲是指普及新的科学成果、研究发现、介绍伟大的工程等。学术演讲的重点在于，要将专业的、抽象的概念，转换为通俗易懂的、形象的表述，可以运用道具、现场互动等方式来增强观众对于演讲内容的理解。

4. 公共关系演讲

公共关系演讲是指某个主体对外部社会发表的演讲。比如，公司的公共关系演讲、新闻发布会等，需要讲述公司的发展愿景和理念，需要体现企业的社会责任感、社会担当，并且要通过具体可见的事例树立企业的公众形象。

5. 外交演讲

国家外交演讲主要有这几个方向：宣扬本国的文化和对外政策，展示友好和平的希冀，表明关于某项事务的本国立场，维护国家主权不容侵犯，威慑妄图挑衅的个人或者国家。无论是哪种外交演讲，都宣扬着国家的对外政策。

外交演讲一般有着较为固定的几种风格：主基调是友善的外交演讲，可以是亲切温和甚至是略显风趣的；主题为严肃话题时，则更侧重逻辑严谨、态度明确。

6. 大众演讲

大众演讲是指面对广大受众的演讲，其选题可以宣扬优秀人物事迹、展现家国情怀、进行感恩教育，也可以帮助他人进行自我提升；可以是讽刺社会现实的脱口秀，也可以是分析社会问题呼吁某种行动的演讲。

比如，自我提升类的演讲《定下的目标怎样才能实现》，呼吁社会行动的演讲《如何将气候焦虑转化为行动》，传播优秀人物事迹的演讲《万世师表：缅怀陶行知先生》等。

进行大众演讲的演讲者，风格多变，基本上所有类型的演讲风格都可以掌握，演讲者可以根据自己的个人风格和演讲主题决定。

7. 辩论演讲

辩论赛、律师辩护及会议上不同方案或政策的讨论都属于辩论演讲。辩论演讲是为了给自己支持的立场发表演说，从而使该立场得到更多人的支持，使该方案或政策得以实施，因此它的关键在于有理有据、辨明利害关系、说服性阐述等。

1.3 "我"在台上讲话，下面的人却在偷偷玩手机

题目中的场景在生活中很常见：学校或企业开大会，台下的人多数在忙自己的事；如果是开小会，就会有人进进出出，从而打扰到演讲者。这些都只是演讲者担心的事情中的一小部分。本节我们会讲演讲者们担心的各种问题的本质，如何解决这些问题，以及如何练好演讲等。

1.3.1 演讲，你怕什么？

不知道正在看此书的你有没有演讲的经历，即使没有演讲的经历，你也一定有坐在台下听别人讲话的经历。

你会发现，有的人讲话你听得非常专注，并且觉得很有意思；但是有的人讲话你只想跳过，即便是把你"按"到会议室里，你的思绪也会不受控制地"飘走"，还有的时候，演讲者自我感觉非常好，但听众并不知道他想说什么。如果台上的讲话非常无聊时，台下就会有人捣乱，类似情况还有很多。

那么，如果让你去台上演讲，你能坦然面对上述情况吗？如果不能，你担心哪些事呢？

"演讲，我要说些什么？""他们不爱听怎么办？""我要讲的是比较冷门的专业，他们听不懂怎么办？""要是我忘词了该怎么办？""如果我紧张得讲不出话来就尴尬了。""会不会我还没讲完，人就走光了？""如果我讲得非常无聊怎么办？""我一点也不幽默。""我没什么气场。""如果大家在我讲的时候去上厕所，那我就太尴尬了。""要是有人不同意我的观点甚至怼我，我该怎么办？""如果有意外呢？""嘉宾迟到怎么办？""我第一次穿高跟鞋上台讲话，走路的时候崴脚了怎么办？""要是台下有带孩子的人，孩子突然大哭怎么办？""要是观众问的问题我不知道怎么办？"……

上面这些情况你有担心过吗？如果有，恭喜你，你思考了关于演讲中的一些关键性问题，可以说不管你有没有担心过，只有解决了上面的这些问题，你才有可能实现成功的演讲。现在我们来看看上述情况，本质上属于演讲中的哪类问题。

第一类：演讲的主题，即"我要说什么""他们不爱听怎么办"。本书的第二章有详细的解决办法。

第二类：演讲的内容如何设计？即"听不懂怎么办？"关于"幽默"的问题，怎么讲才不无聊等，本书第三章到第五章，详细分析了在各种情况下，你应该如何设计你的开头、中间以及结尾，如何运用幽默，强调重点、调动情绪、吸引观众、选用道具等。

第三类：关于本人的舞台表现力，本书的第六章到第九章，将全方位地帮助大家提升舞台表现力。首先从声音魅力，到气场、气质、举手投足的风度，再到眼神的魅力、穿着打扮，最后到克服紧张、不怕忘词，等等。

第四类：关于临场考验，即上台摔倒、观众刁难等问题，在第十章将给大家提供解决的办法。

上面四类问题基本上涵盖了演讲者常见的问题。

但是，作为演讲的学习者，在解决上述问题之前，最要紧的是先摆正自己的心态。只有心态对了，才能让本书介绍的一切方法发挥作用。

第一，要以如何做好这场演讲为核心，而不是以表现自己为目标。第二，要以演讲能力的进步为练习目标，而不要苛求自己一开始就必须将每场演讲做到尽善尽美。第三，要明白演讲的"功夫在诗外"，平时要进行演讲能力的训练，同时在生活工作中要做个"有心人"，去观察生活、思考问题，而不是寻找捷径，寻找演讲公式或所谓的"秘籍"。

1.3.2 关于演讲特殊性的三个关键问题

上文中讲解演讲者们担忧的问题，也讲到在本书的第二章到第十章有详细的讲述解决这些问题的方法。但是，那些只是"方法"，在学习后文中介绍的方法之前，我们首先要了解演讲的特殊性，很多演讲的方法、技巧都源自这个特殊性。了解这个特殊性，不仅可以更好地理解和运用这些方法，更有可能形成自己的"方法论"。这个特殊性就是"你说了什么不重要，他听到什么才重要"。

演讲其实是一种特殊的社交活动，它的特殊属性在于，你的演讲是否成功，不是由你的演讲内容决定的，而是取决于观众听到了什么、思考了什么、认可了什么、改变了什么，即演讲结果的好坏是由"受众"所决定的。

演讲的这个特殊性，要求演讲者在演讲的准备阶段以及演讲中，都要拥有"受众思维"，即从观众的角度出发理解事物、解答、认识事物，从观众的角度出发感知现场、处理意外等。

因为这个特殊性，演讲需要解决三个关键问题。

1. 知识的诅咒

这个概念最初源自1990年伊丽莎白·牛顿在斯坦福大学所做的实验。他让一部分同学敲击歌曲的节奏（均为脍炙人口的名曲，如《祝你生日快乐》），另一部分同学根据节奏猜歌曲名称。在这个游戏中，敲击者敲出120首歌曲，但是被听出来的只有三首。有趣的是，敲击者的预测是"至少能猜出一半"。这是因为敲击者的脑海中一直有这首歌曲的旋律，但是猜的人只能听到"哒哒哒、哒、哒、哒……"。

美国作家奇普·希思（Chip Heath）和丹·希思（Dan Heath）在

《让创意更有黏性》中明确提到这个概念:"当你熟知某种知识的时候,就无法想象没有这种知识时会发生什么""我们无法与他人分享这些知识,因为那些不知道这个知识的人的心理状态我们无法了解。"

简单讲就是,当一个人拥有某种专业的知识后,在他的心智模式里,这个知识就是习以为常的存在,几乎等同于"饭前便后要洗手""1+1=2"。他不知道那些不知道这个专业知识的人的心理状态是什么样的,取而代之的是"这么简单你怎么都不知道?"所以,熟知这个知识的人,把它传授给不知道的人会很难。比如,家长教小学生写作业、老员工指导新员工做事情都非常困难,就是因为知识"诅咒"了他们。

所以,作为演讲者,面临的一个非常重要的课题就是突破"知识的诅咒",寻找把自己熟悉的知识(概念、故事、信息、价值观等)有效地传递给普通大众的方法。

第一步:换位思考。演讲者要明白,你的表达不是重点,观众的心智模式才是"有效沟通"的保障,因此演讲者要了解观众的思维方式、心智模式、生活常识等,从他们的角度去考虑问题、认识事物。

第二步:搭建阶梯。观众熟悉的知识(观念、信息等)与演讲者要传播的内容之间有一个断层。演讲者需要搭建认知的阶梯,让观众能从自己熟悉的领域一步一步走到演讲者想要传播的内容中。搭建阶梯的方法有很多,如设置场景、融理于情、由简入繁、由表及里、以小见大、比喻、类比、现场试验、现场模拟等。需要注意的是,演讲者设置的场景必须是观众熟悉的,"由简入繁"的"简"是观众熟悉的"简单",比喻中的"喻体"是观众生活中常见的容易理解的喻体。(比喻分为本体和喻体,本体是演讲者本身要讲的,喻体是与本体有相似特性的事物)

2."关我什么事"

演讲者讲述的内容,为什么会吸引观众,观众为什么要花几十分钟来听演讲者讲话?也就是说,演讲与观众有什么关系?能给他们带来什么好处?是可以改善观众的生活还是能提升观众的能力?是可以拓宽观众的眼界还是能娱悦观众的心灵呢?

这个问题非常重要,贯穿演讲的各个部分,如主题的选择、开场的设计、演讲内容的设置等。这部分内容后文会有详解，此处不再赘述。

3. 处理不可控

在演讲中，对于演讲者来说，只有自己是可控的，环境的变化、观众的反应、嘉宾的配合等都是不可控的。但是，只要演讲过程中出现了不可控事件，且被观众看到了，那么这个事件就会成为演讲的一部分，如何处理这个事件更是会影响你的演讲效果。

本书第十章中会详细讲述演讲过程中的各类不可控事件应该如何处理，故此处不再赘述。

1.3.3 练演讲，练的是什么？

我们都说要练好口才、要练好演讲的能力，那么再具体一些，我们练的是什么呢？

在笔者看来，练习演讲无非练习三件事：一曰"器"，二曰"技"，三曰"思"。

第一层："器"

所谓"器"，简单讲就是可以盛放东西的普通物体。

这个字的含义一直在扩充，我们沿着这个思路来看，演讲的"器"就是在你演讲时用到的"东西"，包括发声器官，如声带、喉咙、唇齿、舌头、鼻子等；与气息相关的器官，如肺部、横膈膜等；演讲时的肢体语言器官，如手势、眼神等。

在演讲中，虽然每个"器"的功能不一样，但是要想呈现一场精彩又完整的演讲，就离不开这些"器"。著名演讲家曲啸说："演讲者的体态、风貌、举止、表情都应给听众以协调平衡乃至美的感觉。"

第二层："技"

所谓"技"，就是指手艺、本领、技术。

演讲的"技"，是指可以帮助演讲者完成演讲的各种能力和技巧的总称，演讲者可以通过针对性的训练习得。比如，选择演讲主题的方法、选择案例的方法、开场的设计方法、结尾的设计方法、缓解紧张的方法、强调重点的方法，以及如何设计搞笑的地方，如何设计使人感到好奇的部分，如何调动人们的情绪等。

总之，所谓演讲的"技"是指可以通过训练和学习获得的演讲技能。只要训练方法得当，会有立竿见影的效果。

第三层："思"

逻辑思维能力虽然可以训练，但是更高层次的思想是无法通过训练习得的。

对于一般人来说，思维的提升是积累阅读、增广见闻、勤思多想、观念优化、志向高远等各个方面整体提升的结果，是需要慢慢培养、逐步提升的。

若思维提升了，人说话的立场、目的、方式都会不同。甚至连什么时候说话，什么时候闭嘴都会因为思想维度的不同而改变。

演讲成就人生：一次演讲成就一个伟大的建筑——贝聿铭

演讲，在你的人生中究竟扮演什么角色？它对你的职业提升和人生道路有什么帮助呢？美国著名政治家、法学家丹尼尔·韦伯斯特（Daniel Webster）曾经说："如果有一天神秘莫测的天意将从我这里把我的全部天赋和能力夺走，而只给我留下选择其中一样保留的机会，我将会毫不犹豫地要求将口才留下，如此一来，我将能够快速恢复其余。"这句话强有力地说明了好的表达能力的重要性。

中国有句老话"开口见人心"，还有人们常说的"一张口，别人就知道你有几斤几两重"，都可以反映出，你语言表达出的内容，往往可以让别人形成对你的评价和判定。而如果这份评价来自上级、甲方、客户等，那么将直接影响你的前途。

本节我们要认识的是在国际上享有盛誉的建筑师贝聿铭，他依靠着卓越的表达能力，为自己争取了著名建筑的设计机会，并将自己的设计理念推广至全球的故事。

1.4.1 贝聿铭的故事

贝聿铭，1917年出生于中国广东省广州市，祖籍江苏省苏州市。他是享誉世界的华人建筑师，曾获得美国建筑学会金奖、法国建筑学金奖、日本帝赏奖、普利兹克奖，被誉为"现代建筑最后的大师"。他的建筑事业的腾飞，除了离不开卓越的建筑设计才能、优秀的个人品格，还离不开卓越的演讲才能。

1. 了解建筑师

建筑师的工作非常特殊，建筑师工作的核心技能是"建筑设计"。虽然在这个方面，他们往往需要经过专业的教育和训练。但是仅仅依靠"建筑设计"的相关技能还无法独自完成建筑设计的全部内容，还需要拥有演讲才能。

首先，建筑师要争取到与工程的投资方合作的机会。比如，竞标的时候，建筑师需要讲述自己的设计方案。在与投资方接触的期间，貌似不经意的问答都很有可能决定设计方案能否被选中。

其次，在建筑设计落成的过程中需要与施工方、投资方等进行多方位、全流程的沟通与接洽。比如，当施工方甚至投资方质疑建筑设计的安全性与可行性时，建筑师应该及时、有效地沟通，从而推进任务。设计师克里斯托·莱伊恩设计的英国温泽市政府大厅在施工的过程中，被质疑不安全，权威人士硬要他加四根柱子，莱伊恩无法获得有效沟通，所以做了四根不起任何支撑作用的"柱子"（柱子距离顶部有一小段距离，虽然无法支撑建筑，但是足以骗过别人的眼睛），他用这样的方式来维护自己设计的建筑，证明自己设计的建筑绝对符合力学，安全稳定（后来添加的柱子直到300多年后才被人发现）。面对相似的情况，贝聿铭在设计美国国家图书馆时说服了施工方，让他们相信该结构的安全性与稳定性，才使得该建筑保留了原来的样子。

最后，建筑师还需要接受采访、做演讲，处理公关性的问题。

贝聿铭职业生涯中的第一个大的机遇——设计肯尼迪图书馆，就归功于他卓越的演讲才能，以及从中透露出的智慧、诚恳、专业与风度。

2. 机会来临

1960年，贝聿铭成立了自己的建筑工作室。1963年，美国时任总统肯尼迪遇刺身亡，次年，肯尼迪家族希望建造纪念他的建筑物——肯尼迪图书馆，他的遗孀杰奎琳代表肯尼迪家族为这个建筑寻找合适的设计师。杰奎琳非常看重这次设计，除了常规的竞标，她还要亲自去候选人的工作室实地考察，再做最后的决定。

当时，贝聿铭虽然在候选人名单中，但是名气更大的设计师是密斯和路易斯，他们在行业内的地位颇高，代表作品家喻户晓。

贝聿铭深知这是一个不可多得的机会，于是将自己的个人履历、以往作品、设计理念等方面的资料翻了个遍，寻找最合适的、最恰当的演讲角度和方法。

3. 演讲是一场秀

当时贝聿铭的事业刚刚起步，租的办公室很简陋，但是他明白，这一次，这个熟悉的工作场地将变成他的演讲场地。于是，他将整个墙面粉刷了一遍，接待处摆放了一大束鲜花，将小小的工作室精心布置了一番。

杰奎琳来到贝聿铭的工作室，看到精致的装饰和门口的鲜花，很是惊讶，因为这与杰奎琳印象中刚起步的设计工作室差别很大。在她的印象中，这个级别的工作室，一般都忙于洽谈业务和做设计，工作室内都是设计工具。即便打扫过，也不可能如此雅致。于是她好奇地问："你们经常这样布置吗？"回答"是"，明显不可信；回答"不是"，又显得没有底气。贝聿铭回答："这是特意为您准备的。"这样的回答体现了对杰奎琳的热情与重视。

之后，贝聿铭向杰奎琳介绍了自己的履历，并巧妙地介绍了自己与肯尼迪的缘分，即生日只差一个月，都是哈佛毕业的，都有相同的冲破世俗的勇气。这些表述看似是不经意地介绍自己，实则是经过了认真的调研和精心的设计。

贝聿铭还向杰奎琳介绍了自己以往的作品，同时展示了自己独特的设计理念。贝聿铭明白，自己的劣势是，相比其他两个设计师，贝聿铭没有更加优秀的代表作。他没有逃避自己的弱势，而是谦虚地说："虽然我并不出名，但是我最好的作品一定会是肯尼迪图书馆。"在贝聿铭层层铺垫、展示能力、展示理念、表达信心之后，杰奎琳被贝聿铭的讲述深深地打动了，她说："我觉得可以和贝聿铭先生一起实现一次飞跃。"

4. 竞争者的表现

同样作为候选人，且实力和地位都比贝聿铭高的两位设计师在与杰奎琳接触的时候表现完全不同。80岁的密斯，功成名就，淡定从容，虽然很体面很专业，但是杰奎琳没有感受到自己与密斯理念的契合，也没有感受到被重视，所以她对密斯投入这次设计的热忱持怀疑态度。而路易斯，虽然在专业能力、设计理念、作品、地位各个方面都有着卓越的表现，奈何表达能力太弱，对设计理念的表述十分晦涩，没有让作为外行的杰奎琳感受到他卓越的专业能力，因此杰奎琳最终选择了贝聿铭。

5. 演讲，成就了贝聿铭

贝聿铭在完成肯尼迪图书馆的设计与施工后，在建筑设计行业的地位一下子就提高了。1979年，肯尼迪图书馆建成使用，美国建筑界授予贝聿铭美国建筑学会金奖，并将当年定为"贝聿铭年"。

贝聿铭卓越的演讲才能，陪着他成就了一个又一个伟大建筑，如巴黎卢浮宫的玻璃金字塔、美国国家美术馆东场馆、苏州博物馆、北京香山饭店、香港的中国银行大厦、卡塔尔的伊斯兰博物馆等。争取一个个项目、处理与施工团队之间的问题（如扩建美国国家图书馆时，工人质疑贝聿铭设计的安全性，不愿施工）、处理外交危机（如他设计的美国汉考大厦玻璃外墙脱落，虽然是玻璃厂商的问题，但当时真相未明）都离不开贝聿铭卓越的演讲才能。

贝聿铭在建筑界取得成就后，将自己的设计理念、为人处世的哲学，融入了自己的演讲之中。比如，他在美国耶鲁大学讲述自己的设计理念，在日本东京大学讲述《我一直知道自己从哪里来》等。他用演讲表达自己对建筑的思考："最美的建筑，应该是建筑在时间之上的，时间会给出一切答案"。演讲的才能不只让他取得了建筑事业上的成功，还让他的设计理念、处世观念与人生思考得到了广泛的传播，这也是他成为被广泛推崇的建筑大师的原因之一。

1.4.2　书写自己的故事

了解完贝聿铭的故事我们会发现,我们在日常工作和生活中有很多开口讲话的机会。如果能够抓住其中的重要机会,甚至可以改变自己的人生;但是如果表现平平甚至不好,则可能会眼看着机会溜走。

1. 生活中有哪些开口讲话的机会?

第一类:正式的公开讲话。对于创业者和影视制片人来讲,招商引资的路演很重要;对于设计师来说,讲述设计方案很重要;对于打工人来说,面试时的表现、做工作汇报、年会等很重要;对于老师或者讲师来说,讲述自己的课程、办讲座很重要……这些开口讲话的机会,直接决定了你能不能拿到投资,能不能设计某个建筑,能不能得到心仪的工作甚至升职加薪等。

第二类:非正式的公开讲话。社交场合中介绍自己、发表自己的观点、与别人探讨问题等,都有可能被隐形的"贵人"听到,也许机遇的降临就在不经意间。

2. 如何书写自己的故事?

首先,了解自己。明确自己想要树立的公众形象是什么样的,自己想要成为什么样子,自己的梦想是什么。不管当下有没有做到,先"装"起来,像想象中的自己一样去说话、去待人接物,慢慢地这个目标就有可能成真。

其次,重视每一次公开讲话。公开讲话时,不管看起来多么随意,都要提前准备,哪怕是准备的时间很短,也要简单地打个"腹稿"。

最后,践行落地。要真正去做,而不是仅想一想。

1.5　你想要的演讲能力究竟是什么?

每个人都想成为演讲者,都想拥有卓越的演讲能力,那么我们应该如何训练并提升自己的演讲能力呢?

1.5.1 演讲能力有哪些？

演讲是一个综合性的能力，它能体现演讲者的风度、气质、观点、态度、思想、魅力等。也正是因为演讲能力的综合性，导致一些初学者无从下手，甚至误会演讲能力是由天赋决定的。

其实演讲的能力完全可以后天训练习得，并且将所谓的"综合性能力"细分开来，有助于演讲者进行专项训练。一般情况下，训练一项能力的时候会联动其他能力的提升，而且训练项目越多，最终的综合展现效果就越好。

那么演讲能力究竟有哪些呢？

（1）讲故事的能力。演讲大部分时候是公开性的讲话，面对的是大众。故事讲得好，很大程度上可以吸引在场的观众。通过故事去讲道理，更容易被观众接受。

（2）说理能力。很多时候演讲需要阐明道理，把道理拆开了、揉碎了，将前因后果分析清楚，更容易让大众明白且接受你的道理。

（3）逻辑思维能力。演讲文稿符合逻辑，有利于演讲者把自己的观点讲明白，从现象到本质、从身边的事到深刻的道理，从常见的故事到全新的观念，每一个"新"的内容的展现，都需要符合"讲述的逻辑"，这样观众才能听懂并且支持你的观点。

（4）形象思维能力。讲述一个抽象的概念、数据时，观众往往无法立刻理解。这时如果演讲者调动自己形象思维的能力，将晦涩的内容类比为形象化的观众常见的事物，就可以使观众更好地理解演讲的内容。

（5）调动他人情绪的能力。这是演讲中吸引观众必备的能力之一。

（6）重塑知识的能力。知识结构的重塑性表达，是演讲中难度最高的。每个人的知识体系都是自己在过去几十年的成长过程中，所有的知识、生活经验、意识形态的综合体现。如果要重塑观众的知识，就需要演讲者自身具备非常完整的认知框架和知识结构，并且足够了解听众，能够突破"知识的诅咒"，将一套全新的知识表达出来，且让大家听懂并接受。

（7）应变能力（即兴表达的能力），这一能力有助于处理即兴演讲、观众问答等突发情况。

（8）整合能力。演讲某个主题时，需要调动各种演讲才能，整合各种演讲工具和手段。而各个部分需要协同工作，既不能"打架"，也不能喧宾夺主。

1.5.2 如何训练自己的能力？

演讲所需的各种能力基本上是联动的，也就是说，在一场演讲中，可能会用到多项演讲能力。不过，基本上每个优秀的演讲者都有自己的核心技能，即"样样会，一样强"。

在训练的时候，建议大家全方位进行训练，专项训练和综合训练都要做。在训练的过程中你会发现，每个人对于不同的专项能力的训练结果是不一样的。比如，有的人讲故事绘声绘色，但是对整篇演讲稿的结构的构建能力很弱，需要反复训练；而有的人虽然说理能力很强，但是总给人冷冰冰的感觉，因此很难打动观众；有的人故事讲得好，说理能力也强，但是所有的笑话到他嘴里都变成了"冷笑话"，即他很难掌握幽默技能。

上述情况都很正常，建议大家根据自己的实际情况重点抓需要提升的方面并加强训练，同时其他训练也要同步推进，不用强求结果。

训练要点如下。

（1）一定要张嘴。演讲的技能与游泳的技能一样，如果你只看讲解游泳的书，只看别人游泳，自己不下水，那么永远学不会游泳。演讲也一样，你买再多演讲类的书，看再多精彩的语言类的节目，自己不张嘴，演讲能力几乎不会提升。

（2）结合合理的方法。每一种演讲能力都有着特定的训练方法，在本书第二章到第十章会有详细的讲述，练习时一定要利用合理的方法。如果有专业老师指导，那么进步会更快。

（3）寻找自己的观众。在演讲者讲话时，听众能不能迅速接受信息？他们会有什么反应？这些问题演讲者无法凭空想象出来，需要通过真实的互动来了解,这也是一些脱口秀演员用几十场脱口秀表演来打磨一个作品的原因。

(4)模仿。找一些自己喜欢的演讲者进行模仿训练,是进步很快的方法。但是要注意,这只是阶段性的突破自身风格局限的做法,最终还是要形成自己的专属风格。

(5)复述。看完一本书、看到一个新闻、听到一个故事、经历一件小事,把这些讲给别人听,在复述的过程中可以锻炼自己的思维逻辑能力、情景再现能力、语言组织能力、调动他人情绪的能力等。

(6)录制与修正。任何练习,只做一遍是看不出效果的,练习者需要将自己的练习录制下来,在回放的过程中寻找问题,修正练习并再次录制,直到该段落表现良好。

(7)坚持。这个不用多说,任何的训练都是一开始有新鲜感,慢慢就会觉得枯燥,但是只要你坚持下来,量变就会引起质变。某一天你会突然发现,自己在公开讲话时变得非常有魅力。

第 2 章 演讲前的准备

一场精彩的演讲,观众看到的只是台上的几分钟,然而这几分钟的精彩演讲背后的准备工作,却是大家看不到的。本章主要讲解演讲的准备阶段需要做的工作有哪些,以及整个演讲从无到有的基本流程与主要内容。

本章涉及的主要知识点
- 广义的准备工作。
- 狭义的准备工作。
- 演讲的核心问题。
- 案例展示。

注意

本章涉及的内容主要是在正式演讲之前,甚至是准备演讲稿之前需要做的准备工作。有的演讲者一拿到演讲任务就开始撰写演讲稿,这样并无法保障演讲的最终效果。因为演讲结果的好坏并不完全取决于内容的好坏,还要看内容能否引起观众的兴趣,能否让观众听懂。

2.1 下个月才演讲呢,到时候再说 VS 明天有个会议要发言,现在准备来得及吗?

本节标题提出一个疑问:我们到底需要多长时间才能准备好一场演讲呢?要回答这个问题,我们先来拆分一下,看看这个问题背后涉及哪些内容。

什么是演讲的准备工作?
完整的准备工作有哪些流程?我们需要准备哪些内容?
演讲的准备工作需要多长时间完成?

如果准备时间很短，那么我们该如何高效地优化准备过程，而不影响最终结果？

2.1.1 什么是演讲的准备工作？

演讲的准备工作，可以分为广义的准备工作和狭义的准备工作。狭义的准备工作是指一个具体的演讲任务（即对于演讲的时间、地点、可选择的主题范围、受众基本情况等都做了明确规定的演讲任务）所做的准备，一切准备工作都指向最终的舞台表现。广义的准备工作是指演讲者有意识或无意识地积累演讲素材、训练演讲技能等。这些准备工作并没有明确地指向某个特定的舞台或者结果。换言之，广义的准备工作体现了"功夫在诗外"的道理。

2.1.2 广义的准备工作有哪些？

广义的准备工作没有时间限制，没有场地限制，是一切演讲甚至是即兴演讲的重要基础。本小节我们就先来看，在广义的准备工作中我们可以做些什么。

1."嘴皮子功夫"

演讲，嘴皮子功夫可以说是必备项，你讲的话要让大家听得清楚、听得懂，这很关键。如果发音有问题、说话结结巴巴、咬字不清导致歧义，那么都会使得演讲的效果大打折扣，甚至造成自说自话的尴尬局面。

这个能力通过训练在短期内虽然可以有所提升，但是一旦放松训练，就又会回到最初的状态。所以，要想拥有稳定且过硬的嘴皮子功夫，关键还是要看日常的训练。只有让正确的发音方式成为你的日常习惯，你才能在演讲中自如运用。（训练方法在本书第六章）。

2. 大量的阅读

世界是多维的、立体的，它所包含的世界观、人群、环境、习俗等千差万别，而个人的成长经历非常有限。一般情况下，我们是在某一种特定环境中成长起来的，吸收的是一个地方的风俗习惯、集体价值观等，又因为自己的特殊经历形成了自己的价值体系。而要成为一个有影响力的人（如演讲者），需要具备的一个条件就是拓宽自己的眼界，了解别人的世界和需求。

托尔斯泰曾经说过，"多么伟大的作家，也不过是在书写他的片面而已"。换言之，人类世界是由大大小小各式各样的"片面"所组成的，每读一本书就是了解这个世界的一个"片面"。这些"片面"读得多了，我们就会拥有更加宽广的眼界、更加广泛的知识、更为包容的心灵，也因此会有更能影响他人的力量。

以下是我们需要读的书籍类型。

（1）历史类书籍：阅古知今，历史类书籍能帮助我们突破时代的"片面"，让我们从时间的维度了解自己所处的时代，而且了解历史能更好地了解现代社会。

（2）各国风俗人文类书籍：了解各国的文化、风俗，可以突破地域的"片面"，从空间的维度了解我们所处的不同的地域和不同的人文世界。

（3）哲学类书籍：阅读哲学类书籍可以突破思维方式的"片面"，了解不同的看待问题的方法和理论。（备注：哲学是系统化、理论化的世界观，又是方法论。世界观是人们对整个世界的总体看法和基本观点，方法论是人们认识世界和改造世界所遵循的根本方法的理论体系，方法论和世界观是统一的。）

（4）艺术类书籍：艺术是人类实践活动的最高形式，它不以生产生存资料为目的，而是将完全自由的想象具象化。欣赏艺术作品并了解艺术家想要传达的思想，了解艺术品的价值，对我们的想象力、共情力、审美力等都是很重要的训练。

（5）文学作品：阅读文学作品可以了解各式各样的人，突破个人情感的"片面"，可以学会站在他人的角度和经历上看待问题。

3. 做个"有心人"

对于生活中的人、事、物保持最大的、带有善意的好奇，这样常常能带来意想不到的收获。曾有言"读万卷书，行万里路，阅万种人。"但事实上，即便走相同的路、看相同的书、结识同一个人，每个人的"所得"也是不一样的，而且差距很大，甚至截然相反。造成这种情况的一个重要原因就是用心程度不同。

董卿在主持《CCTV青年歌手电视大奖赛》时，一位来自少数民族的选手，唱得非常好，但是回答乐理知识时一个都没答对，选手和评委都很尴尬。董卿上台后说："都是评委考选手，我也来考评委一个问题。"说着她指着选手身上装饰的一个小罐子对大家说："你们知道这是做什么的吗？"评委面面相觑，众说纷纭："装饰？""放香水的？"董卿又问观众："大家知道吗？"台下没有人回答。

这时董卿说："这个小罐子是放盐的。"她停顿一会儿又通过采访选手，让大家了解到，因为在这位选手生活的地方，人们有着特殊的生活习惯，导致经常中午没办法回家吃饭。带一个盐罐子是为了方便在野外简单地做点东西吃。接着董卿总结道："每个人所了解的知识是不一样的，也感谢这位选手为我们带来的故事。"董卿的处理方式在缓解尴尬的同时也给足了选手尊重和体面。

为什么董卿知道这么冷门的知识呢？因为董卿是一个有心人，她在排练、休息的时候会跟选手聊天，关心他们的日常生活和比赛的心理状态，自然就知道了这个罐子的用处。

4. 刻意训练

演讲，是一种技能，而非一个信息。信息，告诉你的那一刻，你就可以了解；但是技能不一样，技能只有不断训练才能掌握。那么关于演讲这项技能，我们应该怎样训练呢？

（1）先模仿后创造。

寻找经典演讲案例进行模仿（不要担心个人风格的问题，一般情况下，在坚持训练和模仿的过程中，大部分人会慢慢找到适合自己的风格）。能成为经典的演讲案例，往往都是团队化作业的结果，他们在受众分析、设计演讲稿、遣词造句、语气状态等方面都有着精准的研究，在文本方面是绝对有借鉴价值的。同时，有些演讲至今还可以找到现场演讲的视频，这就有利于我们做分析研究。一方面，分析演讲者的演绎方式，另一方面看演讲方式是否符合自己的风格，分析有哪些可以借鉴学习的,有哪些需要调整的。以"看→分析→训练→调整"的方式反复进行训练,个人的演讲技能肯定会有很大的飞跃。

(2)从对镜训练,到把演讲录下来。

同样的文本,不同的人会演绎出完全不同的效果,有的人讲完会令人印象深刻,而有的人在讲的过程中就会令听众走神。

对镜子训练,可以直观地看出自己的状态,迅速地做出调整。然而正在演讲中时,很可能会有所忽视:太投入演讲,可能会忽略自己的问题,太关注镜中的自己,就无法专注演讲。所以,进阶的训练就是——把演讲过程录下来,回看时把自己当作听众、当作老师,挑毛病、做笔记,然后反复训练。

(3)抓住生活、工作中的一切机会进行训练。

在我们的生活和工作中,其实有很多训练的机会。在我们的生活中,同学聚会时、公司年会时、面试求职时、商业路演时、跟甲方讲方案时等,都是我们可以进行训练的机会。如果能用心准备,体会当时的心理状态,记住当时的反馈,然后分析可以做哪些改进,就可以进步得很快。(在获得允许的情况下,可以录个音。)

2.1.3 狭义的准备工作有哪些?

有了明确的演讲任务之后,需要准备多久呢?要回答这个问题,我们首先要知道完整的准备流程。

1. 规划时间

关于2.1节标题中的问题,答案是,对于已经掌握演讲技巧的人来说,准备时间无论是1年以上还是不到1个小时,都可以做精彩的演讲。

但是对于没有经过系统训练的人,则会因为无法充分且合理的运用时间,而准备不足。

接下来我们一起学习,在不同的时间范围内,如何充分利用时间,准备一场精彩的演讲。我们先从规划时间开始学习。

(1)当演讲者有3个月以上的准备时间时,时间划分如图2.1所示。

图2.1 时间轴

图 2.1 所示的时间轴并不是完全固定的，比如，在广义准备阶段，其实演讲者已经开始分析受众和预想选题；再如，到了训练期，撰稿虽然完成了，但经常会出现需要反复修改的情况。

（2）准备时间为一个月。

第一周：分析＋选题＋大量地搜集资料（阅读、采访、搜集相关新闻、与周围人进行头脑风暴）。

第二周：撰稿＋准备演讲时用到的资料。

第三周：训练＋寻找适合的服装。

第四周：排演、反复训练。

（3）准备时间为一周。

第一天：分析＋选题＋大量地搜集资料。

第二～四天：撰稿＋准备演讲时用到的资料。

第五～七天：整体训练，反复排演。

（准备服装等事情，从第一天开始利用闲暇时间完成。）

（4）准备时间不足一个小时。

准备时间不足一个小时甚至只有十几秒钟的即兴演讲，只想这几个问题：在这样的场景里"我"想说什么，怎么安排结构，开场第一句说什么。然后根据这个顺序，迅速打好腹稿，开始即兴演讲。

有人疑惑，为什么"第一句讲什么"要放在最后思考？因为，在只有十几秒钟的准备时间里，想完这个问题刚好开口说话。这个顺序是经过实践检验的最利于临场表现的思考顺序。

2. 分析受众

分析受众是演讲准备工作中非常重要的一项，演讲的最终目的是否达成，最终是由受众判定的，因此对于受众的了解就显得非常重要。那么我们需要着重了解受众的哪些方面呢？

（1）国家和民族。不同的国家和民族有着不同的地理环境、经济状况、文化传统、风俗习惯、民族精神等。别林斯基曾经说过："每一民族的民族性秘密不在于那个民族的服装和烹调，而在于它理解事物的方式"。了解这种方式，对于演讲文稿的撰写、案例的运用、效果的达成都起着至关重要的作用。比如，你在中国用松柏做例子，观众自然可以联想到万古长青、有气节、勇敢正义等正面的词；而某些西方国家的观众听到"松柏"，就会联想到坟墓、阴森、吸血鬼等负面的词。

（2）年龄。不同的年龄代表不同的人生阶段，给高中生讲的内容和给四五十岁的企业家讲的内容，当然需要有所区别。即便这两场演讲表达的主题相同，也需要从不同的角度，用不同的案例和语言才能更好地被目标观众接受。

（3）受教育水平。受教育水平不同，理解能力、感兴趣的问题也会不一样。例如，五四新文化运动时期，虽然传输的价值观是一样的，但是，陈独秀、李大钊等人在大学校园中所讲的内容和在工厂讲的内容却完全不同。

（4）生活质量和消费水平。观众每天的生活和所见所闻，在观众的潜意识中已经形成了一种"标准"，这个"标准"决定了他们自认为的幸福、苦难、富有、贫穷等状态。如果你描述的贫穷不如观众的生活穷，观众就会认为你在无病呻吟或不知足；而你描述的幸福，不如观众的生活幸福，那么观众就不会产生向往的情绪。（而这正是你营造"幸福"时期待的效果）总之，如果不了解观众的生活、观众心中的"标准"，那么演讲时所用到的案例就很有可能无法打动观众。

（5）大众文化、流行元素、经典故事、常用俚语。这部分内容常被演讲者忽视，却很容易造成"误会"。比如，在中国，我们说"戴有色眼镜"是指有偏见，而在部分西方国家，"戴有色眼镜"是指将事物看得更加美好。

3. 确定主题

关于如何确定演讲的主题，将在2.2节详细讲解。这里我们先介绍一下，适合多数国家和民族的主题。

（1）符合人之本性的主题，如对生的渴望、对死的恐惧、对亲情的歌颂和渴望、对爱情的追求和思考。

（2）符合人类社会性的主题，如追求公平和自由、对国家和故乡的眷恋、对弱者的同情和帮助、对梦想的追求、对人生价值的思考等。

（3）具备民族特色的内容，用大家可以理解的方式讲述出来。比如，中国的阴阳理论、五行、生肖、建筑等文化，被中国各类艺术家传向了世界，演讲是其中很重要的一种传输方式。

知识补充：演讲者可以利用马斯洛的需求层次理论，提炼演讲主题，而这些主题是可以被所有人欣赏和接受的。马斯洛的需求层次理论即生理需求、安全需求、归属需求、尊重需求和自我实现需求。其中越是低级的需求就越基本，越与动物相似；越是高级的需求就越为人类所特有。同时，一般情况下，这些需求是按照先后顺序出现的：当一个人满足了较低的需求之后，才能出现较高的需求。

4. 撰稿

撰稿的具体方法将在第三章到第五章详细讲解。这里我们仅介绍撰稿的三个原则。

第一，语法简单。尽量用简单句，以免观众费力思考。

第二，日常用语。避免书面化的"之、乎、者、也"，或者生僻的成语、词语等，以免观众理解的时间过长。

第三，符合个人的语言习惯。撰稿时要写一段读一段，这样才会发现，写得很简单的语句，读的时候却容易"绊嘴"。若遇到了这种情况，解决方法是，写完一段后，不看稿子用自己的话复述一遍，然后根据自己复述时的用语再修改，如此反复进行。

5. 训练

每一场精彩的公开讲话，都是反复训练的结果。同样的文本，不同的"演绎"会带来完全不同的效果。可以这样理解，演讲的外部技能，就是演绎和讲述的技能。甚至即兴讲话时发挥得好不好，也与平日里训练效果的好坏有关。

丘吉尔、马丁·路德·金、商业奇才乔布斯等人都非常在意对演讲技能的反复训练，甚至有专人调整他们的演说状态。TED大会中呈现的精彩演讲，也是缘于TED的专业团队会提前几个月对演讲者进行反复的训练。

训练方法得当，更是可以事半功倍。具体的方法，我们在7.1、7.2节会有系统的讲解。

6. 优化服装造型

在陌生场合演讲，观众对于演讲者的第一印象就是外形。在演讲者开口说话之前，观众已经对其有了基本预设，所以服装造型尤为重要。而在熟悉的场合，人们对演讲者已经有了一定了解，这时如果突然穿一件异于平常的衣服，大家就会对演讲者接下来要讲的内容拥有不一样的期待。总之，服装造型，可以帮助演讲者塑造在观众心中的第一印象。

然而，在服装造型的选择上，禁忌和原则也很多，具体的情况我们会在8.1节中为大家详细介绍。

"我"讲的都是有用的干货，为什么他们都不爱听呢？

要想避免题目中这种情况，演讲者只需要搞定两个问题：第一，讲什么；第二，怎么讲。这两个问题看似简单，但是要弄清楚、搞准确，却不是那么容易。可以说，演讲者的所有准备工作，都是在分析、处理、解答这两个问题。

这两个问题其实还有一个前提，就是为什么讲，这也是很容易被初级演讲者所忽略的部分。上述三个问题的情况如表2.1所示。

表2.1 演讲的三个核心问题

	为什么讲	讲什么	怎么讲
目的	"我"想传播什么	"我"想讲什么	如何更好地表达"我"想说的
环境	"我"的社会形象；"我"能驾驭什么	观众想听什么	如何更好地被接受 + 被认可
	↓	↓	↓
	定位自己	确定主题	完成演讲内容

2.2.1　演讲的核心问题之一：为什么讲？

乔布斯的演讲，宣传苹果新产品带来的新的生活方式；美国前总统奥巴马的演讲，在重塑美国精神；中国外交大使傅莹的演讲，在向世界介绍中国……每一个著名演讲者的系列代表作，都有一个统一的任务，而这个演讲任务非常符合演讲者的个人定位。

为什么定位自己非常重要？想象一下，一个未经世事的学生讲"如何度过人生低谷期"；一个拿着家里给的绝好资源的人，讲述"成功的原因在于努力"；一个从来没有出过国、没有读过国外的著作、没有交过国际朋友的人演讲国际关系……诸如此类，演讲还没开始就注定了不会成功。究其原因，是因为演讲者没有做好自我定位，所以选择了自己难以驾驭的主题，观众自然也不会信服。

那么如何定位自己呢？

一方面是全方位地了解自己，包括年龄、教育经历、过往经历与成就、社会身份、行业地位、梦想愿望和财富状况。

另一方面是全方位地了解自己的状况及所处的位置，比如，自己的受教育程度，这个受教育水准在当下社会大概处于什么位置。就像本科生在20世纪的中国属于青年中的佼佼者，可是，现在就算是硕士也是比较普遍的。再如，自己的收入水平和消费水准等。如果自己的收入水平和消费水准处于上游水平，即便自己觉得财政拮据，说出来也很少有人会同情，大家只会觉得你是不食人间烟火、不知人间疾苦的人。

2.2.2 演讲的核心问题之二：讲什么？

演讲最关键的就是确定主题。主题若选错了，接下来无论你准备得多好，都收不到预期的效果。那我们应该如何做呢？

1. 一场演讲只能有一个主题

听演讲的人，一方面希望"有所得"：听听别人的想法，增长某方面的见识，获得心灵的体验；另一方面又不希望自己像是在"做功课"或者"听教训"。一场演讲刚好可以把一个主题讲明白，如果主题多了，那么在演讲逻辑、内容呈现、知识理解等方面就会给观众造成负担。

外交官傅莹曾在自己的书中写到，她在工作初期，因为急于向外国友人展示中国，所以在演讲中讲了很多内容，但是之后询问听的人，得到的反馈是"内容很多，听得很累，导致听到后面便无法集中精力，听完后记住的东西也不多"。傅莹后来便有意识地仅抓一个主题去讲，多用故事、例子把这个主题讲得简单易懂。之后她公开讲话的效果也是越来越好了。

2. 如何确定主题？

明确"我想讲什么""观众想听什么"，便可以确定主题了。

第一种情况，受邀演讲。

既然某个场合邀请你来演讲，那么主办方必然有他的目的。主办方对你的背景、经历或者学术观点等都有所了解，希望你能带来某些新鲜的思想，分享特殊的经历等。在这种情况下，剖析自己，了解主办方邀请你的原因，就显得格外重要。明确了这两点，就比较好确定演讲主题了。

第二种情况，自己争取到的机会。

在这样的情况下，一般演讲者有着强烈的表达意愿，希望传播某些观点和价值，或者有意通过此次演讲呼吁某种行动。演讲者需要注意的是，演讲的目的是让别人接受演讲内容，换言之，"他们听到了什么"比"我讲了什么"更重要。这时需要考虑的就是，如何使听众对所讲内容感兴趣、与演讲者共情。要达到这个效果，就要了解听众关心什么，然后与演讲者想传达的内容产生连接，自然过渡，让听众在不知不觉中进入演讲世界。

3. 主题的类型

（1）传播新思想，重点在于如何获得别人的接受和认可。一方面，这个新思想与观众的现实生活要有联系，另一方面，要有实践或者实验可以支持这个新思想。比如，英国著名的恋爱专家 Hayley Quinn 在 TED 演讲《不要为了结束单身，而匆忙去爱》中，从自己多次失败的感情经历开始，讲述了自己在整个过程中的心路历程，用实际案例告诉观众找回自我，寻找真爱的秘诀。演讲中真实的经历和故事，是大部分人都会遇到的（尤其是面对未来的迷茫时的逃避心理），所以观众容易共情，加上有真实案例作为支撑，听众更容易接受演讲者的观点。

（2）普及新的知识，重点在于激发听众对于这种新知识的兴趣。比如，Jennifer Kahn 在《基因编辑现在可以永远改变整个种群》的演讲中先讲了这样一个故事：安东尼杂交出了不会传播疟疾的蚊子，并在友人的帮助下进行试验——2 只抗疟疾的蚊子和 30 只普通蚊子，经过两代繁殖之后，整个物种的 3800 个子二代都成了抗疟疾的蚊子。演讲者利用这个打破常识的故事，让听众认识到了"基因"的力量。这种力量在未来很有可能影响听众的生活，这让听众对于这个演讲产生了兴趣。

（3）鼓舞一种行动，演讲的重点在于找到观众行动的"内在动机"。比如，Simon Sinek 在《伟大领袖如何激励行动》中告诉我们，"鼓舞一种行动"的关键在于思维方式的"黄金圈"，如图 2.2 所示。

最简单的是"What（做什么）"，即做的具体的事情，基本上所有人都知道自己在做什么；其次是"How（如何做）"，即做成事情的方法；而核心则是"Why（为什么）"。普通人的思维在最外圈，而内在动力强大的人则知道最重要的是问题的核心，即"Why"。

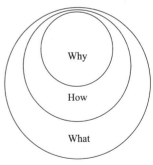

图2.2　内在动机"黄金圈"

所以，鼓舞一种行动的演讲，关键是找到"Why"，即为什么观众需要"行动",也就是"动机",之后才是如何改变以及做什么。比如,Tina Seelig在《越努力,越幸运》的演讲中,首先抛出了"幸运"这个好处,大部分人都希望变得更加幸运,而演讲者的目的是鼓动大家主动突破自己的舒适圈,这样才能获得"幸运"。所以"幸运"就是观众改变行为的最佳"动机"。后面她又补充,如何去做、做什么,就比较容易被听众接受。

知识补充:所谓"动机",即能激发和维持有机体的行动,并使行动导向某一目标的心理倾向或内部驱动力。动机具有三方面功能:(1)激发功能:激发个体产生某种行为;(2)指向功能:使个体的行为指向一定目标;(3)维持和调节功能:使个体的行为维持一定的时间,并调节行为的强度和方向。

2.2.3 演讲的核心问题之三:怎么讲?

完成第一步(定位自己)和第二步(选定主题)之后,我们要开始撰写演讲的内容了。如果说前两步是塑造演讲的灵魂,那么第三步就是搭建演讲的骨架和丰富演讲的血肉。撰写稿件,需要遵循以下顺序。

1. 选定基本观点

即便确定了主题,我们想要表达的基本观点也不会排着队流淌出来,这些观点基本是一个个冒出来的。我们需要做的就是在一张纸上写下所有的想法,然后进行思考和筛选。

比如,我们想讲"热爱祖国",那么能选择的观点有很多:璀璨的文化;人民的可爱;经济的昌盛让我们在国外获得尊重;在海外遇到危险时,政府会排除万难救我们回国、普通人如何为祖国做贡献;现在仍有国家处于战火之中,我们安定发展的环境,是祖国为我们构建的;无数人用自己的青春在保卫边疆;在历史传承中,我们如何渡过危机……面对如此多的观点,我们需要筛选、整合出自己的主要观点。

2. 构建听众游览路径

所谓"游览路径",是从听众的角度产生的概念,意思是听众在听演讲的时候,如同进行了一场"游览"活动,而演讲者就是这场"游览"

活动的设计者。演讲者需要考虑观众先听到什么,再看到什么,如同设计一个游览路径一样。

如何构建呢?首先,演讲者需要记得观众不知道整件事情的全貌,所以,在开始的时候应该选取距离观众的生活常识更近的素材进行演讲,然后逐步铺垫推进,讲出演讲者真正想要传达的内容。构建听众游览路径就是将上述每一步的主要内容写出来。

3. 搭建架构

搭建架构即根据基本观点和听众游览路径写出演讲稿的框架,包含所有的基本观点和目前想到的内容,包括案例、故事、数据等。

4. 补充案例,丰富文章

我们所搭建的架构有时会出现这样的情况:有的观点后面跟随了好几个故事,但是有的观点却没有案例支撑。这一步就是要优化和丰富我们的演讲稿,案例多的,要进行优化和筛选;缺少案例支撑的,要寻找并补充案例、故事或者数据。

5. 润色

把之前写下来的内容从头读到尾,并且在这个过程中要注意:(1)进行口语化的修改;(2)添加幽默性元素;(3)在条件允许和稿件需要的前提下丰富道具,增添互动等。

6. 演讲语言的选择

一般情况下,演讲所用的语言最好是这三种:(1)演讲者的母语——可以更好地表达演讲的内容及情感;(2)听众的母语——便于听众更好地理解演讲者所讲的内容和信息;(3)"引用内容"原汁原味的语言——便于更好地传达"该引用"的意义与韵味。

如果你所选择的语言不是这三种情况之一,则不建议使用。比如,《觉醒年代》中,胡适的演讲《大学与中国高等学问之关系》,开篇直接用英语说了一句《荷马史诗》中的名言:"You should know the difference now that we are back again!"这不属于上述三种情况之一,于是辜鸿铭先生抓住漏洞,给了胡适一个下马威:辜鸿铭先是用希腊语朗诵了原汁原味的《荷马史诗》,讥讽他不懂希腊语,又说他英语的发音不是英国伦敦绅士的发音,不地道,然后又自己展示了一段英文朗诵。一套操作下来,给胡适的演讲增加了很大难度。幸好胡适淡定从容,用自己的风度、胸襟化解了这场危机,否则这次演讲就有可能会夭折。

不过,在特定的场合下,演讲者选择语言时还需要考虑政治立场,如外交官,即便掌握多个国家的语言,可以非常自如地用外语交流,但是在一些重大场合,依然应该选择用自己的母语表达自己的观点,因为他代表的是他背后的国家。

2.2.4 案例展示

(案例来源:2005 年 11 月 14 日,外交大使傅莹在新南威尔士州历史奖颁奖仪式上的致辞。)

1. 演讲准备

第一步:为什么讲——定位自己。

姓名——傅莹。

基础信息——出生于 1953 年,中国内蒙古人,北京外国语学院、英国肯特大学毕业,擅长英语、法语、罗马尼亚语,做过翻译官,曾任多国的大使职务。

社会身份——中国的外交大使(时任驻澳大利亚联邦特命全权大使)。

为什么要讲——让世界认识中国,让国际友人了解中国人友睦邻邦的外交善意。

第二步:讲什么——选定主题。

"我"想讲什么——"我"想讲中国丰富的历史文化,展现中国友好的外交态度。

观众想听什么——这是历史奖颁奖仪式,邀请中国外交大使参加并发言,一方面是因为中国是历史悠久的文明古国,另一方面是希望在大使的发言中听到中国对于外交、对于澳大利亚的态度。

观众基础调研——来参加本次颁奖仪式的观众,对于两国的历史或多或少都有了解,并且希望了解得更多。

讲什么——中国人热爱历史,中澳友谊在此基础上得以长存。

第三步:怎么讲。

(1)选定基本观点。

中国人民与澳大利亚人民都热爱历史、尊重历史、保护历史。

中国人民与澳大利亚人民会在此基础上,坚持友好长期的发展。

(2)构建听众"游览路径"。

开篇便拉近了与观众的距离,"我"了解你们爱历史——我们中国人也爱历史——为了保护历史文物,所有中国人都付出了巨大的努力——对于文物我们很看重,对于历史给我们的"精神财富"我们更是视若珍宝,贯彻始终——这些历史告诉我们,中澳将会友谊长存。

(3)搭建架构。

① 开篇:认可澳大利亚人对待历史的态度。

② 主体:演讲的主体框架如图 2.3 所示。

③ 结尾:展望澳大利亚与中国在发展中的友情。

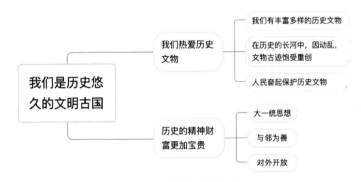

图2.3 演讲的主体框架

(4)选取案例丰富文稿,之后演讲主体的基本框架就变成了图 2.4 所示的样子。

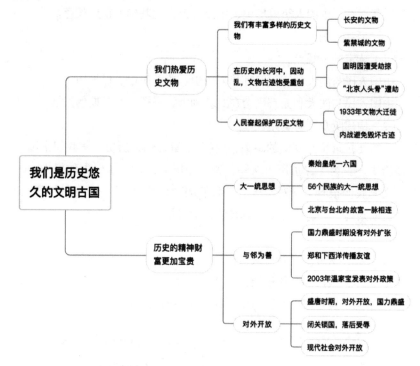

图2.4 加案例后的演讲的主体框架

（5）润色。

将整个演讲稿用口语化的语言表述出来；添加交流感、趣味性、互动性等内容。本次演讲场合的所在地的主流语言为英语，参加的人都精通英语（只有少部分人能听懂汉语）。本次发言为文化交流活动，综合考虑选取英语较为合适。

2. 演讲正文

首先，我想说的是，澳大利亚人对待历史的认真态度给我留下了非常深刻的印象。我所到过的每一个州、每一座城市都有一座或者好几座博物馆记录着当地的历史，就连亚瑟港最黑暗的流放史也被悉心地保存了下来。在澳大利亚，历史不仅收存于博物馆内，也存在于日常的生活中。比如，在阿德莱德，几乎每个人都能讲述这座城市最初设计者富有想象力和前瞻性的规划,以及这座城市不断发展的历史。

我们中国人常说,以史为镜,可以知兴替。中国的历史漫长而复杂,留下许许多多的回忆,既有辉煌的过去,也有伤痛的往昔。

陕西省省会西安与雅典、罗马、开罗并称世界四大古都,有3000多年的历史,曾有13个朝代在此定都,绵延约1100年。西安古名为长安,字面意思为"长久的和平与安定"。这座历史古城见证过中国许多重大的历史事件,这里出土的一砖一瓦都能向我们讲述一个精彩的故事,位于西安的陕西历史博物馆藏品超过37万件。

北京故宫博物院(紫禁城)内珍藏了100多万件历史文物,包括3万多件玉器、4万卷古画、35万件古瓷器以及1.5万尊青铜器,其中有1万多件文物的历史可以追溯到公元前。故宫中的藏品非常丰富,目前展出的只是其中的2万件,故宫建筑本身就是中国最大的国宝。

在中国历史上,王朝以皇权为中心,皇帝以天子自居,拥有至高无上的权力。中国历史呈现出从安定到动乱,由盛入衰、周而复始的循环。随着朝代更迭交替,统治体系越来越发达,越来越稳固,虽经过多次改革,仍然难以撼动其根基,资本主义萌芽和现代经济活动难以成为主流。从公元前221年秦始皇统一六国到1912年末代皇帝退位,中国历经了20多个朝代,产生了400多位帝王,其中只有一位女性。

从1840年到1945年,中国经历了一段饱受外国侵略的血泪史。100多年的时间里,中国遭受了列强的数百次侵略,被迫签订了几百个丧权辱国的不平等条约,先后失去了300多万平方千米土地。

连绵的战火让中国人民饱受动荡之苦,社会的发展孕育出的文化繁荣,转眼就在社会的动荡中被破坏乃至毁灭。这期间最大的文化劫难发生在1860年,英法联军闯入北京,进行了人类历史上罕见的、骇人听闻的文化掠夺。圆明园,这座北京最辉煌的皇家园林,也是世界上最大的帝王宫苑之一,占地350万平方米,历经150年五代帝王的兴建,被劫掠一空后付之一炬。成千上万的文物遭劫掠,其中很多如今陈列在大英博物馆、枫丹白露宫以及欧美其他一些博物馆内,还有很多为私人收藏。

另一个重大的损失发生在"二战"期间,20世纪30年代出土、有

50多万年历史的5个完整的"北京人"头骨出于安全考虑从北京转移，途中被日军截获，自此下落不明。

中国人自古以来就非常珍视祖先的遗物，这份珍视超越了政治立场和宗教派别，涌现出很多国人于战火中保护文物的动人故事。

从1931年到1945年，中国遭受日本大规模侵略。从1933年起，中国军民发起了一场前所未有的文物保护行动。他们不畏日本飞机的狂轰滥炸，把三万多箱珍贵文物从北京安全转移到了四川——当时的抗日大后方。战争结束后，这些文物又被运回了北京和南京。如此大规模的文物大迁徙，途中竟然没有一件文物被损毁或遗失，堪称奇迹。

在1946年到1949年的内战中，国共两党的军队都避开了历史古迹，古都北京、南京和西安的历史遗存都没有受到战火的摧残。

比起这些文物和古迹，我们最珍视的还是历史留下的无形财产，这些经验、教训、思想与理想对中华民族的存续意义重大。

在这些丰富的宝贵遗产中，我想重点讲以下三点。

第一大遗产是深入人心的中华民族"大一统"观念。

中国历史上第一位皇帝是秦始皇。尽管秦王朝在一统天下之后只存续了15年，但秦始皇仍被认为是中国历史上最伟大的帝王之一。从统一六国，到统一度量衡、货币、文字和法律，到推行法家政策和郡县制，再到修筑长城和连接全国的驿道，他的这些举措使生活在这片广袤土地上的人民，第一次感受到了国家的凝聚力。

自秦朝以来的2000多年里，中国曾几次遭遇分裂，但终究归于统一。"大一统"的理念已经深深植根于中国人民心中，不受任何政见或个人意志的左右。中国人深信，任何企图分裂国家、分裂民族的人都必将被历史唾弃。中国有56个民族，但我们都把自己当成中华民族的一份子，都把彼此看作中华大家庭中的一员。

今年（2005年）是北京故宫博物院成立80周年，而在台湾，还有一个台北故宫博物院，二者同宗同源。当年蒋介石集团战败撤退到台湾时，从北京故宫博物院的180万件藏品里挑选了65万件，空运或海运至台湾。由于时间和交通的限制，剩余的大多数藏品回到了北京。（其中大多数青铜器和石器已有好几千年历史，由于重量的关系都留了下来，最重的一尊达一吨以上。）

现在，紫禁城的藏品被一分为二，分别保存在北京和台北的故宫博物院内。例如，乾隆皇帝为母亲祝寿特颁旨御制的金书共108函：96函收藏于北京，12函收藏于台北。乾隆曾在其书房珍藏了书法家王羲之及王羲之子、侄的3幅稀世墨宝，其中两件存于北京，一件存于台北。

两个故宫博物院的布局也极为相似，就像一条纽带连接着海峡两岸的情感和中华民族的文脉。每年，海峡两岸都会以这些文物为主题举行大量的交流活动，国宝的研究和保护成为两岸合作的重要内容之一。不管政局怎么变化，也不管有过多少不愉快的回忆，海峡两岸的人们都盼望一睹两个故宫博物院的风采。

台湾自古以来就是中国不可分割的一部分。自汉朝以来的2000多年里，台湾一直由中国进行有效统治。17世纪20年代，荷兰殖民者侵占台湾，三十多年后，中国将其收复。1895年，日本迫使清廷缔结不平等条约，从此开始了对台湾长达半个世纪的占领。1945年，根据《开罗宣言》和《波茨坦公告》，台湾回归中国版图。1949年，国民党战败，逃至台湾，导致了目前的局面。

半个多世纪过去了，两岸的文化和情感联系从未间断，两岸人民大多认同中华文化的统一性，每年两岸同胞互访都达到数百万人次。台湾将大陆视为主要的贸易伙伴和经济腹地。中华民族的文化纽带和情感维系是历史的必然，绝不会因某些政客的个人意图而割裂。

第二大遗产是中国与邻为善的哲学。

子曰：己所不欲，勿施于人。中国没有侵略别国的传统。1820年以前的大部分历史时期里，中国的经济实力居于世界首位，GDP超过世界总和的一半。即使到19世纪40年代，中国的经济总量仍占到世界的三分之一左右。即使在国力鼎盛之时，中国也没有对外扩张或殖民的兴趣，与邻邦长期以来基本上和睦相处。

今年（2005年）是郑和下西洋600周年纪念。郑和是中国历史上著名的航海家，曾带领170余条船只，组成了当时世界上最先进的船队，从1405年起的28年间多次出海西行，横跨印度洋，抵达遥远的红海和非洲东海岸，英国人加文·孟席斯甚至认为郑和的船队到过澳大利亚。

郑和下西洋代表了一种不同于殖民主义的和平航海与文化交流模式，其主要使命是显示国力的强盛和明朝的威严，调节与各国之间的关系，并维护海上贸易环境的稳定。船队所到之处，都会用中国的货物和当地特产进行交换，促进官方商贸的发展。

根据记载，郑和下西洋期间，中国共接待了来自亚非各国的318位使者，平均每年就有15位。来自东南亚四国的9位国王曾8次到访中国。28年间，中国只卷入了3次短暂的防御性战争，而且从未侵占他国的一寸领土。

如今，中国隆重庆祝郑和下西洋600周年，其中一个很重要的主题就是继承睦邻友好的外交传统。

近年来，中国领导人提出了和平发展的理念。2003年，温家宝总理在印度尼西亚出席东盟领导人会议时，谈到中国与邻国相处的外交政策是"与邻为善，以邻为伴"。历史的启迪是制定这些理论和政策的重要依据。我们相信，以德服人、和平共处、相互尊重、共享繁荣、共建和谐，不仅是保持与邻邦友好关系的最佳途径，也是维持与世界其他地区正常交往的关键。这种对外交往模式不仅是中国传统文化的一部分，也是中国能在和平环境中崛起的有力保证。

第三大遗产就是奉行对外开放的历史启示。

中国媒体曾进行过一次调查，其中一个问题是"如果可以选择，你希望生活在哪个朝代？"很多人选择了唐朝。那时，中国是一个繁盛的大国，世界上60%的贸易都是同中国展开的。当时的都城长安是拥有100多万人口的国际大都市，街道上熙熙攘攘的有各国使节、商人、僧侣、牧师和来自东亚、欧洲、中亚甚至非洲的留学生。佛教、道教和伊斯兰教广为传播，蓬勃发展。唐朝以自信、开放的姿态面向世界，东方和西方在都城长安交汇。

但中国也有过闭关锁国的时期。

例如，郑和七下西洋并未给明朝带来持久开放，他刚一去世，明廷便觉得下西洋没有什么实际价值，而且成本高昂，于是禁止了海外航行和国际贸易，烧掉了出海船只和航海图。虽然欧洲是在郑和下西洋三百多年后才开始工业化，但它却超越了中国，而衰落的中国则沦为西方列强的猎物。

今天，中国向全球化的世界敞开了大门。历史的教训告诉我们，国与国之间的交流、合作、融合和相互影响是何等重要。在全球化的时代下，开放和宽容才能带动繁荣和发展，闭关锁国则将摧毁一个民族的活力，围绕如何建设一个更为开放的社会，今天的中国经常进行激烈的讨论。一个基本的共识就是，这个开放的社会不仅仅要在外交事务上开放，还要结合自身国情，学习其他国家的成功经验，进一步推行民主决策，完善平等、公正、保障公民权益的社会制度，这一切对于中国实现和谐发展的目标是至关重要的。

澳大利亚是中国走向开放过程中的重要伙伴。你们在经济发展、社会保障、金融管理和职业健康与安全等方面都有非常好的经验。学习历史并研究历史，是为了指导我们今天的生活。中国正经历着历史上最大的变革，我们期待与澳大利亚更加紧密的合作。

讲两句别人没印象，说太长又招人烦，一场演讲的黄金时长是多久呢？

一场演讲需要多久，这个问题你会听到不同的答案，大多数答案在 1～45 分钟。因为多于 1 分钟，你才有时间说点有意义的内容，而超过 45 分钟，观众就会坐得不舒服、精神疲累（这也是大部分课堂时长设为 45 分钟的原因）。

而实际上，演讲的时长会根据不同的场合、不同的任务、不同的内容有所变化。大部分演讲类活动、比赛、节目证实，10～18 分钟的演讲的效果是最佳的。因为演讲是传输一个新的观点，或者普及一个新的知识，而这个"新"的内容，要想让观众接受，首先得讲明白，其次要摆事实，拿数据让观众相信这是真的有效的内容。要完成这项任务，时长不会少于10分钟。同时，如果讲了18分钟都没讲明白，要么是因为这个"新"的东西不适合用演讲来传播；要么是因为演讲者个人的能力存在问题。总之，18分钟是足以讲述清楚一个新的观点的。这也是TED规定演讲不要超过18分钟的原因。

有的朋友会问："为什么我看一些演讲类综艺节目，都是3~5分钟演讲时长，最多10分钟？"出现这种情况，一般是因为演讲者的内容更倾向于讲述个人的经历、故事、感悟，很少会涉及晦涩难懂的科学现象，或者完全不同于观众价值体系的内容，观众能够很快理解演讲者所讲的内容。因此，3~5分钟也是可以完成演讲任务的。

还有非常重要的一点，时间的长短是相对的。比如，引人入胜、轻松愉快的演讲，大家会希望讲的时间长一点；而枯燥乏味、机械木讷的演讲，观众只希望快点说重点，快点结束。

那么，作为演讲者，我们应该如何把握演讲时长呢？

2.3.1 不同的演讲，演讲者如何把握时间？

如果没有规定时长，演讲者可以根据自己讲的内容和所在的场合把握时间，演讲界并没有严格的时间规定。不过一般情况下，演讲的时长、内容、场合的关系存在以下几种情况。

1. 控制在1~3分钟

在大型活动中，或者在聚会交友活动中，轮流做自我介绍时一般需要一分钟左右的时间。只选别人感兴趣的一个点介绍自己就可以了。如果是隆重介绍，如在一场晚会中，有一个特殊的人物需要大家认识，这个人有很多功绩、有惊心动魄的故事，是一个对社会、对团体有贡献的人，那么对于他的介绍一般会控制在1~3分钟。

2. 控制在3~5分钟

综艺演讲，一般选择的是大家喜闻乐见或者比较熟悉的内容，如爱国爱家、父爱母爱、对抗绝症、一段友情、见义勇为、自立自强、互帮互助的故事等。换言之，分享一个经历或故事，演讲的精神内核与核心价值本身就是与观众相符的，不需要"说服"观众接受一个"新"的观点，只需要告诉他们不同的故事和经历即可。这类演讲的特殊性只在于"这个大家都接受的价值观"的具体表现形式是观众没有听过的。对于这类演讲，时长控制在 3 ~ 5 分钟即可。

3. 控制在 5~10 分钟

这个时长的演讲有两种情况，第一种情况是，演讲的本质与第 2 点很像，但是故事较为曲折，或者是由多个故事构成的同一个主题的演讲。

第二种情况，我们来重点讲解一下。

如果要讲述一个"全新的观点"或者"全新的知识""全新的技能"，倡导一种"新的价值观"，因为观众之前没有接触过这一内容，所以一般需要演讲者把这个"新内容"清晰明白地讲给观众，一般需要 10 分钟左右的时间。如《5 个技巧让你快速掌握任何一门语言》《如何在你重视的事情上做得更好》等。

不过，如果观众没有抵触的情绪和固有观念，则比较容易接受演讲者的理论，演讲的难度就不会很高，10 分钟足矣。

4. 控制在 18 分钟以内

这个时长的演讲，一般比第 3 点困难，那就是，演讲者传播的内容，不只是"全新的"，而且与观众习以为常的观念不同，甚至截然相反。比如，《越社交越孤独》《只需要 20 个小时，你就能学会任何事情》《不是你的错，是设计的错》《如何跟压力做朋友》《尊重你的想象，不管它有多离奇》《犯错的价值》等。

演讲者最大的障碍就是要打破观众的固有思维，然后重建自己的"新内容"。这不是一件容易的事，演讲者除了需要说明白自己想要传播的新内容，还得向观众说明，他们之前的认知是有问题的。这需要大量的事实、强有力的证据，以及严谨的逻辑、情感的疏导等，才能让观众抛弃自己原有的观念，选择相信演讲者的演讲。

5. 控制在 30 分钟左右（45 分钟以内）

这类的演讲更具备讲座的特征。它涵盖三个基本任务：第一，传播新的价值观、知识、技能等；第二，与观众互动，可以演示所讲的内容

（最好让观众参与其中），也可以用问答等方式从观众那里得到反馈，并且解答观众的疑问；第三，让演讲变得有趣，45分钟是人类对陌生内容自然专注的时间临界点，要想观众不走神，并认真地"接收"你传播的内容，你就需要让自己的演讲变得有趣。

2.3.2 规定时长的情况如何准备演讲？

在我们的工作生活中，较为正式的场合一般会规定发言时长，如讲座、行业大会、演讲比赛、各类典礼讲话等。规定了时长，就表明活动的组织者对于演讲内容和效果进行了思考，同时衡量了整个活动的流程和体验。所以演讲者最好遵循这个规定。

而规定时长也分为两种情况。

1. 仅给出了建议时长

这种情况下，演讲者发言的场合会比较正式，但是并不会一到时间就收话筒，活动的组织者还是会给予演讲者一定的发挥空间的。而演讲者一般要将演讲时长控制在这个时间左右，最低不要少于70%，最长不要超过10%，这是从最终效果来讲的。

实际上，因为演讲者紧张，或者观众鼓掌、叫好、互动甚至是短暂的混乱等情况都会带来一定的时间消耗，所以在准备时，建议把时间控制在建议时长的90%左右，这样一般可以较为准时地完成演讲。

2. 严格规定了时长

严格规定时长的演讲，一般是在比赛的时候才会出现。有专门的计时器，临近规定时长就会数秒，不会给演讲者多一秒钟的时间。同时，如果时长严重不足，也会扣分。这种情况，要求演讲者充分利用时间，一般在倒数时结束演讲是最好的，也就是倒数15秒以内。

如何做到呢？

在准备时期掐表计算时间，最好能找几个观众，模拟比赛当天的状况，同时在关键段落标记时间。比如，5分钟的演讲，选手讲完第1个内容，2分钟；讲完第2个内容，3分钟；讲完第3个内容，4分钟；结束语用60秒，准点完成。这样做的好处是，选手在比赛时可以控制自己的语速，如果准点完成段落，则稳步进行，如果时间提早或推迟，则可以在下一个段落做出调整，调整自己的语速、段落间停顿的时长等，确保在说结束语时，时间刚好剩60秒，这样便可以从容精彩地做演讲的收尾。

　　通常人们会有两种担心。第一，卡点会不会影响发挥？如果是第一次，当然会影响。解决的方法是，选择合适的背景音乐，多次练习。这样可以轻松控制时间。第二，如何看时间？一般对于时间有严格规定的比赛，都会让选手看得到时间，如果比赛的组织者忽略了，选手就可以在赛前彩排时提醒协调，大胆要求设置时间提醒。

第 3 章　开场，先声夺人

完成了前期工作，从这一章开始，我们就要正式设计自己的演讲了。想象一下，我们会在一个什么样的场合跟观众见面，见面之后要怎样抓住观众的注意力？说什么才能让观众对我们以及我们将要讲的内容感兴趣？这些是演讲中最关键的甚至是起决定性作用的重要问题。如果一开始无法吸引观众，那么后面内容再好，观众也没有兴趣了解了。

> **本章涉及的主要知识点**
> - 演讲发生的三种情况。
> - 不同环境下，如何做有效的自我介绍。
> - 三种精彩的开场方式。
> - 开场常见的几种错误方式。
> - 几种新奇的开场方式，用好了可以出奇制胜。

> **注意**
>
> 本章内容涉及不同场合的开场方式，读者根据实际情况，从中挑选一种适合自己的即可。初学时可以在书中寻找方法，熟练后即可融会贯通，形成自己的风格。

无论是在聚光灯下还是在乱糟糟的会场，你的机会只有开场的一分钟

一场演讲，要怎样开场才能精彩，才能做到先声夺人？不要着急，在解答这个问题之前，我们需要先看看上台的前一刻，观众在做什么。

3.1.1　观众与环境，形成了演讲的"场"

为什么说演讲者需要关注在他上台前，观众在做什么？那是因为，

观众的不同状态,直接影响了演讲者的演讲环境,也就是"场"。

那究竟什么是演讲的"场"呢?

演讲,往往是在特定场景下发生的,而所谓演讲的"场"就是由这个场景中的灯光、舞台、场地大小、观众人数、观众状态、演讲者以及他们之间的气场、互动、氛围、声音等多种因素构成的一个特定空间。

在演讲开始之前,演讲者最重要的就是运用自己的能力,构建利于自己演讲的"场"。影响"场"的变化因素有:场地大小、观众人数、观众与演讲者的距离、舞台大小、灯光效果、音乐音响、演讲者本人气场、观众注意力、台上台下的互动氛围等。

根据以观众为主的演讲环境的不同,我们可以把"场"分为三种截然不同的情况:虚静、嘈杂、排斥,那么这三种场的特点是什么,演讲者针对这三种情况又该做些什么呢?

注意:在演讲的准备阶段,就要先预判当时的状况有可能属于上面的哪一种。对于不熟练的演讲者,可以事先做好不同的预案;而对于熟练的演讲者,可以临场针对当时的状况,调整自己的开场方式。

3.1.2 如何构建利于演讲的"场"

1. 虚静

这类情况一般是用特定方法构建的,比如《超级演说家》《开讲啦》《星空下的演讲》等,由台上台下共同构建出一个较为正式的场合,会有主持人播报,接下来由某人上台讲话,甚至会结合灯光和音效,使整个场所突然安静下来,这样坐在台下的观众就会安静地等待演讲者的就位,期待演讲者带来精彩的分享。普及到日常工作生活中,工作汇报、就职演讲、竞职演讲、演讲比赛等,基本属于这种情况。

此时,大家安静地等你上台讲话,眼睛注视着你,期待着你的表演。好处是你自然会被看见,会被听见。但难度在于观众对你预设了"期待"。这种情况,演讲者们很容易踩的雷区有下面三种。

雷区一:"调"起得太高。

文艺点说叫"宏大叙事",接地气的说法是"唱高调"。其实很多演讲的主题确实比较大,如祖国的繁荣昌盛、奉献精神、推动人类进步的伟大发明等,这本无可厚非。但是在演讲的一开始就从宏大的事件讲起,会一下子把观众和演讲者的距离拉得很远。要明白,观众可不知道后面的内容,他们只知道演讲者一上台就大喊口号,观众很难跟上节奏。

那么我们应该如何做呢?越是宏大的事,越要从身边的小事说起。比如,讲祖国的繁荣昌盛,可以先从一次出国经历讲起;讲奉献精神,可以先从身边常见的人或事情讲起;讲推动人类进步的伟大发明,可以从相较而言没那么先进的生活讲起。慢慢铺展开来,"大"的主题才会有内容做支撑,才能让观众的情绪和情感被带动着一点点"升"上来。

雷区二:虚伪。

这里是指观众的心理感受,而不是对演讲者的评判。比如,在某一期《职来职往》中,一个20多岁的小伙子,长相中等、个子比主持人高、普通话标准,但是在做自我介绍时,频频用"容貌丑陋""不自信""被人嘲笑"等词来营造一种"幽默感"。没说两句话,台下就传来窸窸窣窣的声音,摄影师也捕捉到了嘉宾们面面相觑的镜头。很明显,大家感受到了这位演讲者的不真诚。或许他讲述的经历,在特定时间段真实发生过,但是,在演讲的那一刻这些经历所传递出来的却是一种虚假和不真诚,后面的内容,大家自然不想再听。

怎样避免"虚伪"呢?首先,要摆正自己的心态,自己都不相信的东西就不要说,否则自己都会心虚。同时,准备阶段的调研工作要做好,要真正了解目标观众内心对你所准备的观点的真实想法。如果这一步有难度,那么下一个纠正自己的机会就是排演阶段(详见7.1节)的检验——通过试听观众了解自己的观点被接受的程度。比如,毕业演讲先请小部分同学试听,敬老院的演讲可以先让一部分老人试听,面向国际的演讲可以先邀请不同国家的朋友试听。如果这一步也有难度,那么至少应该让了解目标观众的人帮你把关,他们可以帮你规避演讲中大部分的"不恰当"。

雷区三:拉高感性期待值。

比如,你想讲述一个故事,但是在开篇的总结性描述中营造了震撼、

第3章 开场，先声夺人

悲惨等感性色彩很重的氛围。这时听众的期待值就被你拉高了，如果你讲的故事没有达到观众心中预设的震撼程度或悲惨程度，他们就会失望，甚至会有被戏弄了的感觉。这样一来，你的整个演讲，观众都不会"买账"。

那么怎样避免这种情况呢？首先，了解你的观众，知道他们的平均水平（平均生活水平、平均受教育程度等），避免你选的故事对于他们来说不够震撼、不够感人、不够悲惨。其次，在讲述的时候，自己的情绪要在当下讲述的内容当中，如果只是陈述平常的事物，就不要代入后面"震撼"故事的情绪。最后，观众的虚静情况，其实有利于演讲者讲述任何故事，所以在这种情况下，演讲者要做的第一件事情就是，从观众现在的心理状况出发，用平实、家常的话一点点把他们带到"震撼"的故事中。

案例分析

安徽卫视的《超级演说家》是典型的虚静场合，其中北大硕士生刘媛媛有一场名为《年轻人能为世界做什么》的演讲，这个题目一听就很大，而且结尾是"我是来改变社会的"，因此，开头讲不好就会给观众"假大空"和"唱高调"的感觉。然而，她的演讲却感动了每一位听众，我们来看看，她是怎么做的。

我是一名法学院的学生，我的每一门课的教授，都曾经在他的课堂上讲过这么一句话："法律是这么规定的，但是现实生活中……"现实生活是一种很神奇的生活，在现实生活中，那些尊重规则的老实人，往往一辈子都默默无闻，反倒是那些弄虚作假的人到最后会名利双收，于是像我这样的年轻人，就经常有那些看着很有经验的前辈，过来拍拍你的肩膀跟你说："年轻人，你还不懂"。

我们看，第一句话非常符合她的身份：学生，而且没有浓烈的感情色彩，只是淡淡地讲述，观众可以很自然地接受。然后她开始讲年轻人和前辈之间的事情，代入主题，徐徐铺设。

后面她说："如果将来去路边摆摊，不要卖地沟油小吃……开了工厂当老板，不要偷工减料……不要变成自己讨厌的人，要坚守底线，这意义重大。"这样就把主题具象化了，更接地气了。

最后她说："在普通的岗位上做个好人。"如果有人跟你说："年轻人你不要看不惯，你要适应这个社会。"你可以像一个勇士一样直面他，告诉他："我不是来适应社会的，我是来改变社会的。"这样，年轻人能为世界做什么，就有了可以操作的力所能及的方法，而它的意义又是伟大的，所以才能支撑起最后这句话的震撼人心的力量。

2. 嘈杂

第一种情况我们在电视中常见，但是日常生活中却没有那么幸运。我们准备讲话的会场，很有可能是乱糟糟的，即便主持人介绍了你的出场，台下的观众也有可能在小声地交流，甚至少数人因为接打电话或上洗手间等问题在座位中穿行。类似的情况，还有日常开会、交流、聚餐等。

这种情况的难点，在于怎么吸引人的注意力。大家甚至都很难注意到，台上换人了，有人要讲话了。这个时候怎么办？我们要用到的就不只是语言的手段了。我们要用三步解决法。

（1）利用周围工具营造氛围。

如果你在的地方是会场、舞台等有多媒体设施的场地，那么把这些设备利用起来。在自己上台之前先播放一段音乐，上台后，用追光聚合大家的视觉焦点，其余灯都保持不变。如果是普通会场，那么能播放音乐也可以，待你上台之后再暂停音乐。这种方法是用音乐和灯光，打断观众正在做的事情，让他们把关注聚焦到台上。

（2）站定后扫视观众。

如果你用了第一种方法，但效果不明显，那么站上舞台之后保持微笑，环视观众，用眼神告诉观众，你要开始讲话了。而观众接收到这个信号都会迅速安静下来。这种方法一般在较为正式的场合会起作用，如晚会、年会、颁奖典礼等。

（3）直接"拉"观众。

这种方式的使用场合更为广泛，在没有多媒体时可以用，不是正式场合也可以用。具体操作是，直接跟台下的某个观众聊，抛出一个简单的问题，甚至可以直接调侃观众的行为。像相声、脱口秀、公司年会、论坛、综艺节目等场合惯用这种方式。提醒读者朋友一下，如果你不常用"调侃"的方式与人互动，把握不好"玩笑"的分寸，就用抛出简单问题的方式进行互动，这样更为保险。

案例分析

德云社的一次公开表演中，岳云鹏和孙越刚上台，就有观众起身走动，岳云鹏直接问话："那位先生你去哪儿，回来，回来！"孙越说："买房去，是吗？"（上一场的段子是买房）观众说："上厕所。"岳云鹏说："走吧，他去上厕所了。您琢磨厕所也有门哪，这位老师推推推，推了40分钟没推开。"孙越说："一拉，开了。"岳云鹏说："拉吧，拉了半小时也没开。"孙越说："那就是门坏了。"岳云鹏说："最后一扒拉，门开了。"过了一会儿观众回来，岳云鹏说："大哥你回来了，尿了吗？"孙越继续问："你那厕所什么门哪？"……这一段调侃让观众们松散的注意力迅速集中起来，而且笑声不断。

3. 排斥

排斥，对，你没有看错。回想一下，小时候学校操场开会，长大了各大论坛、公司的会议中，当前面每个领导都长篇大论地讲很久，台下的观众们坐了两三个小时，都到饭点了，又饿又渴，这个时候，如果主持人介绍，该你讲话了，台下人的心理状态是什么？很遗憾地告诉你，是"怎么还有呀，什么时候结束"等。

排斥，看似最艰难，大家都想着快快结束，内心非常反感有什么人再来讲话，一心想着的可能都是，"赶紧结束，我好去吃饭"或者"赶紧下班回家吧"。但其实，演讲者还有一个优势——大家的注意力都在台上。只要利用好这一点，两句话就能扭转局势，从某种程度上来讲，这种情况比"嘈杂"更利于演讲者。

只要注意以下几点，就可以扭转局面。

第一，千万不要回避观众，要真诚地直面观众的心声，甚至可以直接说出大家心里的想法。这样的话，在观众心里你是为他们说话的人，是一个值得倾听的"自己人"。

比如，开学典礼上，在太阳很晒的操场上讲话，可以直接说："今天的太阳好大呀，非常晒，但是依然很开心可以在新的学期看到大家。"再如，会议开了两三个小时后才轮到你讲话，你可以说："很抱歉让大家等了这么久，饿了吧，商务餐已经给大家准备好了，我们赶紧把下面这件非常重要的事讲完，一起去吃饭。"又如，2012 年第一季《中国好声音》总决赛的直播，场内场外反反复复地进广告，在又一次进广告时，下面"哄"了一声，主持人华少直接说："欢迎回来，我知道大家很烦，我也很烦，但是在刚刚的广告时间，我们的比赛结果已经统计出来了。"

在上述三个例子中，演讲者把自己和观众摆到了同一立场，讲出了观众的感受，让观众觉得演讲者是"自己人"，排斥的心理状态就会削弱并且会认真听演讲。

第二，不要低姿态道歉。要明白，现在的状况不是你的错，你无须为此感到愧疚。虽然上述例子中说"抱歉"了，但是这并不是低姿态。这个"抱歉"表示的是对大家处境的理解，而不是自己的愧疚。

第三，适当调整演讲的内容。这个比较考验演讲者临场应变的能力。给大家三个标准：

最低标准——表达对观众处境的理解＋自己的感受和看法＋原先准备的内容；

中级标准——表达对观众处境的理解＋自己的感受和看法＋优化原先准备的内容；

高级标准——表达对观众处境的理解＋自己的感受和看法＋新的演讲内容。新的演讲内容来源是，原来演讲稿中的主要价值观和精彩内容，加入当下的看法和心理感受，重新调整演讲的结构、顺序和案例。这个层级的应对方式是基于演讲者对自己原先稿件有较高的熟悉程度、平日有足够的积累以及有较强的应变能力等。

第3章 开场，先声夺人

案例分析

电影《我的1919》中，在"一战"结束后的巴黎和会上，陈道明扮演的顾维钧代表中国讲话，他本来准备了详尽的演讲稿，但是因为临时情况，他修改了自己的讲话。

"请允许我在正式发言之前，给大家看一样东西，"他掏出一块金表，"进入会场之前，牧野先生为了讨好我，争夺山东的特权，把这块金表送给了我。"牧野说："我抗议，这是盗窃，中国代表盗窃了我的金表，这是公开的盗窃，无耻！极端的无耻！"台下的各国代表开始交头接耳，有的对讲话者嗤之以鼻，有的开始"看笑话"，此时会场的排斥情绪到达高潮，顾维钧继续说："牧野男爵愤怒了，他真的愤怒了，姑且算是我偷了他的金表，那么我倒想问问牧野男爵，你们日本在全世界面前，偷了整个山东省，山东省的三千六百万人民该不该愤怒呢？四万万中国人该不该愤怒！！！我想请问日本的这个行为，算不算是盗窃，是不是无耻呀，是不是极端的无耻！"这一段话一出，除日本人以外的所有代表均被顾维钧的机智、智慧和气势所折服。然后，顾维钧才正式开始自己的演说，讲述山东的历史和"一战"中中国的贡献。

即便在如此敌对的排斥情绪面前，用好"表达对观众处境的理解＋自己的感受和看法＋优化原先准备的内容"这个公式，依然能博得有利局面，更何况我们一般遇到的环境也只是不耐烦式的排斥，所以大胆练起来吧！

什么？你还在用同一个模板的自我介绍应对所有场合？

自我介绍是生活、工作中及舞台上最为常见的小型演讲，但它最容易被人忽略。如何在一分钟以内，把一个丰富多彩、鲜活生动的人介绍给陌生人呢？这个有点难，我们先来看一下自我介绍到底是什么。

自我介绍，从字面来看，就是把自己介绍给别人，第一要求是信息。然而，我们仔细在记忆中搜索需要做自我介绍的场景：学生时期，开学第一天，新生挨个儿介绍自己；老师也要向同学们介绍自己；参加工作后，求职面试时要做的第一件事就是介绍自己，入职后、新人团建时还需要向不熟悉的同事介绍自己；参加社会活动中的行业论坛、公司间联谊、交友活动甚至相亲等都需要自我介绍。上述大部分是集体活动，参加过的人都知道，自我介绍一圈，真正能被记住的也就两三个人，这样，你还认为个人信息是第一要求吗？

答案是否定的，真相是在大部分场景中，有些人个人信息说得很清楚，但你依然记不住他；而有些人即便没有介绍清楚个人信息，你也会在这个环节之后打听这些人的情况，或者直接走过去认识他们。

其实，不同的场合对自我介绍的第一要求是不一样的，而介绍个人信息排在了第二位。下面我们就分别讲解不同场合对自我介绍的第一要求及注意要点等。

3.2.1 面试场合的自我介绍

1. 第一要求

求职时，自我介绍的聆听者是面试官。要想做有效的自我介绍，首先要了解面试官想要知道什么。面试官在招聘时会考虑三个问题：第一，面试者的岗位匹配度，也就是面试者的能力是否能处理该岗位在专业方面的事情；第二，性格和态度，即面试者与同事是否可以顺利沟通、相处融洽，是否对工作认真负责，甚至是否愿意加班；第三，稳定性，即面试者对于自己的职业规划，能不能稳定地工作，如会不会频繁跳槽，或者一入职就结婚生子（虽然这会让人不舒服，但却是每个 HR 都会考虑的问题）。

2. 基本内容

基本信息：你好，我叫×××。

教育背景：毕业于×××的×××专业。（注意，如果你的专业匹配度高，则可以拓展一下；如果是跨专业求职，则一带而过即可，主要讲解为什么要从事该职业以及做了哪些准备和尝试。）

职业经历：主要讲解与该职位工作内容匹配度较高的工作经历，要说1~2个重点项目,不要像流水账一样叙述。在介绍具体项目时,要说清楚有几个人共同参与,你负责哪个部分,做了哪些具体工作,获得了哪些成绩。

匹配度评估:分析该职位需要的能力和资格,然后从自己的经历中挑选与之匹配的工作,以获得面试官"你可以胜任"的评价。(在招聘网站可以看到关于该职位的具体要求和描述。)

性格特点:主要描述与人合作时积极主动、对工作认真负责等与工作相关的特点(一定要真实)。

3. 注意要点

(1)用量化的描述代替模糊讲述。

以介绍新媒体运营的工作经历为例,错误示范和正确示范分别如下。

错误示范:运营过一个公众号,更新发文等都是独立完成的,对于公司的宣传和销售起了很大的作用。

正确示范:独立运营××公众号,首月发送15次以上,共45篇以上的文章,粉丝数量增加了7万+,获取有效资源9000+条,新签人数400+,客单价9000+元,成交总额比之前增长了25%。

(2)面对缺点要真诚、自信。

当自身学历不高或是跨专业求职时,常常会不自信,但是请你相信,面试官已筛选过一遍,你之所以到了面试环节,一方面是因为面试官认为,对于该职位的任务,面试者通过努力和认真负责是可以胜任的;另一方面是因为面试官希望你可以为这个岗位带来新的想法或新的工作思路。

所以,面对自己的缺点要真诚。然后,针对面试官的期待,阐述以下几个方面的内容。第一,你对于这个行业中该职位的理解;第二,你做了哪些功课;第三,入职后你会以什么样的态度和什么样的方法面对工作中的问题。

(3)介绍优势时要自信平和。

有的求职者对于要应聘的职位有着闪闪发光的履历,针对这种情况在介绍自己时应注意几个要点。第一,不要扭捏,这是你真实的经历,不必不好意思；第二，不要激动或者骄傲，因为面试官可能见过比你的履历优秀得多的人，另外，以往的经历只能代表过去，不代表在新的公司和岗位中能做得更好。所以，你只需要简单描述自己的经历即可。

（4）对于加班的看法一定要真实表达。

"你对加班怎么看？"这是面试的时候有可能会被问到的问题。曾经有个学员面试美术馆的策展岗位，被问到"加班"问题时，因为害怕自己不被录用，所以说只要能完成好展览，不会在乎加班，甚至会主动加班，结果他入职一个月，没有一天是在半夜12点前下班的，最终因身体熬不住就辞职了。

能不能加班，要真实表达，同时要注意方法，既不能让面试官觉得你太自私，不在乎公司，也不能让他们觉得，你是可以无限加班的，甚至被压榨也可以。常见的情况有以下3种。

① 不愿加班——我认为好的工作能力和工作方式是可以在规定时间内完成任务的，如果没有完成，要么是应该加班去补充能力的不足，要么是要优化工作流程和方式。当然，特殊情况除外。

② 不愿天天加班，但接受偶尔加班——可以呀，在特殊时期，有意义的加班我认为是必要的，如购物节或产品紧急上线时。不过如果是常态化的，有可能就是工作方式需要优化了。

③ 愿意加班，接受天天加班——我之前了解过××行业/××岗位，加班是不可避免的，而且我愿意在这个行业付出努力，做出成绩。请问贵公司有没有关于加班的相关制度，方便的话，可以介绍一下吗？（目光直视面试官提出这个问题。）

（5）关于稳定性的问题。

表述出3~5年的短期规划，有长期的更好。表示愿意在这个行业深耕下去，这样才能有更加长远的发展，如果有幸进入贵公司，会在该岗位上长远做下去，争取做出成绩。

如果被问及为什么离开上一家公司，记住，不要说公司的坏话，可以先感谢在上一家公司获得的机会和成长，然后说是因为政策问题、项目重组/撤销或个人发展到了新的阶段等离职。

如果是大龄单身未婚女性，或大龄已婚未孕的女性，还有可能被问到私人方面的问题（笔者知道这让人不舒服，但是确实有人会面临这种情况）。这时，首先摆正心态，不要觉得自己低人一等；其次回答的重点放在职场而不是私生活的规划上。比如，面试官问："我看你还没结婚／已婚未孕，你对未来有什么想法？"你可以回答："我确实是这样的状况，现在这个社会，相信工作对于一个人的价值实现是非常重要的。对于我来说，这份工作是我非常期待的，我认为如果有幸进入贵公司，我会在工作岗位上做出成绩，实现自我价值。"

（6）薪资问题。

请掌握以下原则：①面试前了解该职位的行业平均薪资水平；②说清自己的价值前，不谈薪资；③对方不问，自己不先谈薪资；④若对方问了，但在确认工作任务、工作量、考核标准、加班问题前不谈薪资；⑤若对方问了，就先问公司对于相关岗位的待遇标准。

上面问题都清楚了，相信你心里会有自己的衡量。如果对方再问，你就可以大胆说出薪资要求，要坚定自信，直视对方。如果你心里的标准恰好在对方的区间之内，那么皆大欢喜；如果对方预算有限，而你的市场价值确实高，那么可以大胆说出你的底线，对方若接受，则表示愿意信任你，给你发展空间；否则的话，就代表该岗位发挥不了你的能力，你需要重新选择。

实践练习

（1）在求职网站（或目标公司官网）寻找自己的目标岗位；
（2）填写表3.1。

表3.1　自我介绍练习

表格正文		填写要求
准备工作	公司	找一个真实的公司
	行业	行业现状 + 该公司在行业所处的位置
	岗位	岗位职责、要求、工作内容、行业平均薪资水平

续表

表格正文		填写要求
自我介绍	自我介绍	基本信息 + 教育经历 + 职业经历亮点 + 与该公司/岗位的匹配度描述 + 性格特点
应变问题	可能遇到的问题 + 回答	准备问题时，把自己想象成面试官，看你在乎哪些问题；回答问题时，真诚自信的同时，把内容往自己擅长的地方引

3.2.2 商务场合的自我介绍

1. 第一要求

在商务场合，看似随意休闲，但有心人会寻找机会，寻找有利于企业发展或合作的机会。为此，一方面要凸显自己的价值；另一方面要展示自己友好的态度和乐于合作、乐于帮助他人的性格。

2. 基本内容

基本信息：大家好，我叫×××。

所在行业：在××行业/公司，做××工作。（有两种情况，如果是该领域的专家，则可以着重强调，并说出自己掌握的资源、做出的成绩；如果只是普通打工人且有着另外的职业理想，则可以一带而过。）

价值感体现：可以介绍你的工作或兼职的事业，说出从事的时长、经验、成就。比如，你的工作是某教育领域的专家，同时喜欢翻译、配音、写文章等，只要可以带来价值，而且你也愿意在这个方向发展，那么都可以着重强调，对于部分人来说，这些内容比打工的内容更值得介绍。

爱好专长：如乐器、小语种、自驾、高尔夫等，这些爱好直接变现的可能性虽然不大，但对于高端社交圈来说，这些爱好有可能让你结识到很厉害的人物，并且这种"去功利化"的相识和结伴玩耍，以后合作的概率会更高，基本上只要专业能对上，人们都倾向于选择不是因为利益而认识的伙伴。

个性化描述：毕竟不是纯职场活动，人们还是要认识各行各业中的人的，因此，人是关键。选择介绍自己的性格、态度、观点、经历都可以，注意要着重介绍自己的优势或者对自己影响较大的故事，内容不要太长，但要有特点。

3. 注意要点

自我介绍没有固定的顺序，也不是非得每个方面都讲，只需要根据自己的情况挑选一两点展开介绍即可。需要注意的是，在介绍之前先在心里简单想一下："我希望别人眼中的我是什么样子的人，我希望他们因为什么事情来找我，我可以给他们带来怎样的帮助。"然后以此为出发点来介绍自己。

实践练习

准备一个商务场合的自我介绍，要求介绍时长在1分钟以内，要体现自己可以带给别人的价值，突出自己的性格。

3.2.3 休闲场合的自我介绍

1. 第一要求

让别人对你感兴趣。可以介绍自己特殊的职业，可以介绍自己出彩的观点，也可以介绍自己有趣的成长经历，还可以介绍自己日常的趣事。这段介绍的关键在于体现人格魅力。

2. 基本内容

寒暄：根据具体场合跟大家问好，并表述自己的心情；说明是什么样的机缘让你来到了这里；讲一个可以体现自己性格或成长经历的小故事；说明自己的行业（可以是工作，也可以是因为兴趣而选择的副业）。

表示友好：说明大家遇到什么样的问题可以来找你，或者说明可以一起跟你做什么事情。

3. 注意要点

休闲场合的自我介绍更加灵活，主要以挖掘自身的特点和特殊经历为出发点来设计介绍的内容。设计自我介绍时还有一点需要考虑，那就是你希望可以通过这个聚会结识什么样的人，他们又喜欢哪一类人。（并不是让你装作另一个人，而是让你从庞杂的自身的信息中挑选出有意思且有意义的内容。）

> **实践练习**
>
> 准备一个同乡会/校友会/俱乐部场合的自我介绍,要求介绍时长在3分钟以内。要体现个人特色,且要包含一个有特点的小故事来体现自己的性格特色。

3.2.4 自我介绍的关键点与常见误区

1. 时机、场合很重要

除了前文提到的比较正式的需要做自我介绍的场合,日常生活中也有需要向他人介绍自己但是缺乏时机的状况,此时应该怎样选择时机呢?

我们先来看一个例子。

在《当幸福来敲门》中,生活困顿的主人公 Chris Gardner 希望转行成为证券经纪人,他投了该岗位的实习申请,但是一个月后依然没有收到回复。于是他来到公司楼下,决定为自己寻找机会。

当该公司的经理 Jay Twistle 匆匆忙忙从楼里走出,叫停一辆出租车时,Chris 快步走上前,伸出右手大方地说道:"Twistle 先生。""嗨,是我。""您好,我是 Chris Gardner。""你好,有什么事吗?""我一个月前交了一份实习申请表,我想找机会和您坐下来简单谈谈……""听着,我要赶去诺亚谷,Chris,保重。"Chris 愣了两秒后迅速反应:"Twistle 先生,我正好也要去诺亚谷,我搭个车怎么样?"经理看着他真诚的微笑,说:"好吧,上车吧。"

上车之后,Chris 开始了滔滔不绝的自我介绍:"……我在海军服役时为一个医生工作,他很喜欢高尔夫,每天都要花很多时间在那上面。当他不在的时候,我还得为他处理医疗事务,我习惯做出选择,而且……"Chris 看到那个经理一直在玩魔方,并没有听他讲什么,于是 Chris 提醒道:"Twistle 先生,您听我说,这很重要。""对不起,对不起,这个(魔方)根本不可能拼出来。"Chris 看到经理的思维还是围绕着魔方,对他的介绍一点都不感兴趣,于是,接着经理的话说:"我能拼出来。""你不行,没人能拼得出来,不可能的。""我确定我可以的。"这时,经理还在把玩魔方:"你不行。""让我看看,把它给我。"经理实在弄不懂，又看 Chris 那么坚定，犹豫了一下，就把魔方交到了 Chris 手里，伴随着魔方的是一份期待和信任，最重要的是，经理的高强度注意力。

Chris 接过魔方之后，观察了一下说："你真是把它弄得一团糟。""哦，抱歉。"然后 Chris 一边讲解原理一边摆弄魔方。刚开始经理还抱着怀疑的态度跟 Chris 开玩笑，随着魔方一点一点复原，经理对 Chris 产生了期待和信任，在到达目的地时，甚至停下等待魔方的复原。终于魔方被复原了，经理一脸震惊地拿着魔方，看看魔方看看 Chris，慢悠悠地说："做得不错，再见。"之后不久，这位经理就向招聘组的人推荐了 Chris，使他获得了正式面试的机会。

从严格意义上讲，Chris 并没有完成他预想的自我介绍，但是，复原魔方这个互动却是最好的"自我介绍"——Chris 因此成功地引起了经理对他的兴趣，让经理看到了他身上的优秀品质，并给经理留下了聪明、值得信任、善于沟通等良好的第一印象。

2. 名字很重要吗？

名字当然很重要，不过这里问的是我们要花多大篇幅来介绍自己的名字，以及如何介绍自己的名字。我们先来看几种常见的方式。

① 将名字中的字与名人（明星/历史名人等）关联——错误示范。

② 将名字中的字与影视剧中人物关联——错误示范。

③ 将名字中的字与诗词关联。根据情况选用：如果诗词与你本人性格或经历无关，则不用；如果与你的成长故事有关，或者暗合了你的性格或主张，则可以用。

在大多数情况下，换着花样介绍自己的名字，正面作用非常有限。在大家对你感兴趣之前，他们或许并不在乎你的名字，而且大家都明白你是你，名人是名人，两者并没有关系。这样其实就是浪费了你可以利用的时间。总之，名字介绍清楚就可以了，但也有例外。

某人姓孔，是孔子的第 ×× 世孙，现在做着传承儒学的工作，是 ×国孔子学院的院长。

某人叫张三，是著名编剧，经典电视剧中的同名人物"张三"就是根据他的真实成长经历改编的。

再者，如果名字的背后确实有值得介绍的故事，那么也可以此故事为切入点介绍自己的名字。

3. 特色文风，慎用

大家还记得之前非常流行的甄嬛体（因古装电视剧《甄嬛传》而流行起来的学习古人说话的文体）吗？我们来看网上一段甄嬛体的自我介绍。

臣妾今年××岁，嗜好弹古筝，爱跳惊鸿舞。臣妾虽善良，但有时却因一点小意外而粗心。臣妾会游泳，在游泳界中技术必定是极好的。

听完你什么感觉？如果是一个年龄很小、长相甜美的人这么说，或许会给人留下可爱的印象。但是，只要是个成年人，这么讲话就会给人留下"痴迷电视剧""活在梦里""造作"等印象。这么讲话可能会吸引眼球，但是因此而被贴在身上的标签和大家对你的第一印象却没有那么好。想象一下，30岁以上的医生、律师这么讲话，会不会让别人对他的专业度产生怀疑？答案是肯定的。

正常情况下，自我介绍要用日常用语，不要标新立异。因为自我介绍是为了尽可能地让别人认识你、了解你，你所用的文风如果选不好，就会导致大家给你贴上不恰当的标签。

4. 外形描述，不用

在别人能看到你的情况下，不需要过多地介绍自己的外形特征。因为介绍得准确，没什么用；评价过高或过低，不仅不利于在别人心中留下好的个人印象，而且很容易给人留下"浅薄"的印象。当然，万事有例外，如果你的某个外形特征背后有故事，那么也可以讲。

案例分析

在电影《当幸福来敲门》中，主人公Chris好不容易争取到一次面试的机会，然而在面试前一天，Chris刚刚刷完墙，身上都是油漆，就被警察带走并被拘留了（因为他没有交罚款）。等第二天拘留结束，Chris跑到公司才赶上面试。此时，他神情慌张，身穿休闲服，满身满脸油漆，在穿过繁忙的工作区后，终于来到了面试间，见到了4位面试官（一位是推荐他参加面试的经理 Jay Twistle，一位是白头发的主面试官，还有另外两位面试官）。

"Hi，我是 Chris Gardner，你好呀！""早安，我是 Chris Gardner，很高兴见到您。"他一边打招呼，一边跟每一位面试官握手。然后走到面试官对面，自然地坐到了面试者的座位，"我刚才在外面坐了半个小时，一直在想，要编个理由来解释我为什么穿成这样来面试。我想编出一个可以展示你们所看重的个人素质的故事，比如，认真、勤奋、团队精神什么的。但是我编不出来。所以事实是，我因为没交违章停车的罚单被捕了。""违章罚单？真的假的？"一位面试官说。

然后 Chris 继续说："我一路从波尔克跑过来，波尔克的派出所……"白头发的主面试官问："被捕的时候你在干吗？""我在粉刷我的公寓。""现在墙干了吗？""我希望它干了。""Jay 说，你的意志很坚定。"Jay 接着说："他带着一个 40 磅重的机械设备，在这栋楼外等了一个多月。"主面试官继续说："Jay 还说你很聪明。"Chris 说："我希望我是如此。""你想学习这门生意？""是的，先生，我想学习这门生意。""你已经开始自学了吗？""是的。"主面试官转过头对 Jay 说："Jay，你见过 Chris 几次？""我记不清了，应该是见过好多次了。""他以前有穿成这样过吗？""没有，他总是西装笔挺，打着领带。"得到答案后，主面试官又开始问 Chris："你在学校是第一名吗？在高中的时候。""是的，先生。""你班上有多少人？""12 个人，我的老家是在一个小城镇。""确实。""不过我在海军的雷达技术班上也是第一名，当时班里有 20 个人。"这时，Chris 看到主面试官在滑动笔，眼睛也不再看他，表现出不屑的样子，Chris 立刻举起双手，说："我能说几句吗？嗯……我的个性是这样的，如果你问我一个问题，而我不知道答案，我会告诉你我不知道，但是我可以向你保证，我知道怎么找出答案，而且我会找到答案。"此时，主面试官看到了 Chris 的自信、决心和气度，于是放下手里的笔，开始正视他，然后说："Chris，如果有个人来面试，却穿得很邋遢，我偏偏聘用了他，你会怎么想？"Chris 想了两秒钟说："那他的裤子一定非常考究。"主面试官笑了，之后所有面试官都笑了起来……面试结束，很成功。

从这个简单的面试过程中我们可以看出，介绍自己的经历并不是最重要的，重点是要知道对方想要什么样的人，然后在自己的经历中寻找与之相符的特点。即便没有已经发生的事实，也可以说明自己的态度和观点。无论你的境况如何，请一定要保持镇定、自信、真诚，并且要注意交流（关注他人的反应）。

3.3 开场不是介绍信息，而是要吸引观众：你需要掌握的三种精彩开场方式

一场演讲，好的开始等于成功了一半。在市面上很多书籍会教大家如何做一个精彩的开场。然而，如果只是学习了公式，就只是学了皮毛，若用不对地方，那么公式的作用很小。所以，在学习如何开场之前，首先要明白制造"精彩"的核心思维。这样即便你记不住公式，即便场景变成了你从来没有遇到过的，你也可以迅速找到开场的最好方式。无论开场有多少种方式，核心原则都只有三种：体现价值感、娱乐性（挑动情绪）、引起情感共鸣。

3.3.1 体现价值感

开场就展示出本场演讲的高价值感，并且要体现此次演讲与在座的观众息息相关，这样观众自然会关注你所讲的内容。

（1）这种开场如果是在陌生场合，那么一般需要在开场时交代清楚三件事：

第一，你主要讲什么？

第二，观众为什么要听你讲？——你是不是对该问题有权威性的研究？最好说自己的专业以及所做的相关研究和经历。

第三，观众听了之后有什么好处？

（2）如果是在熟人场合，如工作会议中，或者你是某方面的知名权威专家，或是领导，就可以直接开宗明义，直接说明你接下来要讲什么、能解决什么问题，或布置什么任务。

比如，毛主席在《改造我们的学习》的演讲中，一开场就说："我主张将我们全党的学习方法和学习制度改造一下。"一句话大家就知道接下来要讲哪些内容，需要了解这方面内容的听众已经掏出本和笔准备记录了。

3.3.2 娱乐性

带有娱乐性的内容，天然会吸引更多的观众。什么是娱乐性呢？美国媒体文化研究者尼尔·波兹曼在《娱乐至死》（Amusing Ourselves to Death，1985年）中指出，社会公共话语权的特征由曾经的理性、秩序、逻辑性，逐渐转变为脱离语境、肤浅、碎片化，一切公共话语以娱乐的方式出现。简言之，娱乐性的特征之一就是浅显易懂、简单明了。

但是，我们反过来想，为什么这些没有营养的简单内容，会被大家热捧？这是因为，娱乐性的第二个特征就是短时间内能引起人的情绪变化，使人感到惊喜、欢乐、震撼、兴奋、好奇等。乔纳·伯杰在《疯传》一书中将这种情况称为"心理唤醒"或"心理激活"。该书将人的情绪变化分为高唤醒和低唤醒两个部分，越高程度的唤醒，越能吸引人的注意甚至能激发人分享的欲望。我们结合《疯传》一书中的内容可以将人的情绪总结为如表3.2所示的两大类。

表3.2 情绪

情绪	高唤醒	低唤醒
积极情绪	惊喜/好奇 兴奋 欢乐（幽默） 震撼	满足
消极情绪	愤怒 焦虑	悲伤

在设计开场时，只要想办法运用高唤醒的内容，就很容易吸引听众。

1. 利用数字创造震撼效果

蒋佳琦在《超级演说家》中演讲的《"脱单"启示录》是这样开场的：

大家好，我是一名来自山东的单身贵族。前两天，我看了一个电视报道很有意思。说到了 2020 年咱们中国的单身汉人数将会达到 3000 万；而到了 2050 年，这个数字将会变成整整的 1 个亿。1 个亿的单身汉，这会是一个怎样的概念？我们把这 1 个亿的单身汉肩并肩排成一排，那将会是四万五千公里，相当于两个咱们中国万里长城的长度。想象一下，万里长城上站满了单身汉，所有的单身汉都张牙舞爪地喊着，"我要脱单、我要对象！"那感觉是不是就像现实版的生化危机？

开场的一串数字，让观众感受到了震撼，觉得这将是一个很严重的社会问题。他还用到一个技巧——用形象化的方式让大家具体地理解了某个数字的大小。

2. 幽默开场

孔乐琪在 AFI 的毕业演讲是这样开场的：（对于美国人来说，许多中国人名的发音很难，因此，在留学早期，很多中国人为了方便交流，都给自己起了英文名。而近几年，认真记住并称呼中国留学生的真实姓名，被认为是一种尊重和认可。孔乐琪也有属于自己的英文名，而在她上台之前，教授介绍她时特意讲的是她的真实姓名。当然，发音不是很标准。）

各位早上好。（掌声）不敢相信这一天终于到了，我们终于要毕业啦！感谢格莱德斯坦先生念对了我的中文名，您真的尽力了。对于母语非中文母语的人来说，我的名字很难念。这就是，在美国我用凡妮莎这个英文名的原因。

凡妮莎·孔不是我的真名，就像朱迪·福斯特教授一样，她的真名是艾丽西亚·克里斯汀·福斯特。我真的控制不住我自己，现在可能是让我和福斯特教授的名字并排出现的唯一机会。我为此道歉，但这真是太爽了！（笑声，掌声）

一段话，幽默地感谢了介绍自己的教授，恭维了朱迪教授，同时表现出了自己活泼、幽默的性格，这在学校这种场合是非常受欢迎的。

3. 利用互动游戏使观众兴奋起来

互动游戏会使得观众自然地把关注点放到舞台上，如果这个互动还带有明显的戏剧感或冲突感，就会使观众兴奋起来。

案例分析

在《如何应对语言暴力》的演讲中，演讲者先让一名观众上台，对这个女孩儿说，你要尽可能地对我进行语言攻击。女孩儿刚开始有点局促，但很快就开始展示"语言攻击"的威力，打击演讲者。而演讲者采取了两种方式应对，第一种是向所有人一样反击回去，果然场面越来越难看；后来演讲者换了一种友好的应对方式，"夸"回去，刚开始小女孩儿还能继续攻击演讲者，后来在演讲者的赞扬声中，小女孩儿终于露出了笑脸，与演讲者握手言和。

在这个案例中，一方面演讲者把演讲主题生动地展示在观众面前，另一方面观众被紧张的"剧情"牵引着，聚精会神地看着舞台上发生的一切，演讲效果倍增。

4. 惊喜/好奇

一开始就引起观众对演讲者或对演讲者所讲内容的好奇心，对于整个演讲是非常有利的，这样可以快速抓住所有人的注意力。

在《超级演说家·正青春》的舞台上，有一名来自四川的18岁少年，他身穿一身黑色衣服，还用黑色的宽带子蒙着眼睛，姓名标出来的是"V"，这样，演讲者的神秘感和酷的感觉就被塑造出来了。他带来了《手持利剑，心念安全》的演讲，是这样开场的：

大家好，我叫V，今年18岁。抱歉因为身份特殊，我必须戴面具和大家见面。我是一名网络安全科研人员，或许大家更喜欢称我为"黑客V"。一提到黑客，大家总觉得他们神秘且疯狂，让人好奇又害怕。有人说，你们这群网络黑客，离开了网络什么也干不了。那么不妨来假设一个这样的情景，突破一下你对黑客的认知。假设你掌握了某个宝藏的秘密,躲进了一个安全屋,屋里没有任何的电器电路,甚至没有网络连接和手机信号,我也没有办法进入你的屋内,给你安装一个窃听器,那这个时候,你觉得你安全了吗?并没有,我只需……

这样的开场,很容易引起观众的好奇心,让大家跟随着演讲者的步伐,一步步进入演讲者构建的世界。

3.3.3 引起情感共鸣

如果能在一开场就引起观众的情感共鸣,就可以很快地吸引观众的注意力。引起情感共鸣的方式一般有以下三种。

第一种,讲述亲情、爱情、友情、工作、生活、学习、梦想等,大部分人会有的情感体验或会面对的人生经历。这类内容可以迅速地给观众亲近感,让他们觉得演讲者在讲述自己的生活、说自己心里的话,这样观众自然就会接受演讲者的内容,细心听下去了。

案例分析

Josh Kaufman 在 TED 上分享《只需 20 个小时,你就能学会任何事情》(*The First 20 Hours—How to Learn Anything*)时,是这样开场的:

Hi,大家好。两年前,我的生活完全变了。我和我的太太迎来了我们的女儿 Lela,为人父母是一种奇妙的体验,一夜之间一切都改变了。你所做的所有计划都被打乱,速度之快,让人措手不及。然后你会有很多新的东西需要去学习。比如,如何打扮你的宝宝。(笑声,并放宝宝的照片,穿着彩色圆点裙子皱着眉头)

这对我而言是全新的挑战。这是我搭配的一套,我觉得还不错,(笑声)但是好像连 Lela 都看出来这不是个好主意。(笑声)

然而,需要学的东西还有很多,千头万绪。更糟糕的是,Kelsey 和我都在家里工作,我俩都做生意,有自己的公司。Kelsey 为瑜伽教练开发线上课程,我是一个作家。因此我俩都在家上班。我们还有婴儿要照顾,我们竭尽全力去把每件事情做好,日子过得非常非常忙碌。

这种疯狂的感觉持续了几周之后,睡眠不足的弊端开始显现。大概是在第八周的时候,我产生了一种想法,我觉得这种想法,无论你是哪国人,无论你多大年龄，只要你当了父母，都会有：我此生再无自由之日了。

这样的开场就像是我们身边的朋友、同事在跟我们聊天，说的又是观众的心声。有孩子的人都经历过这个阶段，没孩子的人也在担心自己未来需要经历这样的过程。这样的内容，很容易让观众共情，观众会随着演讲者的节奏或喜悦或忧虑，从而频频点头。

第二种，普通人的特殊经历。一般情况是一个普通人经历了一件特殊的事情（或是人生变故，或是人生奇遇），然后有了新的感悟与大家分享。这种情况观众会很容易产生同理心，"如果有一天我也遇到这种事情，那该怎么办？"再加上对演讲者前后变化的好奇，观众自然就会被带到演讲者所创建的情境中去。

案例分析

李鹤在《超级演说家》的舞台上讲述《找到你心中的勇敢》时，观众首先看到的是一个二三十岁的长发女孩，身材健美，皮肤是健康的小麦色。她穿着浅蓝色T恤、牛仔短裤、运动鞋，非常阳光、健美。然而，她是这样开场的：

在我27岁那年，我第一次感受到了，我和我父母之间关系的改变。因为在那一年，我身上发生了很多事情，感情、事业、健康，都离我而去。然后，所有的打击，把我直接放在了医院的病床上。我差一点丢了这条小命……

在观众眼中，演讲者是一个跟所有观众一样的普通人，甚至比观众还要健康，而这样的开头却透露出与观众们看到的信息完全不同的内容。因此，演讲者的身上发生过什么，她又是如何挺过来变成现在的样子的，这种好奇心就自然而然生成了。

第三种，以普通人的生活为标准，描述差距很大的主人公的故事，容易引起人们的同情或是羡慕。比如，某地方的人因为缺水，喝水只能步行去远处的河里挑水，一年只能洗一回澡。这样观众就很容易联想到自己在生活中用水的情况，想到如果自己也那么缺水，日子该有多难。这也是快速带动观众情感的方式。

案例分析

一位记者,用自己的一次采访经历,开始了他的演讲。

大家每天用多少水呀,洗脸、喝水、做饭、洗澡等,我们靠水,过着舒适、干净、体面的生活。然而在非洲肯尼亚的居民,就没有这么幸运了。

前两年我去那里采访,换了好几种交通工具,才在一片荒凉的土地上,看到一所用树枝搭建的房子。这里住着祖孙三代。天刚亮,11岁的小孙女丽娜就需要提着水桶去找水了。她需要光着脚,踩在满是石子的路上徒步十个小时。体力上的困难只是一方面,关键是荒无人烟的广袤土地让丽娜非常害怕,但这是他们唯一活下去的办法……

这样的开场,很自然地让观众动情,没有水的日子是普通人无法忍受的,却也是那里的人们每一天的生活,观众的悲戚之情油然而生。

3.4 一上场就道歉,这些错误的开场方式你还在用吗?

上文我们讲了三种常用的精彩的开场方式,并列举了成功的案例。然而,在现实生活中我们见到的不成功的开场非常多。本节我们将集中讲解五种错误的开场方式,这样大家在演讲时可以尽量避免。

错误一:道歉

一上场就道歉,无论你在讲什么,演讲者的气质和气场瞬间就"矮"了一截。

"不好意思啊,耽误大家时间了,接下来我简单说两句。""不好意思,来得匆忙,也没有好好准备。"……这样的开场会给观众一个暗示:你的讲话是没有价值的,你是在浪费大家的时间。这样一来,观众自然不愿意听你讲话。

错误二：堆砌大量专业词汇

有些演讲是需要讲专业类的内容，但是，即便如此，演讲者也要从观众喜闻乐见或是常见的容易理解的地方开始讲起。如果一开始就堆砌大量的专业词汇，那么观众会听得云里雾里、似懂非懂，很快就没有耐心听下去了。

错误三：自我否定，表现出明显的不自信

演讲的开场，很大程度上是给整场演讲定基调的。如果一开始就表现出明显的不自信、讲不好、难掌控全场，就会破坏整场演讲。观众甚至会想："他靠谱吗？自己都没想明白，我们听他说，是不是太浪费时间了？"这样一来，观众就很难投入了。

举个例子："今天我想给大家分享×××，但是这个话题不好讲，我一直在想该怎样跟大家说。"这类话一出口，就会让你的信服力大打折扣。连你都觉得讲不好，那观众对你的演讲自然不会抱太大期望。

错误四：表现出被迫讲话

一上场就说自己是被迫讲话的。

比如，"哎。我说我不想来讲，李总非得请我过来。"这样观众会认为你不真诚、矫情，而且还会产生抵触情绪："不想来可以不来，我又不是非得听你讲。"这样开场，接下来讲的内容自然不容易被观众接受。

再如，"哎，我今天早上才接到通知，说某个嘉宾不来了，临时让我过来救场。"其实临时救场的情况并不少见，这不是不可以说的秘密。但是，要看这个话是谁说的。如果是主办方或者代表主办方的主持人来讲你是临时救场的，那么这段话给观众的就是积极的影响，"这位老师讲义气""人缘好不是没有道理的"，等等。但如果主办方没有说，那么作为演讲嘉宾的你最好不要提，否则会让主办方尴尬，有揭短的嫌疑。

错误五：区别对待观众

"你们是我带过的最差的一届学生。"这是学校老师常调侃的话，仿佛每一个学生都听到过类似的话。然而，演讲最好不要用这样的方式，既不要区别本场观众和其他地区、其他场次的观众，也不要区别对待本场观众中的不同的人。

3.5 "新奇"的开场,用得好成就经典,用不好一场垮掉

开场的重要性不言而喻,许多演讲者绞尽脑汁想要突破传统开场方式,用新奇的开场抓住观众的眼球。然而,这样的开场方式,若用不好,就会起到反作用,甚至毁掉整段演讲。

刘昀在《超级演说家》的舞台上有一段题为《终于懂得》的演讲,是这样开场的:

"我从一毕业就进入了投资银行工作,每天身着笔挺的西装,出入高档写字楼和酒店。我是典型的业务精英,我也非常喜欢我的这份工作。"说着,他从口袋里掏出一张百元人民币,"因为,这是一个你经过努力,未来可以赚很多钱的工作。"说着他举起手中的钱,把它叠了两下,然后走向一个透明的箱子,"我认为如果有了钱,生活就会变得很美好。"他把钱放到箱子里,盖好,然后一晃,变出一箱子的美元。"为了更好地工作,我每天早出晚归,一天要打 100 多个电话,处理上百封邮件。我这样玩儿命地工作,换来的(是)我的职级跟薪酬每年都能提升,我不用再像爸妈那样精打细算地过日子,但是我没有时间参加朋友聚会,没有时间跟妻子做一顿晚餐……"

这段演讲后面大概是说,终于懂得生活中钱没那么重要,家人、情感才是生活中最重要的。关于这段开场,先不说内容,它与一般演讲不同的是,加了一小段魔术——把一张钱变成了一箱钱。然而,这个操作却是画蛇添足。论魔术,他所展示的内容并不吸引观众,因为一个魔术道具就可以搞定;论相关性,这个魔术与整场演讲的话题无关,与演讲者的职业特点无关,没有统一性,所以加上之后,对于整个演讲反而是一种破坏。

我们还能见到,有些演讲者开场时会上演情景剧或播放精彩的视频,这种方式不是完全不能用,但是一定要注意以下三点,否则就容易画蛇添足、抢了演讲者说的内容的风采,显得演讲没有分量且无趣。

（1）相关性要高。如果你是一个魔术师，讲述为什么喜欢你的职业，涉及成长历程，希望为大家造一个梦等，可以在过程中使用魔术，否则就是多余。

（2）时长占比要小。比如，你需要一个情景剧或者精彩视频去展现某种特定的场景，那么要注意，不要让时间过长，基本上占演讲总时长的 5% 到 10% 即可，最长不要超过 20%。

（3）要注意必要性。即便满足了上面两点，也要看这个内容是不是演讲者用简单的语言说不清楚，必须用特殊手段才能表现。比如，震撼的景色或视频新闻，需要用视频去展示其真实和震撼，这种情况下可以用。

第4章 主体部分，这才是"我"要讲的

演讲稿的主体部分是演讲者真正想讲的内容。在演讲的开始，我们已成功地吸引到观众的注意力，接下来本章将为大家讲解主体部分应该怎样设计，以及要注意些什么。

本章涉及的主要知识
- 如何选择故事？
- 演讲的目的是传播价值。
- 如何抓住观众的注意力？
- 如何强调演讲中的重点？
- 怎样使用PPT？
- 怎样挑选道具？
- 幽默，很难吗？
- 如何构建演讲的逻辑？

注意

本章涉及内容较多，了解知识和技巧只是一方面，重要的还是需要自己训练，这样才能真正掌握方法。"岸上学游泳"有可能只是自己以为会了而已。

4.1 想要传播观点，必须选对故事

在我们成长的过程中，是如何形成自己的观点和价值的呢？家长和老师又是如何教导我们的呢？他们讲《孔融让梨》的故事，告诉我们要尊老爱幼，兄友弟恭；讲《掩耳盗铃》的故事告诉我们，不要自欺欺人；

讲《揠苗助长》的故事告诉我们,播种和收获是需要时间的,要脚踏实地,不能操之过急……而我们也从一个个的故事中领悟到了什么是对、什么是错、什么是好、什么是劣。

人们对于陌生的道理,很难立刻懂得和认同,但是对于故事中主人公跌宕起伏的经历却很容易共情。因此,如果我们要传播新的观点,那么选对一个好的适合的故事是非常重要的。

要讲自强不息,就不能讲白马王子拯救弱女子于水火,从此过上幸福生活的故事;要讲努力奋斗,就不能讲一个人靠买彩票走上人生巅峰的故事;要讲合理规划自己的时间,就不能讲闲人一生逍遥的故事……故事选好了,演讲文稿的主体就成功了一半。

4.1.1 如何选择故事

在演讲中,故事是非常重要的组成部分,故事选好了,你要传播的内容就会被大家潜移默化地接受,如果选不好,观众就可能听不下去你的演讲,也可能不会认同你的价值观。

选择故事,要遵从以下三个核心原则。

1. 主题相关性原则

一个演讲只有一个主题,而在这个主题中,你所选用的观点和故事,都应紧紧围绕这个主题。也就是说,既不能讲述与主题背离的故事,也不能讲述相关性较弱的故事。

比如,麦家的演讲《人生海海,错了可以重来》中,整篇演讲都是用自己的故事阐述这个主题。在演讲中他告诉观众,人生中什么是对,什么是错,错了应该怎样重来。

什么是对的——麦家认为自己不是天才型作家,他属于勤勉型。他的第一本书《解密》曾经被退稿17次,经过11年不断打磨,终于发表了21万字的最终版本。

他是怎样迷失的?——《解密》为他带来了茅盾文学奖等荣誉,同时也带来了"成功的声色犬马"。随着电视剧《暗算》和电影《风声》的热播,他进入了名利场,出版商、制片人纷纷抱着钱找上门约稿,时代的欲望、速度裹挟着他。终于他禁不住诱惑迷失了。从2009年到2011年，3年时间他写了百集电视剧，两部大的长篇小说，共300多万字，数量上升但质量下跌，甚至出现恶评，麦家形容这段经历是"羽毛"掉了一地。

清空自己——2011年9月底，麦家的父亲去世，而他却要在父亲的灵堂前赶稿，"在人们的哭声中写，在荒诞和绝望的情境中写"。他认为，"这是父亲的惩罚、羞辱和教训"，同时让他去反思。之后，他一年没有打开电脑，之后两年也是简单写信、写笔记而已，没有正式写作，彻底清空了身上的"垃圾"。

重新出发——2014年，麦家重新开始写作《人生海海》，慢慢写作，慢慢打磨。他给自己规定，每天不能写作多于500字，写不到没事，写超过就重新修改。在此期间他频繁地回老家，寻找故土的慰藉，写成后又花了5年时间打磨成21万字的文稿。写作《人生海海》的同时麦家也完成了自救，修好了自己的故障，重新出发。

点明主题——"人生路很长，岔路很多，我们不能找理由去犯错，但如果走错了路，必须找理由回头改正""顺风时多些小心，逆风时多些耐心""人生海海错了可以重来"。

麦家的这篇演讲就是将主题"人生海海，错了可以重来"拆开来，一步一步地进行讲述，最后一部分将故事升华，点明主题，总结这段人生路带给他的经验教训。整个故事紧紧围绕着主题，充分阐明了演讲者的价值观。

2. 受众吸引力原则

演讲中的故事，除了要与主题相关，还要能够吸引观众。如果你讲了一会儿，观众却不感兴趣，那么再与主题相关的故事都起不到作用。不如想一想，观众会被哪些故事所吸引。

第一种，观众在过去、现在或者未来有可能经历的事情，如出国旅行遇到危险。

第二种，主人公曾经与观众很像，但是经过一系列的故事后过上了观众向往的生活，如普通人经过奋斗成为上流人士。

第三种,主人公的生活与观众的生活能够产生强烈的对比,要么能让观众感恩现在的幸福生活,要么能让观众产生深刻的同情。比如,普通人意外经历生死的故事;幸福家庭因为变故,不得不寻找被拐卖儿童的故事。

第四种,故事看似与观众的日常生活相关度不高,但实际上深刻影响着观众的日常生活。比如,航天事业中的故事,导弹研发中的故事,缉毒警的故事……

我们来看两个案例。王本虎在《利比亚大撤侨》的演讲中讲述了利比亚战前的和平生活以及高水准福利,又讲了战争来临后人们的状况,以及中国政府的"撤侨"行动。一方面观众会产生对比——利比亚和平时期民众的生活与中国人的很像,但是战争可以倾覆所有的幸福和美好,从而得出"我们不是生活在一个和平的年代,我们是生活在一个和平的国家"的结论;另一方面,观众会想,"如果我像演讲者一样,在国外遇到了战争、灾难,我身后的国家也会如此保护我",这两点都可以对观众形成强大的吸引力。

再如,俞敏洪在《摆脱恐惧》的演讲中提到自己在大学的时候,因为恐惧、自卑,没有谈过一次恋爱、没有参加过一次大学活动。他详细描述了当时自卑的心理活动,让很多观众有了共鸣:"我也是这么想的,害怕失败、害怕被拒绝。"接着俞敏洪讲了一个摆脱恐惧的故事。

当我从北大辞职出来以后,作为北大的一个快要变成教授的老师,忽然变成了穿着破军大衣,提个糨糊桶,专门到北大里贴广告的人的时候,刚开始我内心充满了恐惧,这里可都是我的学生啊。果不其然,学生看到我就过来了:"哎?俞老师,你在这儿贴广告呀。"我说:"是,我从北大出来了,自己开个培训班,自己贴广告。"学生说:"俞老师,别着急,我来帮你贴。"我突然发现,学生并没有用一种贬低的眼神在看你,学生只是说:"俞老师,我来帮你贴,我不光帮你贴,我还在这儿帮你看着,不让任何人给它盖上。"逐渐我就意识到了,在这个世界上,只有你克服了恐惧和别人的眼光,你才能成长……

这个故事,一方面与观众的生活相似性很高,谁都有因为生活的困难而不得不"硬着头皮"去做事的时候，另一方面，俞敏洪是世俗意义上的成功人士，所以人们对于他"如何从低谷摆脱恐惧获得成功"有着好奇心，因此这个故事符合受众吸引力原则。

3. 部分服从整体原则

当演讲者想要做某个主题的演讲的时候，往往是有很多话想说、很多故事想要分享的。毕竟是因为演讲者见证了太多的故事又亲身经历了太多的故事，才有了这种分享的冲动。此时，演讲者在挑选故事的时候，并不是所有想要说的符合主题的故事都要讲，而是要根据整篇演讲稿的逻辑挑选适合的故事，也就是部分（故事）要服从整体（整篇演讲稿）。

4.1.2　故事要讲清楚

这个任务看着很简单，但其实很容易出现"你以为自己说清楚了，但是观众没听明白"的局面。要想把故事讲清楚，就需要注意以下五个关键点。

第一，讲故事，是"还原"故事发生的全部。记住，你讲的是观众没有经历过的事情，而不是唤起观众的回忆，不是讲几个片段观众就能"想起来"。所谓"还原"一个故事，意思就是要通过语言，让观众身临其境，仿佛亲眼看到、亲自了解故事的整个发生过程，并体会当时主人公的心情。

第二，讲清楚故事的细节，如时间、地点、人物、事件等。即要讲清楚是什么人在什么情况下，做了一件什么事，结果如何。细节造就真实，而真实是故事能够打动人的基础。

第三，不要解释概念。之所以讲故事，是为了让观众从感性层面了解演讲者想要传播的价值观。而解释概念就变成了理性的、文字的、逻辑的游戏，会破坏观众的情感体验。

第四，故事的收尾要回到主题。要让观众明白为什么讲这个故事，这样才能让故事起到它的作用，同时可以帮观众厘清主题，而不是沉溺于某个细节的感动中。

第五，等等你的观众，对于一些不符合生活常规或非自然发生的场景，需要给观众一个接受、确认、思考的时间，否则观众会跟不上你讲故事的节奏。

讲清楚故事很重要，好在它并不难，只要遵循上述五点即可。真正考验演讲能力的是怎样把故事讲得精彩。

4.1.3 故事要讲得精彩

故事要讲得精彩有很多种方式，本小节会结合案例和模型，为大家展示常见的几种。大家只需要掌握其中一两种技巧，就能够成为一个"会讲故事的人"。

1. 故事要有起伏

故事有很多类型，其中，引人入胜、跌宕起伏的故事很容易引起观众的高度关注。这种故事可以用两个模型总结出来。

（1）目标类故事。

模型：设置目标——遇到障碍——克服困难（——阶段性胜利——遇到意外——寻找答案＋克服困难）——结果。

（2）意外类故事（积极的意外如中大奖；消极的意外如生重病）。

模型：平静生活——遇到意外——如何接受——行动（——阻碍——克服困难）——结果。

在讲述的过程中，这两种模型还可以有所变化。比如，开始时设置悬念，引起观众的好奇心，结尾处升华主题，让故事的立意更加深刻。

例如，乔布斯在斯坦福大学的演讲中，讲到自己大学辍学的故事，他是这样讲述的。

（设置悬念）我在大学只读了六个月就退学了，但之后我依然作为旁听生待了18个月才离开。我为什么要退学呢？

（展现目标）那要从我出生讲起，我的生母是一个年轻的、没有结婚的大学毕业生，她决定让别人收养我。她有一个坚定的想法——我应该被受过高等教育的家庭收养（这样我就能获得高等教育）。当时安排的是由律师夫妻收养我。

（遇到障碍）但是，我出生的时候，那对律师夫妻想要收养一个女孩儿。所以，我现在的养父母，当时还在候选名单上，就接到了询问电话，"我们有一个男孩儿，你想收养他吗？"我的养父母同意了。但是很快，我的生母发现我的养母大学没有毕业，我的养父甚至高中就辍学了，所以她不同意在收养文件上签字。

（克服困难）几个月后，因为我现在的父母承诺一定会送我上大学，我的生母才同意签字。这是我人生的开始。

（阶段性胜利）17年后，我确实上了大学。

（遇到意外）但是我天真地选择了一个几乎和斯坦福一样贵的大学，我的学费让我工薪阶层的父母花光了几乎所有的积蓄。六个月之后，我不知道我的人生到底应该做什么，也不知道大学能怎样帮我找到答案。但是在这儿却需要我父母一辈子的积蓄，所以我决定辍学。

（寻找答案＋克服困难）……我辍学之后，不需要再上毫无兴趣的必修课，只需要听我喜欢的课。但是，事情并没有想象的那样容易，我无家可归，只能睡在朋友宿舍的地板上，为了吃饱，去捡垃圾……我当时选修了美国最好的书法课……学习怎样写出漂亮的字体……学到了是什么让这些印刷变得如此美丽。那种美、历史感、艺术感是科学无法捕捉到的，而我被完全吸引了。

（结果）这些东西在当时看起来没用，但十年之后，当我们设计第一台电脑时，这些学到的东西都回到了我的脑海中，我们把这些都设计到了电脑中……如果我当年没有旁听这门课，就没有现在如此富有设计感的苹果电脑。

（升华）我们无法预知未来，只有回头看时才会发现它们的关系。所以，你要相信现在的一点一滴，会通过某种方式，在未来连接起来。所以你要相信直觉、命运、人生、因果等。因为你相信这些点滴会连接起你未来的道路，你就会拥有追随自己内心的勇气和信念。

这个小故事，是严格遵守目标类故事的模型进行讲述的。演讲者每讲完一小段话，观众就会自然地追问"然后呢？""后面发生什么事了？"这样，观众就会不知不觉被带到演讲者营造的故事氛围中，从而自然地接受演讲者想要传递出来的价值观：现在的点点滴滴会连接起你未来的路,所以要有"追随自己内心的勇气和信念"。

这就是讲述引人入胜的故事的好处——在你讲出你的观念之前,观众就已经从故事中感受到了同样的观念。

2. 故事要有细节

演讲者在讲述故事的时候,要让观众感觉到这是一个真实的故事而不是杜撰的。如何做到这一点呢?丰富细节,你的故事细节越丰富,其真实性就越强,与此同时,还能带着观众走进故事的情境中。

在故事的讲述中,演讲者可以丰富的细节如下。

(1)基本信息:时间、地点、任务、人物、背景、结果等。

(2)可以调动感官的细节:听觉信息、视觉信息、嗅觉信息、味觉信息、触觉信息。

(3)人物在不同阶段的情绪、感受和期待等心理活动。

比如,笼统地说"某和平之地突然遭遇战争",与用各种丰富的细节去描述××地方的人原本和平生活,突然在×月×日几点遭遇了战争,人们经历了什么、听到了什么、看到了什么、做了哪些事、想到了哪些问题相比,后者更能让观众"感受"到战争的来临对于人们意味着什么。王本虎在演讲《利比亚大撤侨》的演讲中就详细讲述了利比亚爆发战争前后他亲身经历的所有细节。

2011年2月19日,我刚从国内休完假,返回利比亚。作为中建八局海外部的设计师,那是我在当地工作的第三年,我们的项目在利比亚的第二大城市班加西。印象中的班加西非常平静,火红鲜艳的凤凰花开满街头,非常漂亮。当时的利比亚一切都井井有条,但是谁也没有想到,仅仅一天之后,利比亚就发生了暴乱,从此失去了安宁。

当天晚上,班加西就发生了交火,死伤十几个人。枪战的地点就在我们公司附近,那里的同事晚上不敢开灯,摸黑蜷到窗台下面躲子弹,当天晚上数不清的子弹朝他们飞过来,窗户玻璃全被打碎,墙上也满是弹孔。第二天从市里走过,地上满是散落的弹壳,仍然在焚烧的汽车还在冒着浓烟。狂热的武装分子,举着枪喊着口号,整个城市一片混乱。20号晚上天刚刚黑,我突然听到门外传来一声枪响——他们来了,我们大家都惊呆了，这是所有人第一次听到这么近的枪声。这个时候领导大喊着让我们到院子里集合，我们撤到了新营地。在新营地里我竖着耳朵，听着外面嘈杂的声音，精神紧张到了极点。我担心他们会把我们劫去做人质，我更担心他们会枪杀我们，我想回家，我要回家。但是机场关闭、港口关闭、边境关闭，手机与国内的通信完全中断，我怎么回呀！

那天晚上，我等到凌晨一点，冒险爬到屋顶，试了无数次，终于拨通了中国驻利比亚大使馆的电话，我把情况向他做了简单说明。他说："情况我已知晓，国家正在尽力协调，会尽快接你们回家！"听到这句话，我的心里又燃起了希望……

这段描述使观众能够听到、看到、感受到战争来临时城市的混乱和不安全，能理解人们的恐惧和迷茫，能深刻体会到人们对于生的渴望，从而自然能够了解，王本虎在拨通中国驻利比亚大使馆的电话之后的心情，以及能够成功返回祖国时的激动和感激之情。对细节丰富的描述，让所有观众都仿佛一起经历了一次大撤侨事件，从而发自内心地感恩有这样一个负责任的强大的祖国。观众都能深刻明白王本虎最后的呼喊："也许现在的中国护照还不能带你去世界上的任何一个地方，但是，当灾难与战争来临的时候，它能从世界上的任何一个地方接你回家！"

故事细节能够让观众和主人公同呼吸、共命运，从而理解演讲者宣传的价值观念，甚至在演讲者说出口之前，观众就已经得出了跟演讲者共同的结论。

3. 故事要充满情感

演讲，可以理服人但更要以情动人，尤其是对于一些特别的观念，即这些观念原本没有对错之分只有左右之别的时候，观众是否接受你所宣扬的价值观，很大程度上取决于你能不能打动他。这种情况下，情感是演讲者最大的武器。如果你所选的故事能够打动观众，人们就更倾向于接受你的观点。

人们容易被哪些故事感动呢？举例如下。

（1）为了家国大义、陌生老幼、人民群众牺牲奉献的故事。

（2）亲情、爱情、友情间的相互成全与体谅。

第4章 主体部分,这才是"我"要讲的

(3)战胜自我的故事(奋斗或者克服磨难等)。
(4)面临生死的故事。
(5)错过遗憾等"我本可以"的故事……

以上只是感人故事常用的题材,要想让你的故事感动他人,当然还需要真实性、足够的细节等来支撑。

有一档辩论节目的辩题是《毕业后我过得很拮据,要不要啃老?》,这个题目无论选"要"还是"不要",都能够言之有理,所以,谁能够打动观众,谁就能获得更多的支持。一位叫冉高鸣的选手的立场是"要"。在演讲的过程中,他其中的两个论点是:"啃老可以给自己机会获得更有价值的成长;啃老可以消解他们为人父母之心。"如果只是说这两句话,那么很难让观众立刻支持他,于是他用自己的一段故事来支撑这两个论点。

(毕业之后,他的第一份工作是喷火,第二份工作是在动物园里驯兽)……别的父母来看孩子,只用买一张来北京的车票;我妈来看我,不仅要买车票,还要买一张动物园的门票,是不是非常荒唐?这个时候有人会讲:"那些吃过的苦都是福分啊,那些吃过的苦才造就了今天的你啊。"说这话的人,让他去"死"。就喷火那事儿还记得吗?喷火怎么造就了我?喷火当天差点"火化"了我!(观众大笑)跟我说这个?我现在回想起来,当年那些经历对我有什么帮助吗?驯兽,让我成长了吗?海狮成长了!(观众大笑)更难过的是什么事情?还回到刚才那张照片,(背景放了一张照片,冉高鸣只穿着草裙,戴着花环,旁边跟着海狮,而他身后的大屏幕放的是一个记者正在现场播报)我在前面跟海狮跳舞,其实在后面的大屏幕,是我的同班同学,在做实习记者。他,衣冠楚楚;我,衣不蔽体。(观众大笑)

其实,我当时没有去实习的一个重要原因,就是因为实习记者没有钱,可是现在想一想,同样的时间,同样都很辛苦,他(做实习记者的同学)好像比我获得了更多有意义的成长。所以这个时候,我们硬着头皮不啃老,以为只是吃了一点苦,但其实,我们是牺牲了成长期的时间和精力,燃烧的是自己成长的机会和效率。所以各位,父母这个时候愿意出钱资助我们,不仅是满足我们现实生活中的钞票,更是为我们更好的未来买了一张门票。

最后一个点非常简单。这个题还有一类人，叫作父母。我之前过得很拮据的时候，我经常吃我们楼下小饭馆八块钱一份的蒜蓉西蓝花，我说真的，一米八六的小伙子，我吃不饱的，但我吃的时候有一种奇妙的开心，我就觉得，我经济独立了，我终于活成了我父母眼中那个"别人家的小孩儿"了，我可以自己挣钱养活自己了。之后有一天，我妈来动物园看我，（观众"哄"地一笑）很好笑对不对，我跟我妈在表演之前相视一笑，我觉得，我一定要证明我自己，我要让我妈看到我的能耐——她儿子终于可以自己挣钱养活自己了！然后我就猛喝了一口煤油，我大口地喷火，我拼尽全力地跟海狮互动，所有的观众就像你们刚才一样，拼命地鼓掌、拼命地尖叫、拼命地笑。

（他换掉了"戏剧化"的表达，以一种平实的语气开始演讲）我用余光在表演的过程中一直找，我想跟我妈妈有一个对视，我想让她看到我的那种骄傲，可是我找了半天没有找到，我没有找到她。（语气和语速变得缓和）后来我发现，其实很明显，因为所有的观众里面，（眼含热泪地哽咽说出）只有一个人在哭。（观众鼓掌，并且有的观众开始抹眼泪。）我第二天收到了两条短信，一条是四千块钱的转账，另外一条是我妈的消息，很简单："别舍不得吃，今天，妈请你吃好的，以后，你再请回来就行了。"（继续带着哭腔说）这道题最难过的地方在于，父母知道了我们过得很拮据，不是吗？当我们不要这份钱，我们成就的好像是所谓的自尊；当我们收下这份钱，消解的是他们为人父母的那颗心。所以，如果给我再来一次的机会，我会在当下立即回一条短信："好的妈妈，看来今天晚上，除了蒜蓉西蓝花，我可以再点一盘红烧肉了。"谢谢。（观众鼓掌）

冉高鸣讲的这个故事，完美地支撑了他的观点，拿了父母的钱，让自己去做实习记者，"获得更有价值的成长"；不去喷火挣钱，爸妈就不会在看到他后"偷偷抹眼泪"。有了这个故事的支撑，观众就能接受他"过得很拮据，父母给钱该拿"的观点。

其实，我们做演讲时，有很多观点都无关对错，不是那种观众不接

第4章 主体部分，这才是"我"要讲的

受就能造成重大负面后果的内容。在这种情况下，要让观众从心底认为应该接受你的观点，就需要从"以情动人"的角度出发，构建你的演讲。让观众了解到，接受这个观点能过得更好、更幸福。

4. 故事要升华内涵

不考虑演讲的话，生活中的故事很多，有童话故事、寓言故事、历史故事、亲戚口中的故事、亲身经历的故事、路旁听到的故事等，感人的、智慧的、幽默的，各种类型应有尽有。为什么你的演讲要选择"这个故事"呢？

演讲中的故事，都是为主题服务的，是演讲者为了阐明某个价值观而选择的。所以，即便是选择讲生活中一件极其普通的小事，演讲者也是希望可以通过这件小事让大家明白他想传达的内容的。

但是，有的演讲者认为，"我讲了故事，大家自然就明白背后的道理了"。其实不是，因为观众正在专心听演讲者讲，此时他们不会主动思考那些你没讲到的内容，如果观众想了，那么演讲者后面讲的内容他就听不到了。所以，升华主题是每一位演讲者都必须做的事情，不做"升华"，故事就失去了原本的意义和价值。如果是重要的价值观，演讲者甚至可以在讲故事前、讲故事后反复强调。

傅首尔在一档综艺节目上讲过外婆送了她一个丑的布娃娃的故事，如果没有升华，这就是一件极其普通的小事，但是，她当时是这么说的。

有人从匮乏里只感受到了痛苦，但是有人获得了受益一生的启示。我小时候做梦都想要一个洋娃娃，会眨眼睛的那种。我家里没钱，我外婆就给我做了一个布娃娃。我给它起了一个名字，叫"丑妹"。丑到什么程度呢？就是隔壁的"混世魔王"来欺负我，我把这个丑妹一举，他就吓跑了。我问外婆，我说："我不喜欢这个丑妹，以后有了钱可不可以换一个？"我外婆说："你不要把丑妹当成一个玩具，你把它当成你的朋友，你就会喜欢它了。"后来我们家一直没有钱，我的朋友丑妹，睡在我的被窝里，陪伴我度过了一整个童年。今年，我的外婆永远离开了我，但是这个布娃娃的隐喻，却留在了我的生活里：人，永远要去学会面对求而不得。小时候是一个洋娃娃，是一个小汽车；长大了以后，它是一

85

份不满意的工作,是日渐远去的爱情,是梦不断碎裂的声音。你要怎么去避免,你又有什么能力去避免,与其让孩子在你的庇护中患得患失,不如教他们坦然地面对得失。我很感谢我外婆,她教会了我人生所有求而不得的答案,这个答案叫作"面对现实、珍惜所有"。

很简单的一个故事,傅首尔却升华成"人永远要学会面对求而不得",要"面对现实、珍惜所有"。有了这个升华,这一件非常"个人化"的小事,就成了所有人都会面对的事情,所以傅首尔讲的道理也让所有人有所感、有所思、有所得。同样的,只要你的故事能升华成为主题服务的内容,也会有"一滴水映照太阳光辉"的震撼人心的力量。

4.1.4 日常训练——成为会讲故事的人

无论你真实的、日常的个性是怎样的,内向或者外向、沉稳或者浮躁,你都要相信,只要你真的想成为会讲故事的人,并且付诸行动去训练,你一定能够成功。以下是日常训练的方法。

1. 丰富素材库

(1)收集故事。

把你从小到大听到的故事、从杂志上看到的故事等罗列出来,你会发现,你知道的比你以为的要多很多,只是有些久远的故事暂时想不起来了。而落实到纸上,可以唤起你的记忆,关键时刻能够帮你"言之有物"。

(2)截取故事。

除了已经被别人提炼的故事,较常见的是"连绵不绝的历史事件""融入点滴的生活碎片",这些内容中总有可以被单独截取出来成为演讲稿的故事的。比如,傅首尔的外婆送给她一个丑的布娃娃,这样的事情每天都在我们周围发生,但是为什么只有她讲了?因为很少有人有能力把这个生活片段截取出来,作为单独的一个故事。在平日里我们要锻炼自己"截取故事"的能力,留心观察生活中的小事,去菜市场、晨跑、上班路上遭遇堵车等情况下,都有可能截取出一个小而深刻的故事。

用心观察,然后记录下来,可以写日记或者普通的笔记。相信笔者,用笔把截取下来的故事写出来，日积月累，你的这个能力会越来越强。

2. 激发分享欲

在日常生活中，我们常常发现同一件事，有的人讲得非常精彩，有的人讲得却寡淡如水，表面看是语言表达能力的差别，但背后其实是分享欲的不同。生活中的一件小事，想与对方分享就自然能讲得有声有色，不想讲的，半句话可以概括全部。

不可否认，人的分享欲会被听者的反应所影响，因此建议在锻炼初期找一个"捧场"的观众，如父母、闺蜜、孩子等。在锻炼的后期，可以尝试用你讲故事的能力把任何人变成你的观众。

3. 注意分享的节奏

美国奇普·希思和丹·希思所著的《行为设计学：让创意更有黏性》一书中指出，人们很难逃脱"知识的诅咒"，意思是，"我们一旦知道了某种知识，就无法想象不知道这种知识时会发生什么，我们的知识'诅咒'了我们"。哈佛大学的教授埃里克·马祖尔认为，"对某事了解得越多，把它传授给别人的难度就越大"。讲故事也是一样的，你了解了故事的全部发生过程，了解了它的背景、原因，知道每一个出场人物的个性，知道一切，但是，你的观众并不知道这些。所以当你开始向别人讲故事的时候，不能着急直奔主题，而是要时刻记得"观众什么都不知道"。然后，慢慢地、一点一滴地带领他们了解故事的全貌。

如何练习分享的节奏？找到你的观众，先对他讲故事，并且给予足够的互动空间，即他若有不懂的地方，则可以立刻问你。这时要记得：（1）故事从平凡处讲起；（2）关于每一个出场人物，观众都不认识他（不知道他的背景、年龄，要不要说明这些要看你故事的需要）；（3）注意观众的反应和问题，观众所问的细节就是你讲故事时本应交代但是遗漏的地方。

4. 模仿与提升

经过上面3点训练，你的故事文本会越来越好，但是，讲故事也要求绘声绘色，如果没有专业老师指导，就可以选一个你比较喜欢的且与你平日风格很接近的演讲者（讲故事的人），去模仿他的重音、停顿、节奏、语气甚至动作。先找一个人模仿，能够完整地模仿出四五篇的时候，再换一个你喜欢的且与你日常风格相近的演讲者，这样找三个即可。

5. 创造自己的习惯

当你完成了前 4 步训练，你讲故事的文本能力就会有所提升，模仿别人绘声绘色讲故事的过程也完成了，此时你就可以寻找自己的风格了。

在这一步，请忘记你模仿的那三个人，把故事拿出来先自行分析要怎么讲（确认哪里需要强调、哪里需要停顿等），然后不看文本讲给你的观众。你会发现，经过前 4 步的训练，在第 5 步，你的老师变成了观众，是观众给你的反应在重塑你的表达方式。只要经过与观众的互动，练习一段时间（少则三五次，多则一年，而且个人风格是会随着观众的不同而有所调整的，基本稳定下来需要一年的时间），你很容易就能找到自己讲故事的风格了。（注意，要先完成前 4 步，第 5 步才能水到渠成。）

4.2 演讲是传播内容、价值，还是传播情感、情绪？

演讲，到底是什么？它的意义是什么呢？我们回溯历史，那些经过时间洗礼依然保留在人类文明历史中的演讲或许可以给我们答案：2013 年，奥巴马的就职演说，为美国带来了新的价值观，从医疗改革到移民政策，从外交政策到妇女权益等，让美国的整个价值体系和社会风气有了新的向好的变化；1963 年，马丁·路德·金的《我有一个梦想》，在美国黑人备受压迫的背景下，极大推动了美国国内黑人争取民权的进一步斗争；1940 年，丘吉尔的《我们将战斗到底》，在战斗看不到曙光的时候，给了人们坚持战斗到底的决心和勇气；1915 年，陈独秀在上海创办了《青年杂志》，新文化运动拉开序幕，同时民众的思想启蒙也是靠着一篇篇文章一场场演讲在推进，直到 1919 年 5 月，为了维护中国主权，抵制在巴黎和会上签下不平等条约，几万师生走上街头游行演讲，从而"喊醒"了社会各界人士，促使中国完成了民众思想的大觉醒……

历史告诉我们答案，有意义的演讲，是可以给观众、民族甚至全人类带来巨大价值的。如今，发达国家、发展中国家也越来越注重演讲的意义。人们会花钱去看一场演讲，会制作演讲类电视节目来传播思想。美国创办了 TED 演讲，将科技领域、传媒领域、设计领域等各界优秀人才邀请去做演讲，传播各个行业的前沿价值观、新科技、有趣的实验等，同时提出口号："Ideas worth spreading（你的观点值得传播）。"在中国，《开讲啦》邀请军事学家、科技人才、设计师、工程师、警察、记者等行业的人为青年分享人生、传播价值、答疑解惑，同时，《我是演说家》《星空下的演讲》，以及各界跨年演讲百花齐放。现在演讲的内容更是纷繁多彩，但是良莠不齐。

4.2.1 演讲的目的是传播价值

回到本节的题目："演讲是传播内容、价值，还是传播情感、情绪？"，直接说答案，演讲的最终目的是传播价值，而其中运用到的情感内容、情绪技巧都是手段。不过在大部分情况下，它是必不可少的手段。那么我们应该如何理解"演讲的目的是传播价值"这句话呢？这个"价值"具体指哪方面呢？

1. 传播新的价值观（新观念）

演讲，是一场非常特殊的人类社交活动，在演讲现场，演讲者向观众展示他们的价值和观念，而观众可以从好的演讲里获得有价值的内容。在一场演讲中，如果观众只是觉得，"他说得对，跟我想的一样"，那么这并不是一场有价值的演讲，演讲者跟观众的区别就只是多了"话语权"而已。但是如果你能给观众带来新的价值观，哪怕这个价值观没有立刻被观众接受，哪怕只是引起他们的思考，促使观众脑海里那些固化的价值观有了松动、有了涟漪，那么这也是一场有价值的演讲。

白岩松的演讲《没有一代人的青春是容易的》，让如今抱怨压力大、生存难的年轻人可以摆正心态，积极面对生活；马云关于创业者的系列演讲告诉年轻人，不要空谈梦想，不要什么都想做，真正的梦想是脚踏实地做出来的，是为用户提供真实的价值后成功的；熊浩的演讲《为时代发声》告诉大家，不要追逐现在各种碎片化的信息，没有用且浪费时间，而是要用那些时间去读经典、去思考，才能真正做到"为时代发声",而不是"人云亦云"……这些演讲,最终目的都是"唤醒"现在被自己的固有思维绑架而不自知的当代人,是用新的价值观让观众重新思考,从而做出改变。

2. 打开观众的眼界(新世界)

每个人的生活经验和学习经验都是有限的,即便他博览群书,即便他到世界各地旅游,即便他是文科、理科、艺术学科都涉猎的人才,也不可能知道那么多真实的、深层的、内在的不同人的"世界"。

演讲,如果可以用短短的几分钟、十几分钟、几十分钟打开观众的眼界,让他们看到一个没有见过的新世界,这就是有价值的演讲。所以,很多演讲节目会请各行各业、不同领域、不同经历的人去做演讲,就是看到了他们可以提供这一部分的价值。

比如,暗物质粒子探测卫星"悟空"的首席科学家常进常驻《开讲啦》,用演讲让我们明白,原来我们看到的、摸到的、感受到的东西不足实际存在的5%,我们的周围每时每刻都有成千上万的东西在来回穿梭,只是我们感受不到。

再如,世界名模华莉丝·迪里,在联合国用《生而平等》的演讲,向世界人民展示了非洲残忍的"割礼",让我们看到了在世界的角落还有妇女在遭受如此惨无人道的剥削和压迫。她利用演讲等手段,凭一己之力推动该礼法的废除。(电影《沙漠之花》就是根据她的真实经历改编的。)

3. 拥有新的看待事物的方式(新态度)

大部分的成年朋友都有着自己成熟的价值观、习惯性的立场和角度,习惯了地看待事物的方式,而几乎每个人都有被自己这些固有思维"困住"的时候。如果想生活得更开心、更有意义,过上无悔畅快的人生,有时需要一些新的看待事物的方式。

因此,如果演讲能够给观众带来新的看待事物的方式,就算别人没有立刻接受,就算只是引起观众的重新思考,也是有意义的演讲。

比如,Cameron Russell 的演讲《相信我,外表真的不是一切》,Amy Cuddy 的《请假装成功,你就会真的成功》,Reshma Saujani《女孩儿要勇敢而不必完美》……单单听演讲的题目就会让人眼前一亮，而深入听他们的演讲，观众会获得全新的看待事物的角度，把自己从某种固化思维中解脱出来，从而拥有更加开阔的人生态度。这就是有意义的演讲。

4.2.2 理性的内容需要观众有感性的理解

上文说，演讲的目的是传播价值，而情感和情绪也是演讲必不可少的重要组成部分。那么这些要素是如何相互配合来实现演讲的目的呢？

我们把演讲中的内容分为两个部分：第一个部分是理性内容，即价值、观念、概念、数据、科学、规律等；第二个部分是感性内容，即生动感人的故事、现场的展示环节等所包含的情感、情绪、希望、恐惧、五官感受等。这两个部分并不是孤立存在的，只有依托彼此才能发挥作用。

首先，理性的内容如果孤立地存在，那么观众就无法理解它的意义和价值，甚至无法确定这个"道理"的真实性和现实意义，因此就需要演讲者调动一切感性的手段，帮助观众获得感性的理解。比如，陈铭在《奇葩说》中想要阐述这样一个理论："让·皮亚杰的发展心理学中的发展视角理论说，人类视角转化的能力不是天生的，而是两岁之后慢慢形成的，同时社会心理学的范畴认为，从此时开始人类才会慢慢被培养出从他人的角度考虑问题的能力。"如果陈铭是这么讲述的，观众就会觉得非常枯燥，而且没有意义："那……所以呢？又怎么样呢？"这几句话都是复杂句，而不是简单句，理解起来很费脑子。那么，他是如何利用感性手段，让观众很容易就理解了这个理论呢？（背景：当时的辩题是《父母该不该教哥哥姐姐让着弟弟妹妹？》，他的持方是"该"。）

这个题涉及发展心理学的范畴，让·皮亚杰，还有劳伦斯·科尔伯格，是他们研究的范畴……刚刚我简单地画了一张图，有一点粗糙，但是能看清画的是什么，（他拿出一张A4纸，向观众展示一面，这一面画了一只鸟。）这是一只鸟，（他把纸翻过去，向观众展示另一面，这一面画了一棵树。）这是一棵树。一个两岁的宝宝，如果我问他：（掐着声音温柔地说，同时把"树"的一面朝前）"宝宝，你看到的是什么？"

树！（然后他又把纸翻过去，露出鸟的一面）"宝宝，你看到的是什么？""鸟！""很好，很好。"现在我站在他的面前，（突然立正，把这张纸举到自己胸前让纸上的"树"面朝观众，另一面朝向自己）"宝宝，你看到的是什么？""树。"好。"那我看到的是什么？"（此时，他低头看着朝自己的那一面纸张，也就是"鸟"的那一面）（观众说："鸟！"，他摇摇头说）两岁的宝宝会说"树！"（长停顿，并辗转纸张展示给观众）能理解吗？

两岁，是一个时间坎儿，在发展心理学的过程当中，两岁以下的孩子是没有视角转换的基本能力的，这需要提升和训练。这一步该怎么达成？刚才一直说要学会爱，要体会爱，这是道德的起点与原点，了解基本的他者概念，是从"让"开始的。因为"让"的意义是，他人的利益优先。当你要教他"让"的时候，你就必须要教他，什么是"他人"，什么是"利益"以及"为什么要优先"，这就是父母的义务。

教，是义务，我们不能指望着所有人都是人性本善，生来就自然地带着爱的种子，不会的。生来的孩子只有一个种子，叫"自我"，"我"就是全世界。我不是夸张地说，真的有很多孩子已经过了两岁，他依然觉得他就是全世界，有很多孩子十八岁还觉得他就是全世界，这个世界就是围绕"我"转的，自我中心主义在之后延续的时间远远比我们想象的长。还有这段时间的热搜，也在鲜活地证明着这一点，很多人的世界真的只有自我和自我的感受，他已经长大了，他还觉得全世界看到的都是树！（举起画着树的那张纸），没有人看得到鸟！（反转过纸张，露出鸟的那一面。）（掌声雷动）

这是病症！这是病症！这是需要医治的部分。而每当我们看到有这样的"巨婴症"在我们身边和社会上不断出现的时候，如果我们把目光投向他的父母，我们就能知道原因在哪儿了："欸，真像欸！"（掌声）我们现在还要说父母不该教着一个孩子学会让另一个孩子吗？如果不教他让，他不知道"我"的边界在哪儿，他不知道他人的视角看到的世界是什么，他更不知道利益跟利益之间是什么关系，他永远无法理解有的时候他人的利益优先是一种美德，他更无法理解当有的时候自我利益不能让渡的时候，坚守也是一种美德。但这一切要从几个基本的原则概念的树立开始，这件事情从十八个月、从两岁到三岁到六岁开始，一步一步地达成。这不是一个简单的功课，这对每一个父母来说都是一件需要习得的技能，这背后是科学，而不是父母朴素的爱的直觉……

在这一段论述中，陈铭运用的感性手段有两个。第一，用了一张纸，两面画不一样的东西，现场演示，让观众直观地"看到"，缺乏视角转化能力的人，他看到的世界是什么，他真实的心理世界是什么，让观众了解"这不是孩子不懂事，而是能力的缺失和成长的障碍"。第二，他将现代社会"巨婴症"现象与该理论结合，使观众了解，这方面能力的缺失对于孩子、对于社会来讲都是极大的伤害，这是真实发生的事件和故事，而不是冷冰冰的理论，所以观众就更能感受到培养孩子拥有"他人视角"的必要性。

4.2.3　感性的内容离开理性的阐述便无法凸显价值

感性的内容，如果没有理性的分析，那么它就是非常普通的一个情绪、一个常见的情感，甚至是无意义的小事。而实际情况是，在演讲中，演讲者选择的每一个感性的内容，无论是情感故事还是调动感官的实验，都是为了支撑他的观点。而我们需要注意的是，即便这个感性内容是非常明显地能够支撑演讲者观点的，也不要想着，观众能够即刻明白，而是仍然需要演讲者用理性分析的方法，把这个感性内容中的理性道理一步一步、一句一句地分析出来。这样这个感性的内容才会有意义、有价值。

比如，同样是 4.2.2 中的案例中的辩论持方（《父母该教哥哥姐姐让着弟弟妹妹》），张踩铃的讲述方式跟陈铭的完全不同。她是先讲情感故事，调动观众的情绪，然后讲述这个故事中的道理。

我十二岁那年父母闹离婚，那年我变得特别敏感多疑，性格特别拧巴。有一次，我在我姥姥家看电影，我表哥也在，他就说电视里的那只狗，最后可能没有人会要它。他当时说的就是那只狗，我当时不知道为什么就以为他是在说我，我回头就冲他打了一拳，直接打到他鼻子上了。顷刻之间，我表哥满脸是鼻血。我当时也蒙了，我以为他肯定会转过来马上打我一拳,狠狠地打回来。但是,当时我表哥……我现在还记得特别清晰,满脸是眼泪,满脸是鼻血,气得一边抽(哭泣加生气后的呼吸变得一下一下地往里抽)一边说:"我妈说,哥哥不能打妹妹,你是我妹妹,我不能还手,你要不是我妹妹,我现在给你鼻子打掉。"(观众不由得笑了)

为什么这件事我记得这么清晰?因为那一年的我,觉得我的童年戛然而止了,以前我跟我父母提出任何要求,他们都会尽量满足我,哪怕这件事不是很合理。但是突然之间,我不管怎么哭、怎么闹,怎么求他们说"你们能不能别吵了,你们能不能还在一个屋睡觉,你们能不能为了我别离婚"。他们都不听了,这个世界突然没有人再让着我了,其实直到今天,很多时候成年人的崩溃依然来自这种相似的委屈。那个咱们都看过的外卖小哥的视频,不也是一样吗?"我风里来雨里去,这个世界为什么就不能让着我这么一次。"很可惜,成年人的世界就是如此,但是我如此幸运,当我被这个世界逼着去面对,没有人再让着你的残酷的时候,我的哥哥用他的宽容,把本来只有少年岁月才配拥有的任性,为我多留了一天。

所以,我对这件事为什么记得这么清晰?是因为我非常感激他,从那以后,我没有再做过任何伤害我表哥的事,我永远在想着我能不能也为了他做点什么,所以我想说爱的能力,在绝对公平的环境下是难以孕育的。只有在这种付出和回报、亏欠和回报的来来回回之间,才得以生长,学名"爱的供养"。而家,恰恰就是这么一个,也许很难做到绝对的公平,但是能给你供养爱的地方。我是我老公的妻子、是我孩子的妈妈、是在座很多观众口中的"踩铃姐"。但是,哪怕是八十岁的我,在八十一岁的表哥面前,我依然是个小妹妹。将来有一天,哪怕我们老得都走不了路了,都坐在轮椅上了,我永远是那个可以打他一拳的妹妹,他也永远是那个不会还手的哥哥。到那一天的时候,也许父母早就已经离开了我们,但是只要哥哥在,宠爱就在,我的童年就在。

看到这里,我们就知道,张踩铃的哥哥被教育让着妹妹,所以他们才有如此好的兄妹关系,这种情感可以延续他们的一生,而这一切都是

第4章 主体部分，这才是"我"要讲的

因为在最开始的时候，哥哥被教育要"让"的结果。试想一下，如果张踩铃只讲述"小时候没有缘由地打了哥哥，哥哥说：'我妈说，哥哥不能打妹妹'，我很感动"，那么，这就是一个被欺负的哥哥和糊涂霸道的妹妹的故事，没有太大的价值。甚至观众不只会觉得"没道理"，还会认为不应该把哥哥教育得这么受欺负。所以说，感性的故事若离开了理性的分析，便无法支撑演讲者的观点，无法起到真正的作用。

4.2.4 一场成功的演讲是感性与理性双重传播的胜利

通过上文我们得知，每一场演讲都包含感性内容和理性内容，而我们所说的成功的演讲，即能够达到演讲目的、实现其价值的演讲，必然是感性与理性的内容相互注解、相互支撑的结果，这两方面的内容都获得了传播的胜利，演讲才可能是成功的。

演讲者在撰写稿件、发表公开讲话的时候，可以借用一个规律，即自己的每一个观点（尤其是与日常生活中常见的观点不同的情况），都要尽量选择可以支撑它的感性材料，如生动的故事；每一个道理或科学理论，都要尽量寻找观众可以在感性层面理解的方式去诠释，如现场做实验让观众亲眼看到。

同样的，每一个用到的故事、与观众的互动演示等感性方面的内容，也都要进行理性的分析。从而将其背后的意义、道理等讲述清楚，体现其背后的价值。

 ## 当你看到观众开始玩手机或发呆时该怎么办：三种抓住观众的"魔法"

很多演讲场合不止存在一场演讲，而长时间听一个一个人分享内容，观众很容易疲劳，如果没能"唤醒"他们或者"抓住"他们的特殊设计，那么观众很有可能走神。而观众的注意力一旦分散，就会被手机、脑海中的其他事所干扰，再想重新获得观众的关注，难度就会变得更大。

那么，我们应该如何"抓住"观众的注意力呢？这里推荐三种比较常见、有效的"魔法"。

4.3.1 调动情绪

大家在自己的记忆里搜寻一下，英语培训机构新东方的老师们是怎样"火"起来的？考研讲师张雪峰又是为什么那么受欢迎？就连不考研的学生也爱听他的课。答案在于，他们善于调动听者的情绪。——幽默，高质量的幽默！愤怒，有意义的愤怒！……

好的演讲，本身就是可以很吸引人的，而讲课则是枯燥乏味的，这是我们生活中最常见的现象，不足为奇。而讲课尤其是机构的老师讲课，他能否吸引学生，直接关系到自己收益的高低，所以，那些能做到"青年导师"级别的培训机构的讲师，身上都自带"抓住观众"的"必杀技"。这里，我们就以张雪峰为例，来看看如何利用调动情绪的方法来抓住观众的注意力。

1. 融入幽默

幽默天然地会吸引别人，而如果你的演讲要想幽默，有很多种方式，4.7节会有详细讲解。

在演讲中，幽默不是目的，你真实的目的是传达演讲的内容。而这里讲的幽默，只是你调动大家情绪、"抓住"观众注意力的方式。这里的幽默需要自然地融入你的演讲内容中，使内容传到观众的心里。其作用就像苦涩药片的糖衣一样。

举个例子，张雪峰做考研培训10多年，同时也关注考研的各科成绩。他发现了一个规律，政治分数在60~80分居多，50~60分和80~90分的很少，超出这个范围的考试分数更是凤毛麟角。张雪峰要在上课的时候，给学生讲清楚这个事实，让学生合理安排学习的时间（即政治模考70多分就可以腾出时间学别的科目了）。但是，在这之前还有很长的上课时间，如果只是干巴巴地说数据，学生肯定会走神，所以他用了幽默的技巧去表达。

……政治，大家有没有问过你师兄师姐考多少分？是不是六七十分呀，都是60多、70多，你的政治想低于60分或高于80分都很难。你说，政治低于 60 分的人多吗？很少吧，低于 50 分的人更少，低于 40 分都看不见了，为什么？都拉出去枪毙了（学生哈哈大笑）。你说你在中国政治考不到 40 分，你有脸活着吗？（咆哮，学生哈哈大笑）。但是你说："老师我政治能考 80 分吗？"这个有点难，你得天天看《新闻联播》，再放弃一次中 500 万的机会，政治能超过 80 分。你说："老师，我政治能超过 90 分！"你爷爷肯定是个红军，你奶奶肯定是红色娘子军！（学生哈哈大笑）你得有这个基因，同学，你要知道，政治很难考高分的……

2. 利用愤怒

你真实的愤怒，与你的观众有共鸣的愤怒，很大程度上能够刺激你的观众对你说的话投入全部的注意力，注入全部的情感。只要愤怒与观众共频，它的煽动力便会极强。

在这里，愤怒不是目的，你的目的是传播演讲的主要观点，而愤怒只是吸引观众注意的手段。就像上课时，学生都困了，老师要讲重点的时候会敲一敲黑板告诉大家"这很重要"一样。

例如，在学生们漫长的备考时间中，张雪峰老师需要在某次上课的时候给大家打气，让大家坚持学习，于是将自己在这个社会上遇到的令人愤怒的事，告诉了学生，并把这份愤怒展现给了学生。因为学生知道他说的是真的，学生了解了这个愤怒，所以张雪峰想要传播的"好好学习吧"的价值观就能被大家听进去。

没有什么事儿比学习容易了，真的！（学着同学的样子说）"老师，哪有，我觉得学习挺难的。"我跟你随便说几个事儿，你现在在社会上可能会遇到的事儿。挣钱，咱就不说了。你可能会遇到什么事儿比较难呢？明明一个孩子长得特砢碜，非得让你说他很帅——他是你老板的孩子。你有一个同事，你很讨厌他，你不想跟他在一起工作，你就得忍着，就跟现在有的朋友忍受你宿舍的舍友一样！你没办法。这么多美女（同学），你在做业务的时候，总有那些油腻的中年男性，要跟你吃饭，你不得不吃，哪个难？男同学你做业务的，人家跟你说"你必须把这杯酒喝了！不喝不跟你签单！"你明明喝不下去了，喝了就得吐，你现在觉得哪个难？明显，学习简单多了。

综上所述,当观众陷入疲倦、会走神的时候,调动观众的情绪,是最快抓住他们注意力的方法。把你想要传播的观点,披上"幽默的外衣""愤怒的外衣"以及其他强烈情绪的外衣,就能很快吸引观众,"抓住"他们的注意力。

4.3.2 打破节奏,创造节奏

当你的演讲在一个声调、一个展示形式、一个固有模块中持续进行的时候,观众的注意力就会慢慢分散,陷入疲倦,很快走神、不再听你讲的话。这是一种常见的心理现象,其实不只演讲,高速路上开车易困、心理医生催眠、妈妈哄婴儿入睡等现象都利用了这种心理机制。那我们反向思考,如果演讲能够打破这种固有的节奏,就能够让观众的注意力持续得更久一些。

1. 移动

想一下我们上学时的场景,当老师坐在讲台上讲课的时候,学生会越来越困。这时如果老师突然站了起来,并且来回走动,甚至走到某个学生的身边,学生一下子就精神了,很快就会把注意力集中到老师的身上。再举个例子,当你站在讲台上,面对一群人的时候,如果大家都是静静地站着或坐着,这时有一个人上蹿下跳,你很快就会被这个动来动去的人吸引。

这都是因为,人天生会被移动的目标吸引,这是人们在进化过程中为了规避危险、捕获猎物等慢慢进化出来的生存技能。而固定的物品,人们很难长时间地注意它,人的视觉甚至会忽略它的存在。

所以,在演讲的过程中,你可以适当地变换自己的位置,讲到重要的地方时甚至可以走近观众。总之,位置、动作的变化,有助于吸引观众长时间地关注你的演讲。

2. 丰富演讲模块

如果一直讲话,那么时间长了,观众的注意力很容易被分散。为了解决这一问题,除了讲话,你还可以利用图片、音乐、短视频、现场演示、与观众互动、唱歌、表演情景剧等形式将演讲分为不同的模块,这样,每次换到新的模块都会给观众不一样的体验,他们的注意力便会被长时间地紧紧地抓住。尤其是 30 分钟以上的讲演,一定要将模块做出明显的区分,形成不同的节奏。

这里需要注意,分不同模块只是为了长时间吸引观众,不要本末倒置、哗众取宠,而是要以最终目的传播内容为导向,根据不同内容的特性设计适合的模块。

综上所述,如果你的演讲时间很长,不妨找一些不同的方式打破固有的演讲节奏,创造新的节奏,这样能够有效延长观众集中注意力的时间。

4.3.3 增强互动

在演讲的过程中增强观众的参与性,是最常见、最有效、最容易吸引观众的方式之一,具体方式有以下几种。

1. 提问观众

这是常见的方式,在演讲刚开始时可以提问观众;在讲述每一个大家常见的现象或问题时可以提问观众,引导他们用"是""不是""对""不对"等简单回答来互动;在演讲中每结束一个模块,可以设计问题与观众进行互动;在演讲结束之后的观众问答环节,不要只回答观众的问题,而是要有来有往地问答,增强观众的参与性。观众问答的例子在本书很多章节都有案例,这里就不再罗列。

2. 观众参与演讲环节

在演讲中,观众参与演讲环节并不常见,但是每次出现都必然惊艳全场。有观众参与的演讲环节,是非常需要用心设计的。它的设计既需要符合演讲内容的展现,又要在演讲者的控场能力范畴内。

比如,一个刚开始演讲不太自信的人,他的观众参与环节最好是一个观众参与,而且这个观众的参与方式最好有规定动作,比如,让他试一试某件道具的重量、让他学一个动作、让他作为魔术参与者配合完成魔术等;而如果这名演讲者有很强的控场能力,那么这个参与环节就可以更加灵活,参与人数也可以适当增加。

这里需要注意，观众参与演讲环节的设计，是为了让观众更好地理解演讲者所说的内容，同时创造多样的演讲节奏，千万不要舍本逐末，为了"热闹"而"热闹"。

这点很重要，"我"要怎样强调才能让大家重视呢？

演讲者所准备的演讲内容，通常是长篇大论的，可能会涉及许多的观点、案例、数据等内容。但是在这其中，一定有演讲者更想强调的事物。那么，演讲者应该用什么方式，才能让观众注意到演讲的重点呢？

我们的强调方式，不是简单地提高音量。强调，可以从演讲内容方面设计、可以利用道具、当然也可以使用外部技巧。下面介绍5个经常需要强调的内容，我们应该如何让观众更加重视。

4.4.1 强调数字

人们对于数字是没有具象化的概念的，30万字是多少、50万人是多少、20个小时是多久。当这些数字化的概念在演讲中被提出时，如何才能真正在观众的心中产生影响力呢？很多演讲者都用了这样的方法——类比。类比出人们能具体感知到的数字，才能起到强调数字的作用。

比如，Josh Kaufman 在 TED 上分享《只需20个小时，你就能学会任何事情》的演讲中，讲述了练习20个小时的意思是，每天练习45分钟，不到1个月，你就能学会一种全新的技能，这样观众就会觉得"一节课差不多45分钟，一个月一晃也就过去了"，这样看起来，坚持练习20个小时"也没那么难"。

熊浩在《为时代发声》的演讲中也用到了数字，比如，看一本30万字的书，听起来好像很难，现代人很少有人能做到，但是他是这么讲的。

刷微信、刷微博，如果每一条资讯是100个字，你每天能读100条，这并不算多，这意味着，你一个月的时间可以积累30万字的阅读量。这是什么概念，各位？老子的《道德经》5000个字，卡夫卡的《变形记》

3万个字,那些最晦涩的像黑格尔的《小逻辑》30万字,你拼命地阅读,拼命地让自己的肢体展开去接受各样的资讯,但最后一想,竟然什么都没留下。我们在这种碎片的时代中获得信息,它影响的绝不仅仅是资讯的营养,而是你内心的那种定力。你每天都看,但我问你,在座的各位,当你展开一本厚厚的书,放松自己的身心想要读的时候,你还有那种耐心吗?

熊浩将人们日常阅读的字数罗列出来,观众就会觉得,"原来读30万字没那么难,而且我已经做到了,只是这30万字是碎片化信息",这样观众就会有信心读不足30万字的经典作品,有信心响应熊浩的呼吁——捡起阅读的习惯了。

4.4.2 强调情感、态度

当演讲者想要强调情感、态度的时候,如果只是将自己的态度直白地表述出来,观众虽然可以很快地了解,但是不一定对你的态度足够重视。怎么办呢?——通过丰富的角度阐述自己的情感、态度,用丰富的故事去支撑自己的情感、态度是很有效的方法。

比如,在《奇葩说》中,有一场辩论是《父母该不该教哥哥姐姐让着弟弟妹妹?》,双方辩论得都很精彩,这也是李诞参加《奇葩说》的最后一期,此时他想借着最后一场发言告诉大家,这个节目的所有辩论题目,观众都应该采用这个态度去看——"这场辩论很精彩,但是大家听听就行了,日子还是要自己过"。显然,因为脱口秀演员的标签贴在身上,所以如果李诞只说这句话,那么在场的人也许只会觉得他又"幽默"了一下,然后一笑置之,并不会重视。针对这种情况,李诞是如何强调这个"态度",从而让别人重视的呢?

最后了,我再多唠叨两句。挺感慨的一个事儿,你们在场上是不是经常看到刘老师和薛老师吵架(哲学家刘擎教授,经济学家薛兆丰教授),在后台更精彩(观众大笑),哈哈哈哈。昨天晚上呢,都赖我,我这个人真是,哎呀……他们就是我的"哥哥",我就是那个"被惯坏了的弟弟",我说我睡不着觉,我想喝两杯,你们陪我喝两杯吧,然后他们说"行行，那就陪你喝两杯"。喝着喝着就激动了，吵起来了，哈哈哈哈（观众也笑了），当然是争论啊，不是真吵架。刘老师和薛老师在争论一些特别庞大的议题，就是比你们在台上听到的还要庞大，特别哲学的那些碰撞，很精彩。我听着是开心的，虽然自责，但很开心。

我在回去的路上呢，就突然想起了一部电影，叫《这个男人来自地球》，看过吗？（有人在点头）很多人都看过吧，我稍微剧透一下。就是一群大学教授，其中一个大学教授要搬家，其他人来送行，这个大学教授呢就开始娓娓道来，他这一生怎么回事儿，结果他是一个活了几万年的人，就这个人，就是这个男人来自地球嘛。这个电影非常精彩，你会被他说服的。然后，我有一个朋友给这个电影的影评，给我的心灵造成了很多年的创伤。因为他在搬家嘛，他们这帮教授在说这种人类的历史这些大话题的时候，有两个搬家的工人在后面一直走来走去，搬沙发、搬什么的。我那个朋友对这个电影的影评是："我们就是那两个搬沙发的人。（长停顿）"

我昨天听他俩吵架，我就想起来了，我觉得我就是那个搬沙发的人，哈哈哈哈（观众也笑了）。这些知识都是他们的，我怎么好像就是路过听听，也说不出什么。但是作为我在《奇葩说》最后一场的发言呢，这个就是《奇葩说》教会我的东西，也是大家每次拆辩题教会我的东西，就是不管这个辩题看起来有一个多么一望即知的答案，各位都能发现一个相反的角度。

我终于在多年之后对这句话没那么难受了。那天无论那些人说了多少话、多精彩，但真正把那个家搬了的就是那两个搬沙发的人。（爆发掌声、笑声）所以，哎呀，真的在《奇葩说》学到了，很开心，这是我个人的解惑。如果非要再绕回这个辩题来说呢，也一样，向三位致敬，也向屏幕前在看的人说，你们养孩子的人是那个搬沙发的人，不用听我们说，谢谢。

李诞从现场的辩论、晚上酒局的争论、电影、影评等多种角度来佐证他想要表达的观点，这样庞大的引用让在场的所有人都知道，"不用听我们说"是一句非常真诚的话，不是哗众取宠，不是故作幽默，而是看

第 4 章 主体部分，这才是"我"要讲的

了这么多、想了这么多后的思考，所以自然会重视这个思考的结果，也就是李诞表明的情感、态度。我们在强调自己的情感和态度的时候，也可以用这个方法，让观众重视我们的表达。

4.4.3 强调立场

每一场演讲的目的都不相同，有的演讲就是为了传播某种价值观，而有的演讲有着更为理性的现实的目的，但是无论是哪种目的的演讲，如果需要你表明自己的立场，那么一般是非常重要的演讲。而如果道理、观念、选择、意义等都已经阐述清楚了，你还需要强调自己的立场，那么此时直白勇敢地把自己的立场和态度亮出来，会更加直接、有效。

在电影《我的1919》中，中国参加巴黎和会，作为第一次世界大战的战胜国，中国的山东却要被瓜分，此时中国代表顾维钧在会议上发表了一段演讲，表明了山东属于中国的合法性，列举了中国在"一战"中的贡献，说到了山东的重要性，说道"山东对于中国，就像是耶路撒冷之于西方"等，他将相关问题的所有道理、论据等阐述得非常清楚。这段精彩的演讲赢得了所有人的掌声，但是奈何弱国无外交，西方无视中国的诉求，最终决定"把山东归还中国，但是日本享有山东全部的经济权利"。这个结果和不归还没什么区别，消息传到国内，国内爆发了五四运动，反对这个条约。中方代表当然也坚决反对，但是国内当局却给代表们施压，让他们签字。到了签字的那一天，顾维钧到达签字的场所，看着英、美、法、日等国家的代表，一个个去签了字，此时流程上轮到中国代表顾维钧签字了，他用下面这段演讲表达了自己的立场。

尊敬的主席阁下，尊敬的各位代表，我……我……（生气、无能为力、失望、愤怒、无所应对等情感导致一时语塞）我很失望，（掷地有声但保持体面）最高委员会无视中国人民的存在，出卖了作为战胜国的中国，我很愤怒！（平静叙述下有着强烈情感），我很愤怒（第二个声音中饱含着失望和无力感）。你们凭什么？凭什么把中国的山东省送给日本人？中国人，已经做到了仁至义尽。我想问问，这样一份丧权辱国的合约，谁能接受啊？！（声音中带着无奈、失望和无声的哭泣，他咬了咬

后槽牙，努力使自己镇定下来）所以，我们拒绝签字。（顺势把放在面前的合约轻轻合上，会场上一片喧嚣，大家都没有想到，作为弱国的中国代表可以这么明确有力地拒绝他们）请你们记住，请你们记住！中国人，永远不会忘记，这沉痛的一天！（说完，手重重地敲了一下合约，然后转身离开，即便周围的记者围着他拍照，他也坚定地头也不回地走出了会场。）

因为这段演讲需要翻译，所以顾维钧的话，说一句要停一下，等翻译人员进行翻译。顾维钧会讲英语，用汉语演说是为了表明自己的政治立场。他讲话中表明的态度是坚定的、不可置疑的，表明的情感是愤怒、失望、拒绝、无奈的，但是，他的语气并没有咆哮，而是缓慢地、坚定地、一字一字地清楚地讲述出来，他的肢体语言得体、幅度小、有分寸、有力量。

如果当演讲者在事实清晰、论证清楚之后，依然需要强调自己的立场时，就请直白地说出自己的情绪、感受和立场，这样比委婉地表达更加有力量。

4.4.4　强调某事必须改变

在诸多演讲中，要改变观众观念的演讲是最难的，因为观众也都是拥有自己成熟的价值体系、观念态度的成年人。要想改变他们的观念，强调自己的态度只是一方面，更重要的是要强调改变观念与观众有什么样的利害关系，并且最好能用鲜活生动的案例来表明这种利害关系。

比如，肿瘤医生尚书发表了一个演讲，名为《医学不是万能的》。他在这场演讲中只想强调一个观念："要尊重生命，而不是依赖医学。"这种观念很笼统，观众很难立刻明白，他们会想"生病了不就是得找医生吗？"为了改变观众的观念，尚书是这样讲的。

医学越来越发达，而我们面临的疾病却越来越多，越来越致命。随着社会的发展，自然科学的巨大进步使得我们在面临许多疾病的时候，有了更多的武器和手段。但是，恰恰是由于这些相对完善的保驾护航，使得我们都变成了温水中的青蛙。因为我们已经不去问为什么我们会得

第 4 章 主体部分，这才是"我"要讲的

这个疾病，我们只知道生病了找医生，他一定能帮我们治好。

我有一个患者来做肠镜，发现了直肠的息肉，这是一种有潜在恶变倾向的良性肿瘤。实际上问题不大，只要镜下切除之后，规律饮食、节制烟酒、定期复查，不会危及生命。但是他不这么想，他觉得"一小块儿肉嘛，医学已经这么发达了，一定能治好"。于是，他继续着自己不良的生活习惯。一年！一年的时间就恶变成了直肠癌，继而发生了肝转移，很快人就没了。

我想说，如果医学现在还处于一个，一小块直肠息肉就足以置人于死地的那个落后年代，那么他还敢这么折腾自己吗？

当我们发明抗生素的时候，整个人类都为之欣喜若狂，因为有太多太多没法控制的感染，都被我们治愈了。而就在短短的几十年后的今天，我们却需要用法律来规范这个用药，防止抗生素的滥用，来恢复人自身的免疫力，所以说医学反人类，就在于它的飞速发展，使得我们已经丧失了对生命这个奇迹本应有的尊重和对欲望的克制。医生、医学只能暂时地解除你的病痛，先进的设备、进口的药物不能成为你的保护伞。只有尊重自己的生命、克制自己的欲望，才能让自己的生命更安全，更有质量！

这样讲下来，观众们了解了，"原来完全依靠医学，而不自己善待自己的身体，就会有这么严重的致命的后果；原来，医学的发达只是能够帮我们一时，关键还是要自己克制欲望、保养身体"。演讲者用鲜活的有关生命的案例来警醒处于麻木中的观众，很快就使得他们改变了往常的观念，明白自己保养身体的重要性。

所以，演讲者们，如果你的演讲也是要改变观众的固有观念，选择用鲜活的案例去展现不同观念对于他们的影响，效果是可以立竿见影的。

4.4.5 强调的外部技巧

演讲中，如果要强调某件事，除了前文所介绍的方法，当然还有一些表达上的外部技巧。如果你要强调某个内容，如数字、人名、时间、情感等，那么有哪些直接的、有关于外部技巧的方法呢？

（1）提高音量、加重语气。结合上下文，在需要强调的地方适当地提高音量、加重语气可以起到强调的效果。

（2）放慢语速。在正常语速的演讲中，遇到想要强调的内容可以先停顿，然后放慢语速讲出该内容，同样会引起人们的注意。

（3）降低音量。在正常语速与音量的表达下，甚至是高音量的呐喊中，突然降低音量，可以起到强调的作用。

（4）停顿。在正常语速中突然停顿，停顿一定的时长，接下来你说的话会引起观众的注意。

（5）重复。在慷慨激昂的演讲中，联系前后文，如果无法明显改变音量、速度，就可以重复重要的内容，用不同的语气（比如，第一遍用正常讲话的语气，第二遍加重语气等）、情感来重复这句需要强调的话，可以让观众更加重视。

（6）加特定词语。比如，利用"注意""听着""我要强调一点""记住""这很重要"等可以引起大家注意的词语，单独强调接下来你讲的内容，观众会下意识地注意。

（7）利用PPT放出关键词句。演讲者想要强调的某个词、某句话，当他提出来之后，还有大段的论述要阐明这个观点，此时非常适合用PPT将主旨句（主旨词）单独放出来，一方面视觉的强调，可以深化观众的注意力和记忆点；另一方面提醒观众，演讲者正在讲的内容，也是围绕这句话展开阐述的。

强调的外部技巧多种多样，演讲者只需要记住，所有的技巧都是为内容服务的，要根据演讲的具体内容和实际情况选择适合的（不是每一种方法都要用到）。记住，适合你的演讲内容的才是最好的。

4.5 用不好PPT便会拖垮你的演讲

PPT是演讲、汇报中常用的功能。但是在生活中我们会发现，很多演讲PPT用得并不好。你有没有看到过密密麻麻全是字儿的PPT？你有没有看到过，点击一下出现各种动画，让你非常想多点击几下，让主要内容马上出现的 PPT？你有没有见过花里胡哨、颜色很多、信息过于丰富的 PPT？对于多数人而言，答案是肯定的。

在演讲中，如果用不好 PPT，就会拖垮你的演讲。试想，你在讲话，换了一张 PPT，放动画就需要很久，字有很多，观众都会看 PPT 上的文字，谁还能分心听你演讲的内容？所以一旦要用 PPT，就得是精心设计的，而且在用之前要带着 PPT 排演。

4.5.1 演讲必须准备PPT吗？

先说结论，演讲不是必须准备 PPT。我们看到的很多演讲都是没有 PPT 的，他们讲得依然很精彩、很感人。而演讲 PPT 之所以被提出来，是因为一些特殊场景下的演讲，PPT 扮演着非常重要的角色。那么这两种情况我们应该如何区分呢？

1. 什么情况下可以不准备 PPT？

当演讲者可以用语言表达清楚自己想要讲的内容时，就不需要准备 PPT。演讲、演讲，既有讲话又有演绎，这两个部分对于 PPT 都没有硬性的规定。所以，只要能靠着演讲者自身的能力讲得清楚、演绎得精彩，PPT 真的没那么重要。

2. 什么情况下必须准备 PPT？

（1）场地需要。

如果演讲场地有一块超大的背景屏幕，这时即便你可以独立完成演讲，也需要准备一个 PPT 作为自己讲话的背景。这个 PPT 的设计千万不要复杂，首张图放演讲的主题，然后最多每一个段落准备一张 PPT 即可，纯色背景加关键字，或者直接放一张背景图片就行。记住，它只是背景。

（2）发布会、路演时使用。

一般情况下，这些场合的演讲都需要准备 PPT，而且这样的演讲场地也都会准备展示 PPT 的屏幕。此时你需要了解该场地放置 PPT 的屏幕的尺寸和位置。在制作 PPT 之前就需要先设置好（否则后期修改会很麻烦），以免临场出现状况，让自己显得不专业。

（3）工作场合使用。

在工作汇报、招商引资路演、设计方案阐述等商务活动中，PPT扮演着非常重要的角色。它展示了你所在公司的专业度、你个人的专业度，以及你和你公司对于该项目的重视程度。退一万步讲，就是即使你用不到PPT，也得准备PPT。

4.5.2　PPT的设计要点

演讲所用的PPT有其特殊性。第一，它是辅助演讲的，不能喧宾夺主，语言才是重点，PPT只是补充；第二，观众的注意力在同一时间只会被一件事物吸引，因此PPT的设计和演讲的设计要相互配合。明确了这两点，我们来看演讲PPT的设计要点有哪些。

1. 底色简单、配色统一

演讲所用的PPT，往往都是为演讲服务的，它是帮助演讲者补充信息、展示内容，帮助观众厘清思路、标注重点的。在演讲进行的过程中，观众的注意力应该放在演讲者的身上，因此PPT的配色应该尽量简单。

尤其是当演讲场地播放PPT的屏幕是背景大屏幕的时候，PPT更需要简单的颜色，这样屏幕前面站着的演讲者才会突出。比如，苹果公司发布会上的PPT，一般用的是黑色背景且没有多余的装饰。

2. 动画精简

如果是非科技类的演讲PPT，那么不建议添加动画特效，原则仍是将观众的注意力吸引到演讲者身上，在需要看PPT的时候，演讲者引导观众看PPT上的信息，之后再把观众的注意力牵引到演讲内容上。

如果加了动画特效，一旦PPT开始动，观众的注意力就会转移到PPT上。这个时候如果演讲者说话，那么观众不一定能够听到，如果演讲者等待PPT播放动画，那么演讲的节奏就会被打乱。所以非科技类的演讲PPT不建议加动画特效。

科技类（或动画公司）的演讲PPT，为了展示其科技性，可以在特殊页面添加特效（不是所有页面）。比如，科技产品的发布会上，当PPT需要展示新产品的时候，可以适当加入动画特效，展示其科技感。这时要注意，演讲者要为这个过程预留时间，展示动画与产品的时候，尽量不要说话。（如果说话，也请以展示内容为主。）

3. 逻辑（完整）清晰

很多非工作场合的演讲，可以没有PPT，也可以只有一张PPT去帮助演讲者丰富信息。（什么样子的PPT可以帮助演讲者呢？请看4.5.3 让PPT成为演讲的"帮手"。）

在工作汇报、方案展示、招商引资路演等商务气息较浓的演讲场景中，PPT所占的比例很高，可以说你的整个展示逻辑是要在PPT的共同配合下完成。所以，此时你一定要注意，PPT的每一个板块的设计以及不同板块之间的配合要符合以下基本逻辑。

（1）设置目录页，且不同部分转换时目录页最好能再次出现（或者在此处设置过渡页），这是一个明显的信号："这一个部分我讲完了，接下来我要讲下一个部分了。"

（2）数据要视觉化。在展示数据的时候，切忌放置数据表格，观众不会去看一个个数据，而且也不利于你的演讲。这时你只需要将数据转化为可视化的图表即可——强调比例用饼状图，强调走势用折线图，强调对比用柱状图……

（3）序号统一。如果演讲内容很少，则可以没有序号；但是内容很多的话，你的序号表现形式要统一。比如，第一级的序号可以用图标加数字的形式，第二级的序号用阿拉伯数字等。序号的设置没有一定之法，但是同一层级的序号的表现形式要统一。

（4）一张PPT只说一件事。一般一张PPT所展示的一件事也需要演讲者用较长的时间去表述清楚，但是如果一张PPT放了多件事，那么演讲者在讲述的过程中，观众就会把PPT上的内容都读一遍。这样演讲的效果不好，观众的思绪不会跟着演讲者，而是会跟着PPT。

如果是招商引资类别的，则很有可能出现，你一张PPT放了三件事，当你还在讲第一件事的时候，投资方对第三件事感兴趣，就会打断你的演讲，询问关于第三件事的问题，当你回答完他的问题，他又可能发现其实第一件事你还没讲清楚……这样你就会陷入被动的状态。

4. 文字精简，留白要多

PPT上的文字要少，越精简越好，演讲精彩的部分应该由演讲者"讲"出来，而观众的注意力也应该长时间聚焦在演讲者的身上。所以，PPT上的文字越少越好，而且可以不成句，只有关键词也行（为了让观众重视）。

4.5.3 让PPT成为演讲的"帮手"

前文说到，演讲PPT只是演讲的补充手段，虽然看起来PPT不是最重要的，但是实际的情况并不是这样。有的内容展现有了PPT的辅助，能够让演讲效果更好。

那么如何用好PPT，让它变成你演讲的"好帮手"呢？

1. 在PPT中放置语言的补充材料

人们的语言是有限的，有一些内容虽然语言可以表述清楚，但是如果能让观众直接"看到"，其效果会更加震撼。哪些内容适合被放置到PPT中呢？

震撼的真实照片——摄影界有句话："一张真实的照片可以胜过千言万语。"在演讲中，如果你讲到地非常震撼的真实事件能够由一张照片来展现，那么这张照片便可以帮助你更加生动、直接地带给观众震撼之感，从而带动观众的情绪。比如，战乱地区的照片、环境污染的照片、海啸的照片、灾民的照片等。

对比明显的数据图——有的对比用语言表述，观众能够从理性的层面了解，但是感性的认识需要运用感性的手段，如对比明显的数据图。

逻辑关系图——当你讲述某件事时，如果它包含非常复杂的逻辑关系，那么一张图片或许可以帮助观众理解你的讲述，如进军路线图、《红楼梦》人物关系图等。

主题词——演讲者想要强调的主题词，放到PPT中可以引起大家的注意，增强记忆点（注意凝练语言）。

2. 在PPT中标注容易被遗忘的关键点

大部分演讲是完全脱稿的状态，如果演讲者害怕自己忘记某些内容，或者在排演的过程中已经发现了容易忘记的内容，那么可以把这些内容放到这个 PPT 中，举例如下。

段落关键词——当演讲者完成一部分内容的阐述，要开启下一个部分的时候，如果容易出现记忆遗忘点，那么可以把"提醒词"写到 PPT 上，这样你就能更加从容地演讲，不怕再忘记。

年代、名称——如果演讲者讲述的是一个较为陌生的内容，那么年代、名称等需要死记硬背的东西最容易忘记，这时你可以在 PPT 中写上提示。比如，演讲中提到一幅画／一个人／一张照片的时候，可以把它的作者和年份等写到旁边，避免自己忘记。

4.6 选好道具，让你如虎添翼

演讲中可以带道具吗？当然可以。好的演讲中都有道具吗？演讲好不好跟有没有道具没有必然关系。那么什么情况下需要选择用道具来丰富我们的演讲呢？选用道具的时候又有哪些注意事项呢？本节将为大家一一解答。

4.6.1 展示成果的道具

如果你的演讲是告诉大家得到某种结果的有效方法，那么在介绍你的"方法"和观点之后，将"结果"展示出来，会使观众对你讲的方法深信不疑，因为你用事实展示出了使用这种方法所得到的结果。

比如，Josh Kaufman 在《只需 20 个小时，你就能学会任何事情》的演讲中用了十几分钟，讲述了你应该如何利用 20 个小时学会一种技能。他讲了学习的理论、学习的途径、学习的方法等。他将这些内容展示给观众当然也很好，只是如果加上成果的展示，演讲的效果会更好。一方面，这会促使观众相信他的理论，并且观众会产生"我也要这样做，我也要行动起来"的想法；另一方面这也丰富了演讲的形式，使得整体气氛更加活跃。所以他在讲述完理论之后，拿起尤克里里向观众展示了自己利用这套方法学习的"成果"。

理论说起来总是很容易，其实说到练习会更加有意思。有件乐器我想学已经很久了，那就是尤克里里。你们有没有看过 Jake Shimabukuro 的演讲？他弹奏了尤克里里，那声音简直……他就像是"尤克里里之神"，非常精彩。我看了之后觉得，"哇！这也太酷了！"非常精妙的一种乐器，我非常想学。于是我决定验证一下我的理论，花 20 个小时来练习尤克里里，我们来看看效果如何。

演奏尤克里里的第一件事，想演奏，你先得有一把琴，对吧？于是，我弄了一把尤克里里，有请我可爱的助理。（工作人员在舞台边上递给他一把尤克里里）谢谢你先生，我想我还需要一根线，这可不是普通的尤克里里，这是插电的（说着把电插销插到了琴上）。是不是很酷？（接着他把一个舞台后面的高脚凳移到了舞台中心，坐了上去）开始的几个小时，就像其他所有事情一样，你要把所需要的工具准备好。确保它们能正常使用，我的尤克里里最开始是没有装弦的。我要先搞清楚怎么把它安装好，这非常重要，对吧。你还要学习好调音，准备好一切，要确保在开始练习前，一切就绪。

（演讲者摆出要弹奏的姿势，在空中比画了两下接着说）现在，一切准备就绪了，正式开始练习前，我上网找了各种数据和歌本。上面说，尤克里里，你可以弹奏不止一根弦（背景的 PPT 上放了一张尤克里里的弹奏指法），可以演奏和弦，很棒！你可以自己给自己伴奏。然后，我开始看歌本，我有一本尤克里里的和弦书，里面有上百种和弦。我当时就傻了，"哇，这可太恐怖了"。但是当你真正看歌本的时候你会发现，相同的和弦总是重复出现，对吧？其实，尤克里里就跟做其他事一样，有一个固定的模式，它们非常重要，你会一直用到它们。

在大部分歌曲里，你会用到 4 到 5 种和弦，那就够了，就能弹出一首歌了。掌握这四五种和弦就够了，没必要学几百种。在学习的过程中，我发现了一首不错的混音曲，由许多流行歌曲组成，来自 The Axis of Awesome 乐队。他们认为我们可以弹奏过去 50 年几乎所有的流行歌曲，只要你能掌握 4 种和弦，就是 G 和弦（弹奏）、D 和弦（弹奏）、Em 和弦（弹奏）、C 和弦（弹奏）。每首流行歌曲都是由这 4 种和弦组成的。

第4章 主体部分，这才是"我"要讲的

我觉得这太酷了，我想学会弹奏所有的流行歌曲。于是我决定先学这一首，今天跟你们分享，准备好了吗？（掌声）……（先弹奏音乐，开始唱歌，唱了一段流行歌的串烧）……（演唱结束，观众掌声欢呼声）谢谢，谢谢大家。我超爱这首歌。还有，告诉你们一个秘密，当我为大家演奏完这首歌时，我刚刚达成了练习尤克里里20个小时的目标（掌声欢呼声）……

在他演示完这一切之后，他还用自己这段亲身经历给观众描绘了未来：他问观众想学画画吗？想学烹饪吗？想学任何新的技能吗？行动起来吧，只需要20个小时，观众就会像他一样得到这种学习结果。他演讲完之后，观众报以热烈的掌声，这掌声不只是给他的，也是给未来那个掌握了一门新技能的自己的，观众也是为了自己的这份"可能性"、这份"希望"在鼓掌。

所以，如果你的演讲所传播的内容也是为了使大家得到某种结果，那么将这个结果利用道具展示出来，会为你的演讲效果增光添彩。

4.6.2 道具是演讲的组成部分

有一些特殊话题的演讲，其内容本身就涉及各种道具。在这种情况下，用道具作为你演讲的一部分，一定比干巴巴的说话要有更好的效果。

比如，要通过演讲揭秘农村"神棍""神婆"是如何利用化学实验来欺骗大众的，就需要拿道具向观众演示，为什么会凭空起火，为什么细针能漂在水上，为什么水会突然变成红色等。再如，一个演讲要普及原始的乐器是如何起源的，那么必然会涉及如何用树枝的皮做成哨子、如何用叶子吹奏曲子、不同的石头是如何被敲击出乐曲的……这一系列的内容，带着道具展示去讲述，远远比干巴巴的说话效果要好。

Simone Giertz 在《为什么你应该发明毫无用处的东西》的演讲中，现场展示了充满"眼睛"的衣服、自动刷牙的头盔、环绕喂食的颈部套圈，并用视频展示了打人起床的闹钟等有趣的小发明。观众看她演示这些"无用的发明"时笑得前仰后合，并且迅速理解了演讲者所讲的，这样做可以让你的生活更有趣，可以缓解焦虑，还能学习机械工程学。如果没有展示这些物品，观众就很难理解演讲者所说的这些"好处"和道理。

总之，如果你的演讲是跟某件物品相关的，或者跟某个实验相关，就大胆地把它搬到演讲的舞台上来吧，这会使得你演讲更加生动、有趣。

4.6.3 增进了解的道具

有的演讲涉及特殊的职业、特殊的工作任务、特殊的民族、特殊的活动等，如果把这些内容中带有特色的道具拿到演讲的舞台上来，就可以迅速让观众了解这个群体的不同之处，甚至可以让观众参与互动、试着玩一玩民族特色的玩具、穿一下特殊行业的装备，这些都是非常直接有效地帮助观众了解他们的方式。

比如，《开讲啦》有一期的演讲嘉宾是排爆专家王百姓，为了让观众近距离地了解排爆专家的真实工作状态，演讲嘉宾将全套的防爆服拿到了舞台上，并请观众上台，拿起头盔、上衣，让观众拿着20斤的头盔，再去抱衣服，结果发现根本拿不动。主持人还打算亲自试穿这套沉甸甸的装备，结果穿上上衣、戴上帽子后，立马气喘吁吁并直接放弃了穿裤子和鞋子等其他装备——实在是太沉了。这样的互动让大家切身感受到了排爆人员在实际工作中的困难和阻碍，加上爆炸的威胁、生死的考验，更加凸显了他们工作的伟大。

4.6.4 使用道具的要点

演讲中可以使用道具，也可以不使用，你的选择原则是道具能帮助你完成演讲目标。那么在选择道具的时候有哪些需要注意的地方呢？

（1）选择道具要考虑演讲场地。展示的地方是室内还是室外（室外的话，要考虑不同的天气状况），场地的大小、观众的多少、是否有摄影机和大屏幕去拍摄以及展示细微处等。

（2）增光添彩而非画蛇添足。道具的选择一定是为演讲增添光彩的，换言之，有道具的效果要远远大于只讲述的效果，这时才需要选择道具。

（3）道具的摆放不要阻碍演讲。正常情况下，道具的出现只是在演讲的某个环节，那么在其他环节，道具的摆放位置不要太抢眼，更不要阻碍观众看演讲者的视线。等到使用道具的时候，再移动位置或者移动追光，让观众能看清道具。

（4）一定要带道具彩排。如果演讲有道具尤其是涉及复杂道具或者道具参与观众互动，再或者道具需要被抬上抬下，那么请一定带着道具排演，这样会使演讲节奏在正式演讲前得到调整，可以使各个环节配合默契。

幽默，很难吗？

心理学研究表明，人们更愿意接受幽默的信息，更喜欢幽默的人。即便是听演讲，在观众笑的那一刻，演讲者和观众的距离就会被拉近。

其实，幽默不单单是口才和技巧，高级的幽默，往往背后有着对世界更加细微的观察，对人性有着更加深刻的认识，对不平之事有着更加尖锐的讽刺。而幽默的人有着不同于他人的看待事物的角度和心态，将这种特殊的角度和心态摆到观众面前，让他们跟随你的眼睛和思路去看待事物、理解事物，"幽默"便会自然而然地传递到观众心里。

那么，常见的创造高级幽默感的方式有哪些呢？

4.7.1 幽默一：戳破生活的真相

每一个在凡尘俗世、鸡毛蒜皮中谋生活的人，都有着对于理想生活的向往，对于换一种生活方式的好奇。但是由于现实因素，渴望的生活却遥不可及。而正是这份"不可及"，理想的生活便会被过度美化，如富豪的生活、田园牧歌的生活、诗和远方、律政佳人等。在某一特定时间段内，这个社会群体甚至会形成一种广泛流行的"理想生活范式"。

如果演讲者能够戳破这些向往中的生活的华丽外表，注意，不是要故意毁灭它，而是要让观众看到真相，看到理想生活原来跟想象的完全不一样，此时，幽默的效果便会自然产生。

有一段时间，年轻人中非常流行一个观念——要摆脱北、上、广（中国一线城市北京、上海、广州）的高压力，去追寻诗和远方，去过田园牧歌的生活。在这个社会舆论下，李诞在一档脱口秀节目中是这样讲的。

现在呢，很流行一个说法，很多人爱聊这句话，说什么要逃离北、上、广，去田园牧歌，去寻找诗和远方。朋友们，我就来自远方。（无奈地停顿，观众鼓掌大笑）诗和远方我真的过够了，朋友们，我是一个内蒙古人，我真受够了。很多人很羡慕，说："内蒙古人很好呀，大草原、星空下多美呀。"你看图片是很美，你知道星空下有多少蚊子吗？（笑声）内蒙古的蚊子，就跟这个话筒差不多大。不夸张哦，草原上的蚊子真的这么大。而且，你知道草原上是没有厕所的，我们从小只能在草原上方便。然后，在草原上方便让我们养成了一个习惯，就是你蹲那儿方便的时候，你不能稳稳地蹲着，你得有规律地晃动，（前后晃动自己的身体，然后继续说）这样呢，蚊子不会落到你身上。（观众大笑）很实用啊，你们以后去草原玩儿，可以用这个方法。真的，你要是让这么大个儿的蚊子叮一下屁股，肿得你裤子都提不起来。特别夸张，我现在都有后遗症，"田园牧歌"的后遗症，我现在在马桶上坐着，我不这么晃两下，我就觉得我方便得不彻底。（笑声）

所以你说，田园牧歌有什么好的，很多人还很向往，海子的诗写得很向往，说"喂马、劈柴……从今天起，关心粮食和蔬菜"，喂马……你喂过马吗？我喂过，（笑声）我喂马的时候，真的很关心粮食和蔬菜，因为卖菜的车，一个星期才来草原一次。你们小的时候都是"妈妈，我想吃汉堡包；妈妈，我想吃薯条"；我是"妈妈，我想吃新鲜的大白菜"。（做痛苦状）很苦，那个日子真的不好过。

你知道我们内蒙古人为什么这么热情吗？因为寂寞。（大笑）草原上好不容易来个人，我还不热情点？！为啥灌你喝酒，就想让你喝难受了多陪我待两天，你在那儿"不能再喝了，再喝就走不了了"，我们就"哦？是吗？（长停顿加奸计得逞的坏笑，观众大笑）床都给你铺好了"。

（他继续扮演好客的内蒙古人，与客人对话）"问你一下，你睡觉的时候爱动吗？翻身什么的……不爱呀，那容易让蚊子叮。你得动。"（停顿，仿佛"客人"跟他说了一句话"为什么蒙古包里有蚊子"）"啊？为什么蒙古包里有蚊子呀,因为蚊子特别喜欢牛粪,蒙古包里有牛粪,你别激动呀,蒙古包里肯定有牛粪呀,要生火,你刚吃的那个肉呀,就是烧牛粪煮的,原汤化原食。Welcome to 田园牧歌。"(观众大笑)

这一段话彻底戳破了城市中的年轻人关于诗和远方的梦想,让他们看到了田园牧歌真实的生活场景——美丽的星空下,苍蝇追着牛粪飞舞,生动而具体。观众了解了真相与梦想的差距,发现现在的生活比想象中的幸福,幽默的效果直接产生。在大笑的过程中,讲述者想要传播的观点已经被大家接受了——城市让生活更美好,而田园牧歌只是想象中的美好。

4.7.2 幽默二:将传统价值观拉下神坛

传统的价值观念从浩浩荡荡的历史中来,因为不同的时代产生不同的变化,这些价值观沉重、庄严、神圣不可侵犯。然而,在舆论开放的环境下,部分较为光荣、伟大、正确的价值观也是可以拿来调侃的。

比如,中国人在战火纷飞的年代,为了救国宝,甚至可以付出生命的代价。因为这是中华文明的传承、人类精神的传承,这是主流价值观。然而,在一档辩论综艺节目中,这个传统的价值观被拉下神坛,观众不但没有反驳,甚至笑声一片。

那一期辩论节目的辩题是《博物馆着火了,救画还是救猫》,李诞所在的持方是救猫。显然,这对于文人墨客扎堆的高知群体来说,违反了他们一贯奉行的价值观,李诞是这么说的。

执中(对方辩友)刚刚聊什么艺术的价值,我来回答你这个问题——艺术的价值,艺术最大的价值就是永远活在人们的心中(观众大笑),而生命最大的价值是活着!(鼓掌大笑)对不对?我觉得咱们聊艺术嘛,名画最好的归宿就是"烧了"(鼓掌大笑)。比蒙娜丽莎更美的,就是正在燃烧的蒙娜丽莎(大笑);比神秘的微笑更神秘的,就是烧没了的微笑(大笑)。

康永哥(蔡康永,著名主持人,嘉宾)收藏了很多画儿,买了很多艺术品投资,他给我讲过一个道理:艺术品的价值都是人们赋予的。

就是谁的故事越多,谁就越值钱;哪幅名画的故事越多,哪幅名画就越有价值。还有什么比"烧掉"更好的故事(大笑),尤其还救了一只猫。你去问,说:"《蒙娜丽莎》烧了,为什么烧了?是为了救一只小猫,啊——"(说完还捂住了心口,而观众大笑)达·芬奇听了都会流眼泪!所以,我救猫,不光拯救了一条生命,还成就了一件艺术品。

这一段论述,将人类社会文人阶层的价值观完全拉下了神坛,而这种将严肃话题轻松处理的方式甚至让对方的辩友都拍手称绝。你不得不承认,无论你是否认同他的观点,你都会欣赏他个人的幽默和才华。

4.7.3　幽默三:直面内心的"小黑暗"

人们在日常生活中所能表现出来的,大多是体面的表象,体面的言行、穿着,体面的成年人,而事实上,每个人的内心都会有无伤大雅的"小黑暗"。当演讲者把日常体面的场景和内心隐秘的活动同时展现在观众面前,呈现出来的反差感和观众隐秘的熟悉感,会让观众会心一笑——"原来不只我在装,也有人是这样的"。

比如,男人见到美女,会忍不住多看两眼,但是在有女朋友的情况下,在好男人的标准下,男人一般会把这个小心思藏好。再如,在自己单身的情况下,若前任结婚了且过得非常好,那么自己内心除了祝福,多少会有点"不得劲儿",可体面的成年人,只能表现出大度和祝福。如果此时,把内心的活动真实生动地展现出来,就会产生幽默感。脱口秀演员周奇墨曾经在段子里这样描述这段心理活动。

我记得有一次,她(前女友)把闺蜜带来,我们三个人坐在那儿,她闺蜜坐我对面,她坐我旁边,她闺蜜真的很漂亮,漂亮到当时我心里有个小人儿,对着她"嘟~"(嘴里发出响声,眉毛顺势一挑观众大笑),但是我还有起码的道德感,所以在整个过程中我就一直忍着没有看她闺蜜。我看着我女朋友,然后心里想着"看她,不要看她闺蜜(头转向一旁盯着看,仿佛女朋友在他旁边)。她肯定是在看我是不是在看她闺蜜,现在差不多可以看一眼,先假装看那一桌(头不经意地转向另一侧,然后回头的时候路过正前方时停顿了一下),哎呀,真好看"(用右手挠了

第4章 主体部分，这才是"我"要讲的

挠后脑勺，观众大笑）。

……

就在今年，有一次我跟我前任一个共同的朋友在聊天的时候，聊着聊着，他突然问我："那谁突然结婚了，你知道吗？"我当时脑子"嗡"的一下，不知道为什么，在我的脑子里，总感觉前任是永远不会结婚的（观众大笑），她不是应该没人要吗？哈哈哈，开玩笑，这太得罪人了。但我当时真的很蒙啊，心想："啊？这么快吗？"我说："不知道，都没联系了。"他说："哦，没联系了，那算了……那你……想看照片吗？"我说："看不看都行。"但我当时心里有个小人儿说："你倒是往外拿呀（咬着牙说的）！是吧，磨叽，快点儿，快点儿，快点儿（招着手说的）。"然后我这哥们儿就掏出手机来给我看，他在我前任婚礼上拍的照片，我就一张一张在那儿翻。我表面上翻得很快，但其实我看得很仔细，我就想在我前任的脸上找一种表情，找一种勉为其难的表情，那种表情就是"啊，我才意识到上一个人有多好，我爱的是上一个人，这是个错误的决定，我有点后悔了"。一点这种表情都没有，怎么说呢，她太会伪装了（观众大笑、鼓掌），会到让人心疼。我把手机还回去了，说"挺好，看着挺幸福，幸福就好。对了，她老公是干啥的？"不要小瞧这简单的一句话，当时我心里又有一个小人儿，远远地对着她老公喊："过来呀！她老公你过来过来，我跟你比画比画，看看你是什么角色。"然后我这哥们儿就开始跟我讲，我前任她老公是一个投资人，在北京、上海都有房子，两个人蜜月去欧洲玩儿了一个多月，这个那个的。这个时候再看我心里的那个小人儿，一边跑一边喊："杀人啦——救命——有人杀人啦——"分手以后我是想过我的前任可能会过得好，但她过得有点太好了，就是她的好伤害到了我，让我觉得，啊，我原来只是她幸福路上的绊脚石，她把我踢开是对的……

这一段描述，其实讲述的都是平凡人心中那些人之常情的小黑暗面，但是在日常生活中为了做个体面人又不得不约束自己，而这些"小九九"摆到脱口秀的舞台上来讲，就能博得观众会心一笑，幽默在不经意之间便产生了。

4.7.4 幽默四：情理之中，意料之外

在创造传统幽默的过程中，还有一个重要的技巧，就是创造"情理之中，意料之外"的情境。让所有故事都是合理的，但是突然出现一个转折，造成幽默的同时，让观众想不到，但仔细想想又有些道理。这就是传统幽默的创造方式之一。

比如，马三立老先生的单口相声《考学》中有这么一段，背景是没上过学的孩子，被领到学校去想要报名上学，老师打算考一考这个学生的智力，通过了才能留下他。

老师说："王富利。"（声音洪亮、简洁，代表老师）妈妈说："叫你呢，快过去。"（声音偏低，温柔，代表妈妈）其实平时这个孩子挺淘气的，这会儿特老实。走过去，往那儿一站"你叫嘛？""王，王富利"（发音位置浅，声音软糯缓慢，代表孩子）"几岁了？""7岁。""赶明儿上3年级你几岁？""9岁。""呦，行啊，你妈妈是当会计的，是吗？""卖鱼的。""你爸爸是数学老师？""也是卖鱼的。""哦，100斤鱼，卖了99斤，还剩多少？""10斤。""听明白了吗？100斤鱼，卖了99斤，还剩多少？""10斤。""剩得那么多吗？""剩得了，要是我爸爸看摊儿，还能剩得更多。"

上面这段话，所有的场景都是合理的。入学前，老师出个简单的题目考考小孩，因为对方没有上过学，老师贴心地选择了小朋友生活中常见的问题来考小孩，这个场景首先可以被听众接受。当问题问出来时，观众都想的是"剩1斤鱼"，因为我们都是学校教育出来的，而那个没上过学的孩子，却从实际生活出发，回答出了"10斤"，甚至是"要是我爸爸看摊儿，还能剩得更多"这样的答案，在观众的意料之外。然而，从没上过学的小孩嘴里说出来又很有生活的真实性，确实在情理之中，幽默的效果就产生了。

4.7.5 如何提升幽默能力？

创造幽默的方式不止前文所述的4种，不过高级的幽默，其创作来源都围绕着一些相近的原则，大家在创造自己的幽默文本时，可以围绕

这些点进行训练：（1）对生活深入细致的观察；（2）对人的真实心理活动的坦诚剖析（不装、不掩饰、不限制）；（3）撰写这些内容时没有心理负担，要坦荡、自由地表达。

那么，有了创作文本的方法之后，在演讲时如何将这些内容更好地展现在观众面前呢？这种幽默的表现力在训练过程中的关键点是什么呢？

1. 放松心态

幽默是迅速拉近演讲者和观众之间距离的秘诀，观众在笑过后很容易接受演讲者的观点。然而，刻意地追求幽默有时候会显得笨拙，甚至会变成冷笑话，让大家觉得尴尬。要想变得幽默，其基础是放松心态，不要刻意强求。所以，在把自己变成一个幽默的人之前，先把自己变成一个放松的人。

比如，大部分脱口秀选手，会把同一段表演，反复在观众面前展示，而效果却有着非常明显的不同：当他们当天比较紧张或者很在意结果的时候，往往达不到理想的效果；而当他们完全松弛，在自己熟悉的场景中表演时，现场效果就会很好。

所以，对于不经常当众讲话、不擅长当众幽默的人来说，千万不能有"我准备好了，我接下来要幽默了，你们准备好笑吧"的心态。对于这些人来说，最重要的是放松心态，不过分在意结果是否好笑，只要松弛，像跟大家聊天一样就好。

2. 掌握节奏

幽默非常考验表达者对于节奏的掌控能力，从另一个角度来讲，这要基于对观众的熟悉程度——在什么地方需要给观众思考的时间；在什么地方需要给观众鼓掌的时间；在什么地方需要多重复一遍关键信息，让观众理解表达者所说的内容，而不是让观众反思、回想"他刚刚是说了××吗？"

比如，李诞在脱口秀中遇到违反生活逻辑的内容时，会再强调一遍："对，你听得没错，就是××，这件事是这样……"还有4.7.4的案例中，马三立老师提出问题："100斤鱼，卖了99斤，还剩多少？""10斤。"这时，观众很可能会怀疑自己听到的，不能立刻跟上节奏。这时马三立老师重复了一遍问题:"听明白了吗? 100斤鱼,卖了99斤,还剩多少?""10斤。"这一次,观众确定自己听明白了,但心中又有了疑问。马三立老师把这个疑问说了出来:"剩得了那么多吗?"这时观众完全紧跟着马三立老师的戏剧节奏,才会让最后一句"剩得了,要是我爸爸看摊儿,还能剩得更多"在观众心中产生幽默的效果。试想一下,如果把这段话改成"'100斤鱼,卖了99斤,还剩多少?''10斤。要是我爸爸看摊儿,还能剩得更多'",观众的思路就会跑到回忆并分析这道数学题的理性层面,就没办法跟上演讲者的节奏,没办法感受"爸爸看摊剩得更多"的幽默。很多人讲笑话会冷场,就是因为没掌握好节奏。

我们在讲笑话、创造幽默的时候,一定要多多带观众练习。与观众互动,在他们反思、走神、思考的地方,重新用重复、停顿、询问等方法改变讲述节奏,让观众不需要自己思考,只需要紧跟我们的讲述节奏就好了。

找不到逻辑,片段再精彩也没用

所谓"逻辑",其实是 Logic 的音译,源于希腊文"λόγοε",原意是指思维、理性、言辞,中国近代时期由严复在《穆勒名学》(翻译自穆勒的《逻辑学体系》)一书中首次使用。现代汉语词典对"逻辑"的解释是,(1)思维的规律;(2)客观的规律性。从思维的规律上来讲,逻辑可以分为归纳与演绎、分析与综合、抽象与概括、对比思维、因果思维等。演讲中的逻辑就是在思维逻辑的基础上根据演讲活动的特殊性形成的一套自成体系的思维范式。

在演讲和语言表达中,逻辑可以具体地分为"文本结构的逻辑"和"语言表达的逻辑"两个部分。

4.8.1 文本结构的逻辑

演讲是时间上的综合艺术,演讲所展示的内容一定是随着时间的推进而徐徐展示给观众的。在这个前提下,就要求讲述者遵循一定的逻辑

第4章 主体部分,这才是"我"要讲的

结构去构建自己的文本。

1. 时间的逻辑结构

上文说,演讲是时间的艺术,因此如果你要讲的内容,是与时间密切相关的,那么按照时间的逻辑去构建演讲的文本,是非常常见和高效的一种方式。我们可以借鉴记叙文写作中常用的时间逻辑——顺序、倒叙、插叙等。不过演讲毕竟不是写作,那么在演讲中,我们应该如何使用时间逻辑呢?

(1)顺序是按照时间发生的顺序进行讲述,非常适合分享人生经验,讲述奋斗历程,展示历史发展等时间线明显的演讲。4.1.1中麦家的演讲《人生海海,错了可以重来》就是按照时间顺序行文的:先讲述早年认真真地打磨写作,再讲成名、迷失、找寻自我,最后回归自我,重新获得成功。这是非常典型的按照"顺序"进行演讲的例子。

(2)倒叙比较适合内容中有强烈戏剧性的故事的演讲。倒叙有两种方式。其一是先放结果,再回顾事件的发生。比如,"抗癌斗士"的演讲先讲述了"你看我好好地站在这里",然后说自己是如何战胜病魔的。其二是把整个故事中精彩的、吸引眼球的地方放到前面,用来吸引观众的好奇心,然后讲述事件的发生过程。比如,一位战地记者在做演讲时,先给大家呈现了一段自己在国外离死神最近的场景,然后讲述了作为战地记者,他是如何进入作战区,如何完成报道,如何回到祖国,以及作为战地记者的神圣使命感和对维护祖国和平、安定的感激。

(3)插叙。在记叙文中,插叙的主要功能是补充说明。而在演讲中,插叙要慎用,即便补充说明也是一两句话交代清楚即可。因为如果在演讲中大段地多次使用插叙,就很容易造成观众的理解混乱。

2. 并列的逻辑结构

演讲中并列的逻辑结构是非常常见的,每当演讲者所要讲述的内容可以分为几个部分、分为几个关键点、几个方面的时候,并列的逻辑结构就会出现。

并列的逻辑结构的演讲,演讲者会围绕演讲的主题从几个不同的方面进行阐述,而这几点只是侧重不同、角度不同,并没有轻重缓急、时间先后的区分。

并列的逻辑结构的演讲,常与"总→分→总"的结构相结合,先概括主题,然后分小观点进行阐述,最后总结收尾。比如,中国传媒大学的李立宏老师,在毕业典礼上给学生所做的演讲,就是采用了并列的逻辑结构与"总→分→总"的结构相结合的方式完成的。他先回忆了大家的大学生活,并说"有缘成为师生……在临别之际给大家再多啰嗦几句",然后他用并列的结构给了学生三点走出校门的建议,每一点都有大段的内容进行详细阐述——"第一,永远要保持善良和真诚。""第二,要一直保持对世界的探索和好奇心。""第三,要注重身心健康。"最后回归到,"希望大家多回母校看看,祝福大家能在人生的舞台上,绽放出耀眼的光芒,成为独一无二的自己"。

3. 递进式逻辑结构

如果演讲者的话题深刻而复杂,无法用简单的几句话将其中的深意表述清楚,或者即便能够表述清楚,对于观众而言也是枯燥无味的,观众理解起来很费劲,那么递进式逻辑结构,就是演讲者非常好的选择。

所谓"递进式",意思就是由浅入深、由表及里地阐述自己的主题。第一层先从表象或者简单的事物中说一下自己的观察或者观点;再递进一层,分析背后深层的原因;再递进一层,分析产生这种原因的道理和此事发生的深刻意义。一直到演讲者讲出全部的内容,最后回归到最外层的现象。

复杂而深刻的演讲选取这种结构的好处是,观众理解起来不费劲,可以由表及里、由浅入深地理解演讲者所讲的话。比如,董卿在厦门大学做了一场《朗读者》见面会,用一场演讲来向大家讲述为什么要做《朗读者》这样一档文化类节目。这是一个猛听上去很难回答的问题,有着深刻的内心愿景与背后的原因。董卿是这样讲述的。

(第一层)《朗读者》节目成功了之后,很多人会问我一个问题,说:"董卿,你怎么会想到做这么一个节目?"这是一个很好的问题,但我总是很难用三言两语把它回答好,所以我想到了乔治·马洛里。在我看来,其实去攀登珠峰对于乔治·马洛里可能不仅仅是一个结果,更多的是遵从于内心的一个选择。所以，在之前曾经有美国记者问他"你为什么那么热衷于要登珠峰"的时候，他就简短地回答了一句，也是至今被登山界奉若神明的一句话："Because it's there（因为它就在那儿）。"所以后来我突然想，我可不可以借用这样一个回答，说，为什么要做《朗读者》，是因为文章在那里。

（第二层）其实中国的先贤早就对文章的本体有过阐述，在《文心雕龙》里，刘勰就说："心生而言立，言立而文明，自然之道也。"他的意思就是说，人文来自天文、地文，圣人之所以伟大，就是秉承天地自然之道，以"文"施行教化。在刘勰之前，曹丕说："文章，经国之大业。"在刘勰之后杜少陵说："文章千古事。"所以，作为人类文明重要的一部分，如果这些重要的文字被忽略了、遗忘了、淡漠了，甚至被丢弃了，那将是一件很可悲的事情。

随着科技的发展深刻地改变着我们的生活，我们不得不面对这样一个事实。20世纪五六十年代，电视在西方发达国家民众的生活里还占有很重要的地位，就有人说："电视，似乎让人们变成了遗忘症患者。"我们似乎只对过去24小时发生的事情感兴趣，但是我们对过去几十年、几百年、几千年的事情知之甚少。那是20世纪五六十年代说的话，到今天看来依然是入木三分。已经不仅仅是电视了，对吗？我们的电脑、手机，的确是把阅读经典的时间大大地压缩了。而且这样的改变也影响了电视节目的生产，或者说视频内容的生产。

（第三层）……我们可以回顾一下从2000年以后到2015年，这15年是各位青春成长的阶段，在你们的印象中，最深刻的电视综艺节目有哪些呢？……（观众互动）……比如说《超级女声》《快乐男声》《达人秀》《好声音》《爸爸去哪儿》《非诚勿扰》等。我不是说这些节目不好，相反我也很喜欢其中的很多节目……我想说的是，我们回溯这么长的时间你会发现，几乎找不到一个文化类的节目，它可以产生广泛的影响，这是一种缺失啊，对不对？

2016年2月19日，习近平总书记到中央电视台调研的时候说："中央电视台，每天要面对数亿的观众，一定要多做一些脍炙人口、寓教于乐的好节目。"这句话对于我们所有在一线的电视工作者来讲，是鼓励、是鞭策，也是一种警醒。所以，《朗读者》就是在那个春天开始酝酿的，然后经过了整整一年的跋涉，到2017年的2月和大家见面了，而一经播出一下子就传遍了大江南北。其实这种所谓"一夜爆红"的命运也恰恰说明了这一类节目的长期匮乏。我觉得我们只是做了这样一件事情——在这样一个喧嚣的时代，敢于回归到最本质的、最简单的、最单纯的同时也是最丰富的、最深刻的文字世界中去，所以每一次有机会跟你们面对面，我都心怀感激，我觉得能够有这样的相聚并不容易（掌声）……

其实这两年来，最感谢的人还有一位又一位走进我们演播室，坐在我对面的朗读者，有130多位，有清华大学的副校长薛其坤，中国科学技术大学的副校长潘建伟这样的科学家，也有像贾平凹、贾樟柯这样的文学家、艺术家，也有像黄永玉、许渊冲老先生这样弥足珍贵的艺术大家，他们的到来最重要的一点，就是让我们读懂了，什么是大写的"人"，人的品格、人的精神、人的志向、人的灵魂，人之所以为人的高贵……（讲述余光中先生在生前最后一段视频是给《朗读者》录制的，并播放视频片段）……（讲述吴孟超老先生，为了治病救人不畏惧担恶名的风险，只做医者的本分去救人）……我当时就想这样一位德高望重的耄耋老人可以如此淡然地看待名利，那我们呢？

（回归）对于我们来讲，其实记录时代人物，开掘精神沃土，挖掘文学宝藏、为我们的观众构建一个可以汲取养分、可以汲取力量的精神家园，就是我们的使命，去做就可以了……很多时候，做人做事跟农民也差不多，你要遵守时令、要踏踏实实，至于收成的事情交给大地吧……

这段演讲，只回答了一个问题："你为什么要做《朗读者》？"而董卿用层层递进的方式进行阐述，让观众深刻了解了她做这个节目的原因，了解了这个节目的成功，对于时代的伟大意义。第一层，因为文章就在那里；第二层，讲述我们灿烂的文学作品多么值得被学习和传承，但是现在却没有广泛地实现这个目标；第三层，讲述在丰富灿烂的文学作品面前，现代媒体人的责任、现代文人的责任以及他们在实践中的奉献与努力。最后回归到节目本身，让媒体人纯粹地完成自己的使命，为观众提供可以汲取力量的精神家园，去做就可以了，不求结果。

这样层层铺开的讲述方式，适合几乎所有复杂而又深刻的演讲话题。

4. 门罗促动逻辑结构

这是说服性演讲中非常有效的文本结构。这个结构是美国传播学教授阿兰·门罗提出来的，是以传播学为基础研究出来的非常有效的说服性演讲结构。它主要由五个步骤组成。

第一，引起他人注意。可以通过讲故事、展示数据、提出问题、展示震撼照片等方式，引起观众的注意。

第二，明确需求。这一步就是要把问题掰开了、揉碎了，分析清楚，找到那个关键的需求点，为第三步做准备。

第三，满足需求。提出满足需求的方式，同时可以用实验数据、真实故事来向观众展示你所提出的满足需求的方案。

第四，看得到。意思是，要让观众真实地看到，用你的方法可以达到他们想要的结果。比如，Josh Kaufman 在《只需 20 个小时，你就能学会任何事情》的演讲中，用自己演讲中提到的方法学习尤克里里，并将学习成果展示给了观众，直接现场弹唱。这样观众立刻就能相信他说的话。

第五，呼吁行动。在完成以上步骤后，观众对你所说的话已经非常相信。换言之，你已经"说服"了观众，现在就差最后一步：号召观众行动起来。这个部分没有什么文本方面的技巧，就是调动大家的情绪，像 Josh Kaufman 一样反复强调："行动起来吧，你也能学会任何你想学的技能。"

5. 其他逻辑结构

大家知道，演讲的类型有很多，因此它可以用到的逻辑结构也有很多。但是大家首先要理解一件事情——先有了逻辑清晰的演讲内容，才有了研究者去总结这些精彩演讲的逻辑结构。换言之，不要被现有的逻辑框架的种类所限制，只要你有所思考、逻辑自洽，并能让你的观众听明白你在讲什么，让你的演讲目的能够达到，就是好的演讲逻辑。

常见的演讲逻辑还有因果逻辑（提出现象→分析原因→提出暂时性

结果→推导阶段性结果→最终结果）、问题解决型逻辑结构（提出问题→分析原因→提供解决方案）、FAB 说服逻辑结构（展示属性→强调作用→展示好处）等。

记住，"能抓到老鼠的猫就是好猫"，能达到演讲目的的逻辑就是好的演讲逻辑。

4.8.2　语言表达的逻辑

语言表达的逻辑是为了让说话的人更清楚地表达自己心中所想，让听的人可以听得懂对方在讲什么。要想高效地完成这个目标，演讲者要注意哪些方面呢？

1. 去掉口头禅

人们在日常生活中，或多或少会带有自己的口头禅，如"我觉得""然后""其实""嗯""这个""那个""所以"……听起来很麻烦且逻辑不清，还会有病句，举例如下。

大家好，那个我叫张三，然后我毕业于北京××大学，然后我学的是××专业，然后出来那个在那个××公司工作，那个然后我是做××的，然后那个平时工作有点忙，然后那个爱好玩游戏，还有那个没事儿打个篮球，然后以后那个大家可以那个找我一起玩儿。然后那个希望今天大家玩开心，那个，嗯……谢谢大家。

大家看上面这段话，当笔者用文字写出来的时候，我们明显能看到语言混乱。但是，在日常生活中却并不少见。那么，我们应该如何避免这种情况发生呢？

第一步：发现口头禅。在日常聊天、公开发言尤其是自己有些紧张的情况下，发言前开始录音。如果是相互交谈，则要提前告知参与说话的人员录音之事。

第二步：听录音，找问题。当你作为一个旁观者，去听自己讲话的时候，很多问题和毛病就非常容易被发现了，拿个小本子记下来。

第三步：修正。把刚刚听到的内容重新梳理，去掉口头禅，调整病句，再说一遍并录音。录好后再听，一直到可以顺畅自然地说完整段话，且没有口头禅和病句,也没有死记硬背的痕迹后,可以结束本次训练。

第四步:日常训练。一般情况下,第二步和第三步做过两次之后就非常清楚自己的口头禅是什么、容易犯的病句又是什么了。在下次发言的时候,慢下来一句一句地说,当自己想不起来下一句要说什么时就停下来,刻意控制自己不用"然后""那个""嗯"等词来填补空白的时间。当然,在修正自己说话习惯期间,录音的工作还要继续,然后重复第二步、第三步。相信在有心的、刻意的训练之下,很快你就能去掉自己的口头禅了。

2. 多用简单句和口语的表达方式

当我们在发言时,多用简单句可以更快、更明确、更直接地表达出自己想要表达的意思,用简单句也能使听众更好地理解听到的内容。

一个句子的成分有主语、谓语、宾语、定语、状语、补语等,写作时用到的句子类型更多,简单句、复合句都可以,因为读者可以反复观看,而且有逗号、冒号、分号、破折号、双引号、单引号、书名号、省略号等标点符号作为辅助,可以让读者明白句子的逻辑。然而,语言表达则完全不同,它没有各类标点符号作为辅助,帮助受众理解句子的逻辑结构,完全靠表达者的语言表达能力,以及他的停连、重音、语气、表演等来理解句子的意思。这就要求演讲者在撰写文本的过程中要考虑到这一点,多用简单句,多用口语化的表达方式,这样不仅便于自己记忆,还可以方便观众理解。

(注意:同音不同字的情况也要考虑到,在容易发生歧义的地方可以多加一句,向观众说明你说的字是哪一个字。)

3. 注意专业词汇

首先,专业词汇最好不要在刚开始演讲的时候大段大段地堆砌,否则容易"赶跑"你的观众。其次,如果是专业类的演讲,那么专业词汇应该怎么用呢?第一,抛出一个专业词汇,要紧跟着去解释,而且要选用大家(非该专业的普通大众)能够听懂的话,去解释这个专业词汇的意思,必要的时候可以采用比喻、对比等形象化的描述方式;第二,描述一个非常专业化的场景时,需要用观众熟悉的场景作类比,以帮助观众理解你所讲的内容。如果找不到作类比的场景，那么可以直接用实验装置让观众亲眼看到。不方便的话，短视频展示也行，毕竟太过于晦涩，观众的生活经验中完全没有类似的内容。

4. 把抽象表达具象化

当你用抽象化的语言描述一件事物的时候，最好对它进行具象化的展示，这样观众才能在感性层面理解你所要传递的内容。

我们生活中有很多抽象的表达，如喜欢、烦躁、孤独、兴奋、紧张、害怕等情绪词汇，再如数字、温度、湿度、长度等数据词汇。这些都属于抽象表达，观众无法直接感受到我们想要传递的内容。这种情况下该怎么办呢？

将情绪化的抽象表达具象化的方式是描述它的外在表现，比如，说某人孤独，就说他经常对着一只玩具熊讲话；说某人焦急，就讲他来回踱步，双手反复摩擦（注意，不是让你编造，而是要捕捉真实的外在表现）。

将数据具象化的方式是，把它跟我们生活中能够感知的同类事物作对比，比如，讲到某地的仙人掌长到了20米高，就类比说这个高度相当于6层楼高。这样观众就能够清晰地了解你讲的内容了。

5. 语言表达的逻辑技巧

同样一句话，有的人讲出来声情并茂、引人入胜，而有的人讲出来却平平无奇、寡淡如水。问题出在哪里呢？出在对语言表达的技巧的运用上。一段话中哪里停顿、哪里连贯、哪里重音、哪里有音高的变化……这些方面的处理不同，同样一句话就能读出不同的意思，再加上表达时情感的注入，会使这段话产生多种变化。

所以，在语言表达的时候，要注意语言中的情感表达与逻辑重点。该强调的重点要加重音或者做长时间的停顿等（具体见4.4.5"强调的外部技巧"），不重要的地方要加快语速等，要根据具体情况来确定表达的技巧。

第 5 章　精彩结尾，让你的演讲回味无穷

本章讲解演讲的最后一个部分，即整段演讲的收尾。对于一场演讲来说，结尾的重要程度与开头一样。可以说，开头决定了观众能不能听下去，结尾决定了在观众心中这场演讲的价值——这是一场有意义的值得回味的演讲还是这场演讲毫无价值。

在设计结尾前想一想，你希望给观众留下一个什么形象。比如，"这位演讲者真幽默""他说得有道理""我以后也要这样做""原来我应该这样想问题""我要活在当下""我要立一个长远的人生目标""我回去就这么干""我为自己感到骄傲""我再也不这样做了""我的目标要这样才能实现"……想清楚这一点，在设计结尾的时候就有了方向。

本章涉及的主要知识

- 演讲要避免的结尾方式。
- 如何设计演讲的结尾呢？

注意

本章内容涉及不同的结尾方式，请大家根据演讲主题、演讲目的等内容的不同，挑选适合自己的方式。建议一个演讲可以先选 2～3 种结尾方式，然后试讲，根据试讲效果再进行挑选。

5.1　一场好的演讲，若结尾说错了话，则全部白费了

一场好的演讲必然有一个精彩的结尾，否则观众不会记得你说过什么，这场演讲的影响力就会受限。如果你的开头、中间都很精彩，只有

结尾没有处理好,那么这场演讲积累下来的观众对你的认可和欣赏就会打折,同时,观众也不容易记住你演讲的内容。

5.1.1 这几种结尾方式千万要不得

1. 拖沓冗长

有的演讲者认为自己的观点非常重要,想要观众深刻地记住,因此会将自己讲过的话、强调过的事情重复一遍又一遍。俗语说"话说三遍淡如水",掷地有声的结尾,有可能因为反复地强调而失去强有力的效果。

也有的人,担心观众没听明白,或者担心自己没讲清楚,在结尾处反复向观众索取反馈,传达出"我有没有讲明白""你们听明白了吗?""我可要结束了呀"等类似的话语,这种不舍得结束、磨磨唧唧不收尾的状态,会消耗观众的耐心,从而削弱观众的认同感,破坏整场演讲的效果。

2. 没有最终的观点

一场演讲的目标是传播演讲者的观点,倡导某种行动或价值观,可以说,这个目标是以各种形式(如数据、故事、观点)贯穿整场演讲的。而在结束的时候,这个目标应该是顺理成章、自然而然地出现,并且被演讲者着重强调、高声呼吁的。

如果此时演讲者说出了没有结论的话,比如,"关于这件事我只能说这么多""大家都有不同的想法"等类似言论,那么只会让演讲者之前铺垫的观点和立场被动摇,整个演讲的价值感被削弱。

又或者,演讲者从头到尾都没有明确的观点,也会让观众感到无意义、浪费时间。比如,某演讲节目的一位选手演讲的题目是《不是所有的"90后"都叫许豪杰》,整篇演讲从开始到结束,一直在罗列大家对"90后"的偏见,比如,某人去医院看病时,医生一看是"90后",直接让挂脑科,因为他认为"90后"都是"脑残";见女朋友家长,家长以为他是89年的就笑脸相迎,一听是"90后"就将他赶了出去。在演讲的最后,他依然讲了一个关于对"90后"有偏见的故事——某人找工作面试没被录取，HR 说："知道我为什么不录取你吗？因为你是'90后'。"

听完这个演讲，观众没有体会到任何的价值感，只是一场吐槽。同时，演讲者用的故事都是虚假且荒诞的，导致观众听完没有获得感并且认为是浪费时间。

如果，你想要抨击或吐槽社会上的某些现象，那么可以先用一些实际的例子。然后要迅速回归到你想要讲的主题上，比如，"90后"是有担当的一代、"90后"是中国的未来等观点，并用实际的例子去佐证你的观点，而不是一味地吐槽。

3. 前后矛盾或失衡的结论

看到这里读者朋友可能会想，"前后矛盾？没有人会犯这样的错误吧"。但实际上，这样的问题并不少见。我们知道，凡事都有两面性，有"阴"就有"阳"，这种前后失衡的错误，最容易在日常思虑过多的演讲者身上出现。

比如，某位演讲者想要鼓励大家多多运动，因此做了题为《运动焕发新的生命力》的演讲。在演讲中他拿出数据说明久坐办公室容易导致亚健康，适当运动更容易精神饱满、体力充沛。除此之外，还讲了很多故事，比如，他以前不运动时虚胖、易感冒、肩颈有问题、怕冷又怕热等，后来通过运动越来越健康，工作效率也高了。可是，在演讲的最后，他说："这个也不一定，比如，有些人不运动也很长寿；网络公司某高管爱运动，结果猝死在了健身房里……"

观众听完后就会迷惑："这位演讲者是什么意思，我回去运不运动呀？"

如果你想要让自己足够客观、用辩证的方式传播自己的观点，就可以在演讲的中间部分说出"运动要适度、要注意方式方法"等观点。但在结尾要强调你最重要的主题："让我们运动起来吧，运动可以焕发新的生命力。"

4. 传递过于沉重和消极的负面情绪

一场演讲的开始和中间部分，可以有积极正向的故事，也可以分享坎坷的挫折，但是结尾如果传递的是沉重和消极的负面情绪，就会让观众难以接受和记住。

试想一下,如果一场演讲,开始讲述的是主人公到哪里都不得志、努力没有回报、学习看不到结果,可他依旧努力,而演讲的结尾依然是没有收获、一"丧"到底,观众就会很尴尬:"所以呢?你想表达什么?""不成功都是运气不好?怎么努力都没用?""你确定主人公自己没有问题?"观众会质疑你演讲的意义和价值,甚至还会质疑你本人。

下面两个例子,同样是讲人生的低谷时期,我们来看看有什么不同。

案例 一

在辩论节目《奇葩说》中,有一期的辩题是《年纪轻轻,精致穷我错了吗?》。正方辩手傅首尔的立场是有错,她在后半段是这样说的。

你可能会说,年轻的时候不"精致",中年就精致不了了。的确,我就是一个典型。之前"生存战"的时候,冉高鸣(同队选手)成功晋级,我在下面泪流满面,很多人不能理解,因为我想起了3年前的我自己,我第一次参加《奇葩大会》的时候,那件西装420块钱,是我那几年最像样的衣服。那几年,我白天上班,晚上呢,把孩子哄睡以后,就在写字台边看书、写作,如果今天的我,让观众朋友觉得身上有一些光芒,那是因为我把一个女人最美的那几年,都花在了那张冷板凳上。(掌声、喝彩声)我觉得,没有那个粗糙的我,就不会有今天闪光的我,没有那个不知道该买什么的我,就没有今天这个好看的衣服可以随便买的我。我想……如果世界对我们不够好,小心翼翼也不失为一种抗击方式……今天我想说,对于有的人来说,生活就像是奥运会,我们生下来就长在跑道上,一生都要全力奔跑(掌声)……其实我的人生也有很多遗憾,我遗憾年轻的时候没有特别美丽,我很感谢这个辩题打开了我的心结,青春嘛,怎么都会过完的,我觉得别人眼中的傅首尔也许一天都没活过,但是我自己心里的傅首尔,她之所以成为今天的我,并不是因为她穿了什么。我想,当我老了坐在摇椅上,回顾过往,她可能没有靓丽精致的青春,但是今天这个舞台上,35岁,让全家过上好生活的我,才是我一生中,最美丽的留影。(掌声)

第5章 精彩结尾，让你的演讲回味无穷

在一个综艺选秀节目中，刘宇光演讲结束，有这么一段跟评委的对话。

评委问："过去你参加跳舞比赛的收获怎么样？"选手回答："我参加过东三省的职业比赛，但是选秀节目没有一个是晋级成功的。""有没有可能，以前的比赛，那些节目都是把你当作炮灰来使用。""呃……我是个炮灰。"（观众席有唏嘘声）"你自己也这么认为吗？""有些时候会这么认为自己。""有没有这样的一种可能性，你参加这个节目，也有可能到最后变成了一个炮灰。"刘宇光继续说（注意这段话）："我是来做炮灰的，我已经失败过无数次了，我觉得我和失败是好朋友，我甚至觉得，我的人就是写着'失败'两个字，但是我喜欢站在灯光下，很多人看着我，我很享受这个瞬间。虽然这个角色不是好的角色，但是我愿意。因为我觉得很多名人都是从扮丑、扮低级的角色，一点点爬上来的。我觉得好的节目主持人，下可以淘粪，上可以托天，我认为自己不是托天的时候，我要努力做淘粪的工作。"（观众鼓掌，评委唏嘘："哎呀，好煽情。"）

我们总结一下：案例一中，傅首尔说自己年轻的时候没钱买衣服、不漂亮、坐在冷板凳上看书写作；案例二中，刘宇光说自己参加选秀节目做炮灰、扮丑、扮低级角色，努力"淘粪"。乍一看，都是说自己在低谷时的境遇，但是读出原文会发现，案例一会带给人力量和感动，而案例二总觉得很沮丧、很别扭。区别在哪里呢？

案例一是正能量，虽然在说自己不漂亮的青春和不成功时刻的努力，但是，全篇都在肯定自己努力的意义和价值，说"当世界对我们不够好时"要"逐步而行，努力奔跑"，并且把未来获得的一点点成就（养活家人）归功于那段低谷时的努力；而相对来讲，案例二传播出了消极负面的情绪，他把自己不成功时依然在努力地参加选秀的这段时光，形容为"淘粪"，暗示这是自己不成功时无奈的选择，即"我"没有成功，所以只能"淘粪"。他没有肯定自己在这段时光的价值和意义，因此观众才会觉得，好像有些"不得劲儿"。可能他本人不是这么想的，但是从语言上他并没有把正向积极的能量传递出来。如果把结尾的回答做以下调整，就会让观众更容易接受。比如，"一次次的选秀没有成功，可能是功夫未到时的磨砺""一次次的锻炼带给自己成长""所谓'功到自然成'，现在应该耐着性子去锻炼自己、长本事，等机会来了才有可以飞翔的翅膀"……

5. 不自信地结束

前文我们讲过，演讲不要"不自信地开始"，同样的道理，也不要"不自信地结束"。在演讲时，要有这样的心态："我有这样一个观点分享给你""我有一段故事讲给你听""我有一个方法可以让你变得更好"……这是一种分享的心态，一种不卑不亢的同时保有热情的心态，而这种心态，自然带着自信、诚恳、开放的态度。

例如，你的整场演讲都在讲述某个观点、传播某种价值观，观众听进去之后也逐渐接受和认可了这种观点。但是，在结尾你说："这只是我个人的看法，我也不知道对不对。"或许你这么说只是想表达谦虚，但是观众就会有被"戏弄"的感觉："我都信了，你现在才说这个道理你不知道对不对？"当然，这也会瞬间降低观众对于该观点的接受度和信任度。

5.1.2 结尾，你不得不考虑的任务

1. 演讲的结尾要传递出"结束"的意思

一场演讲往往包含几个小的部分，分别讲述不同的故事、数据、小观点等，而每一个部分结束时，都会开启下一个部分的讲述。在最后一个部分完成时，整场演讲就结束了，没有下一个部分需要开启。这时，如果演讲者处理不当，就会让观众误以为，还有下一个部分，他们会等待演讲者接下来的内容，而不是开启"结束掌声"。

那么如何向观众传递出"结束"的意思呢？在内容上，设计结束语，可以是总结主题的语言，也可以是号召行动的语言，还可以是升华主题的语言；在演讲技巧上，大胆地使用停顿、放缓语速、改变音量等表达技巧；在技术上，可以设计将演讲的背景音乐的音量，随着演讲者的情

第5章 精彩结尾,让你的演讲回味无穷

绪提高,演讲结束,音量开到最大。综合三种办法,观众就会自然地接收到"结束"的信息,从而进入"结束掌声"模式。

2. 观众更容易"带走"你的结尾

在日常生活中,我们常常能听到大段的公开讲话,比如,公司领导发言、开学典礼发言、演讲综艺节目、脱口秀节目、辩论节目等。而听完之后,你再回忆时还记得多少内容呢?可能只记得那场会开得很久、很无聊;那个节目挺好看、挺有意思,而它们所传播的价值观、号召的行动,你还记得多少?大概率所剩无几。

其实,不记得不能怪观众,因为结尾如果没有设计好,演讲中所传递出来的价值观,就会被湮没在丰富的内容或者用来调节气氛的笑话中。因此,用心设计你的结尾,是这场演讲被大家记住的关键之一。

3. 结尾应传递情感、希望等感性的内容

演讲到了结尾的时候,你的所有观点、数据、逻辑等内容都已经展现到观众面前。也就是说,观众从理性上已经了解了你想要传播的内容,此时观众需要的是情感上接受你的内容、记忆层面被你的内容冲击。

研究表明,越是强烈的情感冲击,越能影响观众的记忆力、执行力、内驱力等,所以成熟的演讲者一般会在演讲的最后选用呼吁、诗句、誓言、承诺等一切能激起强烈情感的内容。

4. 结尾塑造演讲者的形象

演讲者在舞台上,除了展示他的价值观念、故事情感、观点之外,还会向观众展示一个非常重要的东西——他本身。

演讲者的形象由三部分构成:一是外在形象,包括演讲者的长相、发型、化妆、穿着等;二是社会形象,是在演讲的背景和内容中,由他的社会身份与社会行为共同构成的;三是风度魅力,这是由演讲者的谈吐、气质、演讲技巧等构成的,也是演讲者需要着重训练、大幅提升的部分。

演讲的结尾还有一个隐藏任务:给观众留下一个什么形象。这一点非常重要,它不只可以影响观众对演讲者内容的接受度,还会在未来持续对演讲者起作用。当演讲者的"形象"塑造好了,一上台就可以轻松获得观众的注意力和掌声，并且观众对演讲者以后的演讲的配合度和接受度也会很高。

比如，脱口秀演员庞博的段落《动物园也需要996》，开篇讲述了大熊猫被人围观，慢悠悠地完成了吃竹子的KPI，狮子、老虎、狼懒洋洋地混"工作"，没有"野性"的动物没有一丝活力。中篇讲述了可以把人类社会的"狼性竞争"模式引入动物园，狼群里的狼，年长了就淘汰，引入年轻的狼，让它们相信只要好好干，以后就可以买车、买房、买羊；对孔雀实行"末位淘汰制"，开屏吸引游客，吸引游客最少的就扔进狼群；让夜行动物晚上出来上班，让人类意识到自己晚上也想逛动物园，等等。这种戏剧性的设想，引得观众连连发笑。然而在结尾部分，他是这样讲的。

我小时候在《动物世界》里看到的猴子特别开心，就是在树上荡来荡去，自由自在……这是特别理想的一个人生轨迹，就是快乐快乐快乐，咔，死掉。但是我在整个动物园看到的最消极、最懒散、最没有活力的动物就是一只大猩猩。它全程就是这个样子（自己侧身坐在高脚凳上，垂头丧气，然后叹气两次），我在玻璃外看了它十几分钟，它可能发现我看它了，然后它就（自己转过身去，观众大笑）。太难受了，你看到一个动物这样太难受了，怎么能这么消极？（这时他认真严肃起来）……"加油，你可以的。（后面是结尾的重点）我跟你说，我呢，是一个脱口秀演员，平时啊我就是给大家讲故事，而今天看到的这些故事呢，我有机会也会讲给很多人听，到时候，他们就会像我看你一样看着我，谁还不是个'猩猩'呢？"

整个段落，他都在以讽刺的方式创造幽默场景。但是结尾处，他用几句话升华了主题：现代社会，人人都是被人围观的猩猩。这一瞬间，在观众心中，庞博的形象不只是一个搞笑演员，还是一个对生活有思考的人。因为最后他把自己比作猩猩来感慨生活，他的讽刺没有居高临下，让人更容易接受，并且观众会顺着他的思路进行思考。

5. 精彩的结尾，让你爱上演讲

创造一个精彩的结尾，在观众的掌声和喝彩声中谢幕，这对于成长中的演讲者来说是最好的学习动力。

珍惜每一次公开讲话的机会，尤其是要多费心设计结尾。好的结尾可以让演讲者在学习演讲的路上越来越自信，越来越有成就，从而事半功倍，进步飞快。

演讲这样结束，让观众一直回味

演讲的结尾，需要完成 5.1.2 中提到的任务，才能使整场演讲的内容得到升华、价值得到传播，对观众产生较为长远的影响力。那么在实际运用中，应该如何设计演讲的结尾呢？

5.2.1　方法一：用故事结尾

用故事作为一段演讲的结尾的方式，一般适用于讲述人生道理、人生经历的演讲。适合作为结尾的故事主要有以下三种类型。

（1）可作为点题或升华主题的故事。

（2）以小见大的故事。

（3）意味深长的故事。

刘敏涛在《我的中年叛逆》的演讲中讲述了自己的故事：前半生她是别人口中优秀的乖乖女，按照所有人期望的样子生活。在事业高峰期结婚并退出演艺圈，专心相夫教子。然而，多年后她发现自己活得卑微而苍白，于是提出离婚，重新追求自己的生活。开始时需要很大的勇气、很多的努力，最后她终于真正地活成了自己。这段演讲刘敏涛用了抹茶冰激凌的故事结尾。这个故事虽然很小，却一下子体现出了整个演讲的主题，同时在结尾的地方点题，说抹茶冰激凌"是自由的味道"。

今年我和朋友去日本玩儿，特意去了一趟清水寺。为什么呢？因为前几年跟我前夫去旅游的时候，在清水寺，它不是有一条石板路嘛，当时下雨了，我记得很清楚，那条路湿湿的、滑滑的。有一家冰激凌店，我当时就说："我要吃那个抹茶冰激凌，我想要一根。"但是，没有达成这个愿望（有些局促、尴尬），因为我身无分文，嗯……我只能作罢（无奈地笑了一下)。但是，今天、现在，我，我已经成了我自己的靠山，活得真实而潇洒，无须再为别人的眼色来束缚我自己的愿望，我终于吃到了那一根，一直记在我心里的抹茶冰激凌。(掌声，长停顿，食指放在面前说)细细品来，(停顿、感慨地说)那是自由的味道。(掌声，结束)

这个结尾小故事，是生活中常见的场景，能让观众与故事中的主人公共情，而且能非常具体地让观众体会到，演讲者在做家庭主妇时，连买一根冰激凌都不能做主的困窘，以及经历中年叛逆后，潇洒肆意的自由。这段小故事成功地体现了这场演讲——《我的中年叛逆》的意义与价值。这场演讲后，冰激凌自由也一度成为各大新媒体宣传中，关于女性独立的主流故事。

5.2.2 方法二：提炼主旨句，再次阐明主题

如果你的演讲是在阐明某个主题，传播某种思想或者价值观，那么请将主旨句提炼出来，这句话可以是名人名言、诗词、俗语，也可以是你自己总结的一句话。这句话在整场演讲中的关键节点——开场、过渡、结尾都可以出现，在结尾处再用这句话收尾，可以做到前后呼应、点明主题，加深观众的印象。

尤其是大篇幅的演讲。一般情况下，大篇幅的演讲会以多个小的观点、层次、方法、故事等，来共同阐明某个主题。时间一长，观众的注意力很容易分散，就会忘记这场演讲真正的主题。这时主旨句的出现就能更快速地将观众的思想紧紧吸引在主题周围。

比如，Tim Ferriss 在 TED 的《认清你的恐惧：折磨我们的往往是想象，而不是真实!》的演讲中，包含了个人和他人的多个故事，有斯多葛学派的主要观点，有恐惧设置法的各个步骤，还展现了不同人物的多个观点等，内容庞杂、资料丰富。这篇演讲就非常适合提炼中心句，用再次阐明主题的方式结尾。

在演讲的开始，Tim Ferriss 对比了自己人生的不同状态：一个开心阳光，一个抑郁想自杀，然后引出了斯多葛学派对于他调整情绪的帮助，并说出了主旨句："折磨我们的往往是想象，而不是真实。"这句话是斯

多葛学派哲学家 Seneca 的话。紧接着，他向观众详细介绍了走出这种困境的方式，是利用斯多葛学派的恐惧设置法……在介绍完所有观点和方法之后，他是这样结尾的。

我想以一位我所钟爱的当代斯多葛学派人物来结束……他说了两点：第一，他无法想象生活中会有比拥有斯多葛学派更美好的生活；第二是一句可以应用于任何事情的格言，"简单选择，痛苦生活，痛苦选择，简单生活"。困难的选择，是我们最害怕去做的、问的、说的，这些有可能正是我们最需要做的。我们面临最大的挑战和困难，永远不能通过一个轻松的谈话解决，不管是我们自己思考时，还是和别人探讨时。因此，我鼓励你问自己：你现在处在人生中的哪个阶段？也许你会看清真正的恐惧。请将 Seneca 的话记在心里："折磨我们的往往是想象，而不是真实。"

诚如之前所说，本篇演讲涉及的内容很多，在结尾的部分依然运用了他人的两个观点，而这两个观点都是指向"我们应该认真地思考我们恐惧的是什么"。在最后，演讲者又一次刻意引起大家的注意："我鼓励你问自己""请将 Seneca 的话记在心里"，然后用主旨句结束——"折磨我们的往往是想象，而不是真实。"这样观众就会留下深刻的记忆，在下一次面临恐惧情绪的时候想起这句话，深刻分析这种情绪背后的事实，演讲者的演讲目的就达到了。

5.2.3 方法三：设想一个美好的未来

如果你的演讲是呼吁某种行动或倡议某种价值观的，那么在结尾处向观众展示一个美好的场景：设想你倡议的内容成为现实之后，世界将变成什么样子，人们会过上怎样的美好生活，这样会有利于你倡导的行动、生活方式等被观众接受、记住和实施。

在马丁·路德·金生活的社会环境中，黑人长期受到种族歧视，而他从小被教导自尊自爱、人人生而平等。在 1963 年 8 月 28 日，马丁·路德·金在华盛顿林肯纪念堂前发表的《我有一个梦想》的演讲，呼吁大家争取种族平等，维护每个人的尊严、自由等权益。

下文是该演讲的后半部分和结尾部分。

……

朋友们，今天我要对你们说，尽管眼下困难重重，但我仍然有一个梦想。这个梦想深深植根于美国梦之中。

我梦想有一天，这个国家将会奋起，实现其立国信条的真谛："我们认为这些真理不言而喻：人人生而平等。"

我梦想有一天，在佐治亚州的红色山岗上，昔日奴隶的儿子能够同昔日奴隶主的儿子同席而坐、亲如手足。

我梦想有一天，甚至连密西西比州，一个非正义和压迫的热浪逼人的荒漠之州，也会改造成为自由和正义的青青绿洲。

我梦想有一天，我的四个孩子将生活在一个不是以皮肤的颜色而是以品格的优劣作为评判标准的国家里。

我今天有一个梦想。

我梦想有一天，亚拉巴马州会有所改变，尽管那儿的州长滔滔不绝地说要对联邦法令提出异议和拒绝执行。但有朝一日，黑人儿童能够和白人儿童像兄弟姐妹般携手并行。

我今天有一个梦想。

我梦想有一天，深谷弥合、高山移平，歧路变成坦途，曲径变得顺畅，上帝的光华再现，所有生灵将一同见证。

这是我们的希望，这是我将带回南方去的信念。有了这个信念，我们就能从希望之山开采出希望之石。有了这个信念，我们就能把这个国家的嘈杂刺耳的争吵声，变为充满手足之情的悦耳交响曲。有了这个信念，我们就能一同工作、一同祈祷、一同斗争、一同入狱、一同维护自由。因为我们知道，我们终有一天会获得自由。

到了这一天，上帝的所有孩子都能以新的含义高唱这首歌：我的祖国，可爱的自由之国，我为您歌唱。这是我祖先老去的地方，这是早期移民自豪的地方，让自由之声，响彻每一座山岗。

如果美国要成为一个伟大的国家，这个梦想必须实现。让自由之声从新罕布什尔州的巍峨峰巅响起来！让自由之声从纽约州的崇山峻岭响起来！让自由之声从宾夕法尼亚州阿勒格尼山的顶峰响起来！让自由之声从科罗拉多州的冰雪皑皑的洛基山响起来！让自由之声从加利福尼亚州的婀娜群峰响起来！不，不仅如此。让自由之声响彻佐治亚州的石山！让自由之声响彻田纳西州的望山！让自由之声响彻密西西比州的每一座山峰、每一个土丘！让自由之声响彻每一个山岗！

当我们让自由之声轰响，当我们让自由之声响彻每一个大小村庄，每一个州府城镇，我们就能加速这一天的到来。那时，上帝的所有孩子，黑人和白人，犹太教徒和非犹太教徒，耶稣教徒和天主教徒，将能携手同唱那首古老的黑人灵歌："终于自由了！终于自由了！感谢全能的上帝！我们终于自由了。"

马丁·路德·金的演讲，旨在呼吁大家行动起来，争取平等与自由，因此演讲的后半部分选用了 6 个"我梦想有一天"的句式，把梦想实现的美好愿景展现在了观众面前，同时也使整场演讲的情感和观众的情绪层层铺垫，越来越激昂向上，越来越群情激动。在结尾处，他勾勒出一个非常具体的场景：黑人和白人、犹太教徒和非犹太教徒、耶稣教徒和天主教徒手拉着手一起唱颂自由的歌曲。当观众脑海中有了这个美好的场景，他们就更有动力和勇气去响应演讲者的号召，做出改变，勇敢地争取和拥护人们的自由和平等。

5.2.4　方法四：标注你的目标

有的演讲虽然面向所有人，但实际上它的目标是影响某一特定的人群。这种演讲所倡导的价值观输送给普通观众的时候，一方面会让人认为，角度新颖、观点特别，另一方面却容易造成歧义。在这种情况下，标注出演讲的目标和目的可以消除或弱化歧义，同时这也是提醒目标人群注意的最佳方式之一。

比如，浙江大学心理与行为科学系教授高在峰的演讲《不是你的错，是设计的错——反人类设计背后的心理学》就属于这一情况。这篇演讲核心的目标是指向那些参与设计的设计师、产品经理等人，演讲者希望他们了解用户在使用产品时真实的心理规律，从而设计出更加符合人性的产品。但同时,"不是你的错,是设计的错",这句话在普通大众听来,却像是一句推卸责任的话,这时就非常需要用"标注你的目标"这种方式结尾。

演讲开始时,高在峰讲述了妻子因急于交购房定金,在 ATM 机上取完款并办完所有事后才发现忘记把银行卡取回来的故事,然后讲述了这种"错误"发生的心理机制,从而指出,这是设计的错,之后他又列举了"过马路时让人焦躁不安的等待区""接开水时不敢按的红色按钮""容易被车撞上的高速路上的墙",等等,一个个例子都指出,这是设计的不恰当对使用者造成的不便,以及使用者的心理路径。同时高在峰还在每个例子的后面都点出了主题——"这不是你的错,是设计的错。"这篇演讲是这样结尾的。

有一次,一个学生跟我留言,说:"老师,这种观点实质上是一种外部归因,把所有的错都推出去了。比如说,反正都不是我的错,是设计的错,那么我们跟别人相处出现矛盾的时候,也容易认为这不是我的错,是朋友的错,这样是不对的。"这种思考是非常好的,为了表示对她的感谢,我把它命名为"杨文文之问"。每当我讲完这个理念的时候,我都要把这个问题提出来,说明我的观点。首先我要说的是,"不是你的错,是设计的错"这个观点是仅仅限于设计本身。你了解了这个理念之后至少有这样的好处:第一,对于设计师而言,他要清楚,在他做设计的时候,要考虑到用户的心理;第二,对我们大众来讲,你知道这个理念之后,可以用一种更宽容的心态,来看待自己和别人犯的错。比如,你的老婆忘记取银行卡的时候,你可以说:"老婆,这不是你的错,是设计的错。"(大笑鼓掌)

上面的结尾方式,就做到了让他的目标观众,即设计的参与者注意到演讲所倡导的价值观,在日后参与设计时考虑用户的心理路径;同时,又避免让普通大众产生歧义,这样普通大众也更愿意接受这种新的看待事物的角度。如果你所准备的演讲,也是指向某个特殊人群,那么这种结尾方式值得借鉴。别忘了,标注目标人群的同时,也不要忽略演讲倡导的价值观给普通大众带来的影响。

第 5 章　精彩结尾，让你的演讲回味无穷

5.2.5　方法五：由小到大，升华主题

有的演讲切入点很朴实，内容也只是演讲者分享自己的人生经历以及所思所想。在这种情况下，即便演讲者是很有影响力的人，观众也会不自觉地想："他讲的内容，对我来说有多大的价值？""这是他个人的经历和想法，对我有多大意义呢？"

这种演讲，最好的结尾方式就是告诉观众，这场演讲对于他们的意义和价值到底在哪里。中国乒乓球队男队队长马龙的分享，就属于这种情况。

演讲的开始，马龙说自己 5 岁开始学习乒乓球，单纯是为了强身健体，2000 年当他看到乒乓球奥运冠军为国争光，便有了自己的梦想——用乒乓球为祖国赢得金牌。有了梦想之后，马龙的训练更加刻苦，他一步步从少年宫打到了国家队，打到了世界冠军。到了 2016 年，当他又一次赢得世界冠军时，他成了乒乓球比赛的大满贯选手，儿时的梦想终于实现了。很多人认为，他到了职业的巅峰，加上已经 28 岁，他的身体因为高强度的训练而受伤，所以他最好的结局是急流勇退。但是，他却在手术之后继续训练，一次次的失败和伤痛，使他甚至怀疑自己无法回到赛场，怀疑自己这么努力是为了什么。在职业的至暗时刻他明白了，乒乓球对于他而言是一份无法割舍的热爱。凭着这份热爱，马龙终于在 2021 年重回巅峰，再次赢得奥运冠军。

对于不是国家队运动员的大部分观众而言，上述是非常具有个人色彩的故事和感悟。而马龙是这样设计他的演讲结尾的。

在金牌和冠军之外，在 20 多年的运动生涯中，乒乓球教会我最多的，就是如何面对输赢，只有你抱着必胜的决心和努力，你才能走向成功。但体育教会我们的不仅仅只有输赢，还有在失败后重新来过的勇气，绝境处不放弃的信念。每次奥运会结束后，很多运动员都会被大家所认识，受到大家的喜爱。很多时候我都在想，我们需要怎样的偶像？我想，偶像应该是火烛、是镜子，映照出心怀热爱梦想的你们和我们，只要心怀热爱，永远都是当打之年。

这样结尾，一方面提炼出了全篇的精华：他是通过奥运冠军的故事和心路历程来讲述"奥运冠军的勇气、精神和信念"的。而这份精神，可以升华到"热爱梦想的你们和我们"，传递出"只要心怀热爱，永远都是当打之年"的价值观。这个价值观就是整场演讲可以被所有人接受、认可和弘扬的价值观。

5.2.6 方法六：号召行动

当你的演讲是传授某种生活方式、学习方法，传授某种诀窍的时候，在演讲结尾呼吁观众行动起来，可以让你传播的学习方法或生活方式被记住，同时观众也会更有动力去实践你的呼吁和号召。

比如，Josh Kaufman 的演讲《只需 20 个小时，你就能学会任何事情》。在演讲的主体部分，他首先讲述了自己的生活经验和调查研究，得出了"只需 20 个小时，你就能学会任何事情"的结论；然后他分享了具体的方法，告诉观众应该如何利用 20 个小时高效学习一件事情；最后，他展示了一段尤克里里的弹唱，并告诉观众，"告诉你们一个秘密，当我为大家演奏完这首歌曲，我完成了练习尤克里里 20 个小时的目标"。迎来了观众热烈的掌声。他的演讲是这样结尾的。

真的很神奇，几乎所有的事情，只要是你想做的，都可以。学习新事物的最大障碍并不是智力，并不是你需要去掌握很多诀窍、走捷径，主要的障碍是情绪上的。我们会害怕，感觉自己很笨，会让人觉得不愉快。而在刚开始学习新事物时，你的确会觉得自己真的非常愚笨。因此，最大的障碍不是智力，是情绪。但是，先别想那些，就认真地投入 20 个小时吧，无论你想学什么都可以。你想学一门新的语言吗？想学做饭吗？想学习如何画画吗？什么让你兴奋？什么让你开心？那你就去做什么。只需仅仅 20 个小时，去享受吧。（观众欢呼鼓掌）

这个演讲的主体部分，已经向大家详细讲述了"只需 20 个小时，你就能学会任何事情"的方法、理论，甚至演讲者亲自示范了 20 个小时的学习成果。换言之，观众已经接受了这个观点，现在就差一点点动力去身体力行。此时，演讲者号召大家去学习，去行动，并且列举了可以学习的内容，让观众听完演讲后有种"跃跃欲试"的心理冲动，这样便有效地扩大了演讲的影响力。

5.2.7 其他方法

演讲的结尾方法多种多样，除了前文提到的六种方法以外，还有以下几种。

（1）幽默结尾——开一个玩笑，结束你的讲话，可以带给观众轻松愉悦的感觉，同时塑造你乐观、开朗的形象。一般用于社交、开学典礼、毕业典礼、新同事聚会等场合的演讲。

（2）借景抒情、创造意境——一般用于宏大主题的演讲，如人生意义、家国情怀、梦想与信念等。演讲结尾借景抒情，可以营造言有尽而意无穷的意境，从而达到大象无形、大音希声的境界，更能烘托演讲者讲述的宏大主题。

（3）提出问题、引发深度思考——一般用于讲述社会问题、反思人类行为的演讲中。

（4）送出祝福、祈愿平安、感谢他人——常用于启动演讲、婚礼演讲、寿宴讲话、私人社交场合讲话等。这种结尾方式可以让演讲者与观众拥有共同的心愿、目标、期盼，建立亲密的情感关系。

补充说明一下，所谓启动演讲，是指某项活动开启时的演讲，包括电影开拍仪式上的演讲、登月行动启动演讲等。比如，肯尼迪的演讲《我们选择登月》就属于启动演讲。在那场演讲的结尾处，肯尼迪就用了祈愿平安的结尾方式："太空就在那里，而我们将在那里遨游，月球和其他行星就在那里，获得知识与和平的新希望就在那里。因此，当我们启程的时候，我祈求上帝保佑这个人类有史以来从事的最危险和最伟大的历险。谢谢。"

综本章所述，一场演讲的结尾对于整个演讲来说，有着一锤定音的重大影响力，因此，演讲者在选好主题后，可以根据具体内容和演讲目标设计 2～3 种结尾方式，然后在排演和训练阶段，根据效果选择最佳的结尾方式。

第 6 章 你的声音动听吗？

演讲，是一门语言艺术。演讲者靠语言、声音传递思想，观众主要靠听觉来接收信息。因此，观众是否能听得懂，是否喜欢演讲者的声音，很大程度上影响了观众是否能继续听下去，是否会理解和认同演讲者的观点。

本章涉及的主要知识点

- 普通话不好，有紧急演讲需求时怎么办？
- 如何让自己的声音有魅力？
- 日常如何保护自己的嗓子？

注意

本章多有技巧性、训练性的段落，建议大家可以夹个书签，每天拿来练习一遍。"工欲善其事，必先利其器。"演讲者的语言能力就是他的"器"，要想成为优秀的演讲者，日常的训练是基础。建议大家在平日里多训练自己的"器"。

6.1 "我"普通话不好，演讲时"我"要怎么办？

演讲，语言是基础，纵然你可以用许多工具来使你的演讲更为精彩，但是语言是无可替代的。要想成为一个语言表达能力强的人，普通话是最重要的、最无可替代的工具之一。（当然，这里理解为语言传播环境中的官方主流用语，比如，在美国，英语好就够了。）

6.1.1 普通话不好，怎么办？

在看这本书的你，一定对自己的语言表达能力有所期待，希望自己有能力表达出自己的观点，并且被大家理解、接受和认可，甚至希望自己成为演说家或意见领袖。而这一切成为可能的基础，是别人听得懂你讲的话，听得清晰明了，没有歧义，没有理解障碍。这就要求我们说好普通话。

在生活中，许多用到语言的职业，如播音员、主持人、老师等，说好普通话是基本要求。还有一些职业，虽然没有明确规定，但是说好普通话能让其事业更加顺利。比如，销售——常与客户打交道；设计师——需要向别人阐述自己的设计理念；部门领导——需要沟通工作、汇报工作；创业者——需要路演、拉赞助、讲项目……

有的读者问："如果我普通话不好，但是确实马上有个公开讲话的任务，我该怎么办？"这就要根据具体情况具体分析了。如果你讲话虽然不是标准的普通话，但是别人可以听懂，那么，暂时先不要被这个问题束缚，专心于你想要表达的内容即可。如果有部分词语，别人有可能会听不懂，那么在撰写文本的时候就要刻意回避，或者加上解释说明，再或者刻意练习一下它的发音，起码保证别人能听得懂。

功夫在平时。说好普通话也是一样的，不能临阵磨枪，而是平时就要多训练，从词语发音，到句子发音，再到大段文章的发音。能够熟练掌握普通话的标准是，可以不假思索、脱口而出地表达自己的意思，同时又完全符合普通话的标准。

6.1.2 什么是普通话？

普通话是世界上使用人数最多的语言，也是联合国的工作语言之一。《实用播音教程：普通话语音和播音发声》中明确指出："汉语普通话，是以北京语音为标准音，以北方话为基础方言，以典范的现代白话文著作为语法规范的现代汉民族共同语。普通话是中华人民共和国通用语言。"这段定义中规定了普通话的语音、词汇、语法三个方面的内容。

生活中，我们常见的普通话不标准的情况，多出现在"普通话语音发声"方面。要想使得普通话语音发声标准，掌握下面四个内容即可。

（1）声母的发声方法。

（2）韵母的发音方法。

（3）声调的标准。

（4）语流音变。

6.1.3 声母的发声方法

1. 声母发声方法的理论

1958年2月11日，第一届全国人民代表大会第五次会议批准颁布了《汉语拼音方案》。其中规定了现行的汉语拼音的所有内容，包括声母、韵母、声调、发音方法等。

其中，声母有21个：b、p、m、f、d、t、n、l、g、k、h、j、q、x、zh、ch、sh、r、z、c、s。声母的发音规范如表6.1所示。

表6.1 声母的发音规范

发音方法		双唇音	唇齿音	舌尖音（前阻）	舌尖音（中阻）	舌尖音（后阻）	舌面音	舌根音
塞音	不送气	b			d			g
	送气	p			t			k
塞擦音	不送气			z		zh	j	
	送气			c		ch	q	
擦音	清音			s		sh	x	
	浊音		f			r		h
鼻音	浊音	m			n			
边音	浊音				l			

通过以上说明，对照"表6.1 声母的发音规范"即可找到声母的发音方式。

2. 声母发声方法的实操训练

有了发音方法的理论，还需要多加练习。接下来我们分别训练各个声母的发声，也请各位读者读出声音来，用平时说话的音量、均匀的节奏，有针对性地训练单个字的发音、词的发音，以及对应的绕口令。

这个训练不要求读的速度，只要求每个字读得清楚。如果你不确定自己的发音方式是否正确,就对应地查看第一部分的表格,然后找到表格中对应的发音方法,慢慢训练。记住,不求快,只求准。

(1)双唇音的发声训练:b、p、m。

①字的训练。

b——八、波、比、白、被、报、别、表、本、磅。

p——怕、破、皮、陪、碰、盘、品、篇、剖、平。

m——妈、卖、慢、摸、米、每、梦、们、秒、名。

②词的训练。

b——播报、被捕、不变、版本、报表。

p——品牌、匹配、评判、普票、琵琶。

m——迷茫、秘密、名模、密码、面膜。

③绕口令的训练。

八百标兵(b)

八百标兵奔北坡,炮兵并排北边跑。

炮兵怕把标兵碰,标兵怕碰炮兵炮。

盆和瓶(p)

桌上放个盆,盆里有个瓶。

呼呼砰砰碰,不知是瓶碰盆,还是盆碰瓶。

毛毛和苗苗(m)

毛毛穿袍袍,苗苗戴帽帽。

毛毛和苗苗,一块追猫猫。

猫猫喵喵叫,急得蹦又跳。

猫猫抓破毛毛花袍袍,猫猫抓破苗苗花帽帽。

苗苗给毛毛补袍袍,毛毛给苗苗补帽帽。

(2)唇齿音的发声训练:f。

①字的训练。

f——分、发、放、方、烦、风、福、否、肥、凤。

②词的训练。

f——方法、反复、付费、防范、房费。

③绕口令的训练。

画凤凰（f）

粉红墙上画凤凰，凤凰画在粉红墙。

红凤凰、粉凤凰，红粉凤凰花凤凰。

（3）舌尖音（中阻）的发声训练：d、t、n、l。

①字的训练。

d——达、对、到、第、带、读、档、多、掉、丁。

t——他、天、唐、听、条、铁、图、退、痛、泰。

n——那、年、你、能、鸟、内、挠、娘、难、暖。

l——蜡、里、两、来、狼、论、率、龙、罗、鹿。

②词的训练。

d——大胆、达到、等待、单独、丢掉。

t——探讨、淘汰、头条、团体、挑剔。

n——扭捏、牛奶、南宁、能耐、恼怒。

l——理论、履历、流量、浏览、罗列。

③绕口令的训练。

打特盗（d、t）

调到敌岛打特盗，特盗太刁投短刀。

挡推顶打短刀掉，踏盗得刀盗打倒。

老龙恼怒闹老农（n、l）

老龙恼怒闹老农，老农恼怒闹老龙。

农怒龙恼农更怒，龙恼农怒龙怕农。

（4）舌根音的发声训练：g、k、h。

①字的训练。

g——该、共、过、高、刚、观、鬼、乖、哥、港。

k——课、看、口、卡、开、宽、靠、苦、昆、跬。

h——和、或、会、好、话、海、湖、哄、户、寒。

②词的训练。

g——尴尬、广告、各个、归国、改革。

k——可靠、困苦、扣款、开阔、旷课。

h——绘画、很好、欢呼、豪华、辉煌。

③绕口令的训练。

哥挎瓜筐（g、k）

哥挎瓜筐过宽沟，赶快过沟看怪狗。

光看怪狗瓜筐扣，瓜滚筐空哥怪狗。

黑虎山卧黑褐虎（h）

黑虎山卧黑褐虎，

黑虎岭卧褐黑虎。

褐黑虎说，

黑褐虎又黑又褐；

黑褐虎说，

褐黑虎又褐又黑。

黑褐虎说，

褐黑虎不如黑福虎黑；

褐黑虎说，

黑褐虎不如褐黑虎褐。

不知到底是黑虎山的黑褐虎黑，

还是黑虎岭上的褐黑虎褐？

（5）舌面音的发声训练：j、q、x。

①字的训练。

j——加、节、间、经、久、级、件、讲、剧、卷。

q——去、前、却、七、墙、琼、泉、权、秋、钦。

x——下、线、写、性、旬、闲、锡、秀、霞、响。

②词的训练。

j——拒绝、讲解、解决、紧急、基金。

q——亲情、全球、前期、亲戚、请求。

x——线下、信息、学习、想象、新鲜。

③绕口令的训练。

漆匠和锡匠（j、q、x）

七巷一个漆匠，西巷一个锡匠，

七巷漆匠用了西巷锡匠的锡，西巷锡匠拿了七巷漆匠的漆。

七巷漆匠气西巷锡匠用了漆，西巷锡匠讥七巷漆匠拿了锡。

请问锡匠和漆匠，谁拿谁的锡？谁用谁的漆？

（6）舌尖音（后阻）的发声训练（又名翘舌音）：zh、ch、sh、r。

①字的训练。

zh——中、这、追、种、主、章、站、摘、撞、照。

ch——齿、场、称、差、纯、创、川、愁、朝、厨。

sh——是、上、说、书、首、瘦、杀、闪、硕、稍。

r——热、人、让、日、如、荣、润、肉、染、嚷。

②词的训练。

zh——抓住、主张、郑州、辗转、追逐。

ch——出处、拆除、长春、抽查、车程。

sh——上升、硕士、舒适、绅士、税收。

r——仍然、容忍、软弱、荣辱、人瑞。

③绕口令的训练。

朱叔锄竹笋（zh、ch）

朱家一株竹，竹笋初长出。

朱叔处处锄，锄出笋来煮。

锄完不再出，朱叔没笋煮，竹株又干枯。

晒人肉（sh、r）

日头热、晒人肉，晒得心里好难受。

晒人肉，好难受，晒得头上直冒油。

（7）舌尖音（前阻）的发声训练：z、c、s。

①字的训练。

z——字、宗、杂、则、贼、藏、赠、走、载、怎。

c——次、擦、岑、菜、脆、苍、从、凑、错、草。

s——萨、随、僧、赛、扫、孙、思、所、宋、锁。

②词的训练。

z——最早、自尊、自在、栽赃、走姿。

c——层次、曹操、此次、催促、猜测。

s——琐碎、瑟瑟、僧俗、思索、搜索。

③绕口令的训练。

造房子（z）

捡颗小石子，在地上画个方格子，

画好了格子造房子。

画个大方格子造个大房子，

画个小方格子造个小房子。

楼上的房子分给鸽子，楼下的房子分给小兔子。

崔粗腿和崔腿粗（c）

山前有个崔粗腿，山后有个崔腿粗。

俩人山前来比腿，

不知是崔粗腿比崔腿粗的腿粗，

还是崔腿粗比崔粗腿的腿粗。

三山四水（s）

三山撑四水，四水绕三山。

三山四水春常在，四水三山四时春。

（8）易混淆声母的绕口令。

在以往的教学过程中，笔者发现不同地域的人有可能会混淆几种声母的发音：n 和 l、h 和 f、平舌音和翘舌音。然而，他们大部分人混淆的原因,并不是发声器官无法发出对的声音,而是因为,①不知道某个字的正确读音,②不习惯某个声母的发音。

这两个问题很好解决。如果是第一种情况,那么请你找出新华字典,打开容易混淆的字母所在的那几页,记住上面所有的词,每天读一遍,坚持7~21天,基本不会再读错。如果是第二种情况,那么请熟练地背诵下面的绕口令。每天背5遍,前7天不求快,只求准确,之后可以适当地加快速度,再练习至少7天。之后就根据个人的情况来看,是否需要继续练习。

① n 与 l。

南瓜和兰花(n 和 l)

楠楠家种兰花,兰兰家种南瓜。

楠楠想用兰花换兰兰家的南瓜,

兰兰不愿用南瓜换楠楠家的兰花。

牛郎和刘娘(n 和 l)

牛郎念刘娘,刘娘恋牛郎。

牛郎年年念刘娘,刘娘年年恋牛郎,郎念娘来娘恋郎。

② h 与 f。

化肥会挥发(h 和 f)

黑化肥发灰,灰化肥发黑。

黑化肥发灰会挥发;灰化肥挥发会发黑。

③平舌音与翘舌音。

死涩柿子树(s 和 sh)

山前有四十四棵死涩柿子树,山后有四十四只石狮子。

山前的四十四棵死涩柿子树,涩死了山后的四十四只石狮子。

山后的四十四只石狮子,咬死了山前的四十四棵死涩柿子树。

不知是山前的四十四棵死涩柿子树涩死了山后的四十四只石狮子,

还是山后的四十四只石狮子咬死了山前的四十四棵死涩柿子树。

蚕和蝉（c 和 ch）

这是蚕，那是蝉，蚕常在叶里藏，蝉常在林里唱。

撕字纸（z 和 zh）

隔着窗户撕字纸，

一次撕下横字纸，

一次撕下竖字纸，

是字纸撕字纸，

不是字纸，

不要胡乱撕一地纸。

6.1.4 韵母的发声方法

1. 韵母发声方法的理论

按汉语语音学的传统分析方法，把汉语音节中声母以后的部分除去声调后叫韵母。在语言表达的发音发声体系中，韵母一共有 39 个。

（1）按照语音结构进行划分，韵母可以分为单韵母、复韵母和鼻韵母（前鼻音韵母和后鼻音韵母），分别如下。

单韵母（10 个）：a、o、e、i、u、ü、-i（靠前，如 zi）、-i（靠后，如 zhi）、ê、er。

复韵母（13 个）：ai、ei、ao、ou、ia、ie、iao、iou、ua、uo、uai、uei、üe。"iou"在拼写时可以简化成"iu"，"uei"在拼写时可以简化成"ui"；但是这两个韵母在发音时不能省略中间的元音。

鼻韵母（16 个）：an、en、in、ün、ang、eng、ing、ong、ian、iang、iong、uan、uen、uang、ueng、üan。

①单韵母的发音方法。

【a】在普通话的体系中，发音好不好关键看"a"。在播音主持专业学生的每日练声活动中，"a"是最重要的。他们要对着镜子看口型，要注意整个的口腔状态，要练习不同响度、不同音高、不同声调的"a"。

首先，口腔的状态讲究四个字："提打挺松"，也就是提颧肌、打开口腔、软腭挺起、下巴放松（从镜子中看，就像一个露出八颗牙齿微笑的样子，下巴下移大概一指多的距离）。发音时，舌面中后部微微隆起，气流从口腔流出，声带振动。

在"提打挺松"的状态下，发"a"时，圆润饱满，在发其他音时根据具体情况调整，但是这种积极的发声状态要保持。

【o】在"提打挺松"的口腔状态基础上，上下唇型变为一个"o"形。发音时，舌头轻微后缩，后部轻微隆起，气流从口腔流出，声带振动。

【e】在"提打挺松"的口腔状态基础上，下巴合上大半。发音时，舌面后部隆起，舌面中间微凹，气流从口腔流出，隆起的舌头微微下移。

【i】提颧肌，唇型像露出八颗牙齿微笑，下巴向下微移，下唇距离上齿一定距离。发音时，舌尖放在下齿背，舌面前部隆起，与硬腭之间留有一个狭窄的缝隙，气流从口腔流出，声带振动。

【u】软腭始终保持挺起，唇型聚拢成一个小圆（比"o"还小）且微微前伸，发音时，舌头整体后缩，舌面后部隆起，气流从口腔通过，声带振动。

【ü】保持"u"的口型和软腭，舌头前伸，舌尖靠在下齿背，舌面前部隆起，发音时，气流从口腔通过，声带振动。

【ê】在"提打挺"（没有松下巴）的口腔状态的基础上，下巴微松，双唇自然张开，舌头靠在下齿背。发音时，舌面前部隆起，气流从口腔通过，声带振动。（一般出现在 ie、üe 的发音过程中。）

【er】保持"e"的唇型和口腔状态，发音时（注意，在舌头的运动过程中发音），舌头前部上抬，舌尖上抬后卷，声带振动。

【-i（前）】参考 zi、ci、si 中声母发音的持阻阶段。

【-i（后）】参考 zhi、chi、shi、r 中声母发音的持阻阶段。

②复韵母的发音方法。

复韵母是由两个或三个单韵母组成的，发音时，嘴型和舌头都在运动的过程中。但是，这是舌位和嘴型的组合变化，不能简单地理解成机械运动。比如"ou"，在发音时，不能理解为由"o"的嘴型和舌位，直接变成"u"的嘴型和舌位。

第6章 你的声音动听吗?

9个二合复韵母的发音如表6.2所示。

表6.2 二合复韵母的发音

	起点	运动	收尾
ai	比"a"的发音位置略靠前	缓慢滑动	快到"i"的发音位置停止发音
ei	比"e"的舌头隆起位置靠前——在舌头中部,隆起的方向对准硬腭中部,舌尖接触下齿背	缓慢滑动	快到"i"的发音位置停止发音
ao	比"a"的发音位置偏后	缓慢滑动	双唇收拢超过"o"的口型,快到"u"的口型停止
ou	比"o"的发音位置靠前,上下唇型比"o"大,较为放松	缓慢滑动	收尾比"ao"的收尾位置略高(收得更小)
ia	比"i"的发音位置靠前	缓慢滑动	比"a"的发音位置靠前
ie	比"i"的发音位置靠前	缓慢滑动	靠近"ê"的发音位置停止(略高)
ua	"u"的发音位置	缓慢滑动	比"a"发音位置稍靠后
uo	"u"的发音位置	缓慢滑动	比"o"口型稍大
üe	"ü"的发音位置	缓慢滑动	靠近"ê"的发音位置停止(略高)

另外4个三合复韵母的发音如下。

【iao】由"i"的发音位置开始,滑向"ao"并经历"ao"的运动过程。
【iou】由"i"的发音位置开始,滑向"ou"并经历"ou"的运动过程。
【uai】由"u"的发音位置开始,滑向"ai"并经历"ai"的运动过程。
【uei】由"u"的发音位置开始,滑向"ei"并经历"ei"的运动过程。

注意

三合复韵母组合的发音,中间元音不能丢失,且要发得饱满到位。

③鼻韵母的发音方法。

在韵母中，凡是以"-n"或"-ng"结尾的都是鼻韵母。它们的发音特点是，结尾时都有微弱的气流通过鼻腔流出，形成鼻音。其中，"-n"是前鼻音韵母，共有8个，如表6.3所示；而"-ng"是后鼻音韵母，共有8个，如表6.4所示。

表6.3　前鼻音韵母的发音

	元音	元音	鼻音
an	/	比"a"的发音位置靠前	下巴向上移动配合舌头的运动，舌面前部贴向硬腭前部。在快闭合时，软腭下降，舌面与硬腭贴合时，从口腔流出的气流被阻从鼻腔流出
ian	"i"的发音位置		
uan	"u"的发音位置		
üan	"ü"的发音位置		
en	/	比"e"的舌头隆起位置靠前——在舌头中部，隆起的方向对准硬腭中部，舌尖接触下齿背	
uen	"u"的发音位置		
in	/	"i"的发音位置	嘴型不变，舌面前部贴向硬腭前部。在快闭合时，软腭下降，舌面与硬腭贴合时，从口腔流出的气流被阻从鼻腔流出
ün	/	"ü"的发音位置	

表6.4　后鼻音韵母的发音

	元音	元音	鼻音
ang	/	比"a"的发音位置略靠后	下巴配合舌头的运动向上移，舌头根部隆起靠近软腭，软腭下降与舌头闭合，此时从口腔流出的气流从鼻腔流出
iang	"i"的发音位置		
uang	"u"的发音位置		
eng	/	"e"的发音位置	
ueng	"u"的发音位置		

	元音	元音	鼻音
ong	/	唇型介于"o"和"u"之间开始	下巴配合舌头的运动,但唇型基本不变,舌头根部隆起靠近软腭,软腭下降与舌头闭合,此时从口腔流出的气流从鼻腔流出
iong	舌头在"i"的发音位置,"o"的唇型,发音有一点像"ü"		
ing	/	"i"的发音位置	唇型不变,舌头向后缩(平移),舌尖离开下齿背后,舌头根部隆起靠近软腭,软腭下降与舌头闭合,此时从口腔流出的气流从鼻腔流出

(2)在发音的科学体系中,按照发音开始的唇型划分,韵母可以分为开口呼、齐齿呼、合口呼、撮口呼。

开口呼:a、o、e、-i(前)、-i(后)、ê、er、ai、ei、ao、ou、an、en、ang、eng。

齐齿呼:i、ia、ie、iao、iou、ian、in、iang、ing。

合口呼:u、ua、uo、uai、uei、uan、uen、uang、ueng、ong。

撮口呼:ü、üe、üan、ün、iong。

2. 韵母发声方法的实操训练

韵母字词的训练,其实在声母的训练中就已经融合了,因此这个部分我们只拿出容易混淆的和容易发音不准的相关韵母的绕口令来练习。

第一,前后鼻音容易混淆。

风、藤与铜铃

高高山上一条藤,藤条头上挂铜铃。
风吹藤动铜铃响,风停藤住铜铃静。

盆碰瓶

车上有个盆,盆里有个瓶。

乓乓乓,乒乒乒。

不知是瓶碰盆,还是盆碰瓶。

第二,"ü"的口型不容易保持,正确的发音方式,应该保持住"ü"的初始口型,均匀呼出气流、使声带振动发声。

女小吕和女老李

这天天下雨,

体育局运动委员会穿绿雨衣的女小吕,

去找计划生育委员会不穿绿雨衣的女老李。

体育局运动委员会穿绿雨衣的女小吕,

没找着计划生育委员会不穿绿雨衣的女老李。

计划生育委员会不穿绿雨衣的女老李,

也没见着体育局运动委员会穿绿雨衣的女小吕。

6.1.5　明明咬字准确,为什么还是有方音?

如果你咬字非常准确,平翘舌分得很好,n、l也能分清楚,可是别人一听,还是觉得有方言的味道,那么问题出在了哪呢?

1. 声调

(1)普通话发音中分为四个声调。

　　　　一声　　阴平　　高平调(5-5)

　　　　二声　　阳平　　高升调(3-5)

　　　　三声　　上声　　降升调(2-1-4)

　　　　四声　　去声　　全降调(5-1)

这四声在调值谱上的位置如图6.1所示。

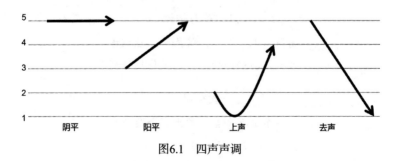

图6.1　四声声调

（2）在日常生活和练习的过程中，容易犯的错误。

① 阴平的调值不够高，把（5-5）变成了（3-3）。

② 阳平的调值没有升上去，把（3-5）变成了（3-4）或（2-3）。（部分方言会发成 3-2-4-3，比如，当"行"表示"可以"且单独使用时，部分地区会如此发音。）

③ 上声的调值，只有降调（2-1），没有升调（1-4），或者拐弯处不够圆滑。

④ 去声的调值，起点不够高，把（5-1）变成了（2-1）。

要想避免上述错误，可以在发声的同时，用右手食指在空气中画出调值的变化。也可以同时将声音录下来，一个字、一个词地调整练习。

（3）四声练习。

① 字的练习。

bā　bá　bǎ　bà　　mā　má　mǎ　mà
八　拔　把　爸　　妈　麻　马　骂

fēn　fén　fěn　fèn　　dī　dí　dǐ　dì
分　汾　粉　粪　　低　敌　抵　第

niū　niú　niǔ　niù　　gē　gé　gě　gè
妞　牛　扭　拗　　哥　格　革　个

qīng　qíng　qǐng　qìng　　zuō　zuó　zuǒ　zuò
清　晴　请　磬　　作　昨　左　做

chēng　chéng　chěng　chèng　　xiāng　xiáng　xiǎng　xiàng
称　成　逞　秤　　乡　降　响　向

② 词的练习。

sān huáng wǔ dì　　shān míng shuǐ xiù　　sān guó dǐng lì　　shēn qiáng tǐ zhuàng
三皇五帝　　山明水秀　　三国鼎立　　身强体壮

dà hǎo hé shān　　diào hǔ lí shān　　chén zhōng mù gǔ　　rè huǒ cháo tiān
大好河山　　调虎离山　　晨钟暮鼓　　热火朝天

wàn gǔ zhǎng qīng　　shòu bǐ nán shān　　miào shǒu huí chūn　　xìn yǐ wéi zhēn
万古长青　　寿比南山　　妙手回春　　信以为真

yào wǔ yáng wēi　　lǎo dāng yì zhuàng　　dòu zhì áng yáng　　zhuān xīn zhì zhì
耀武扬威　　老当益壮　　斗志昂扬　　专心致志

suǒ xiàng pī mǐ　　sù rán qǐ jìng　　zé wú páng dài　　kāng kǎi jī áng
所向披靡　　肃然起敬　　责无旁贷　　慷慨激昂

2. 语流音变

单个字的发音融入一些词中，容易受到前后字发音的影响而产生变化，有的是声调的变化，而有些是读音的变化。

（1）轻声。

轻声是指在词语中失去原本的声调，发音中只有声母和韵母，没有声调，且发音时间很短。在极短的时间内，它的调值也是不一样的，这个变化取决于轻声前面的字的声调，如图 6.2 所示。

轻声词练习：

相声	大夫	秘书	秘密	窗户	眼睛	眉毛	犹豫
打听	明白	云彩	太阳	清楚	商量	变了	性子
玻璃	萝卜	扫帚	告诉	老实	闺女	我的	扇子
使唤	喇叭	耳朵	家伙	哥哥	泥鳅	骆驼	粮食
斧子	哆嗦	意思	豆腐	脊梁	马虎	口袋	清楚

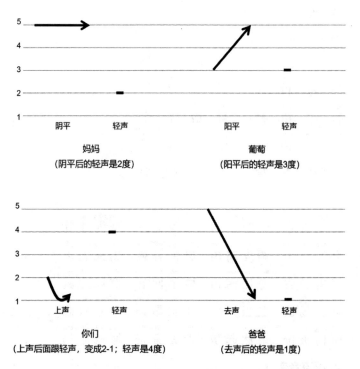

图6.2 轻声的调值

(2) 上声的变调。

第一，上声在单独出现或在词组末尾时不变调，但是在词组中，它的音调是随着它后面字的音调而变化的。

第二，上声在阴平、阳平、去声、轻声之前，调值由 2-1-4 变为了 2-1。

第三，上声在上升之前，调值由 2-1-4 变为了 3-5。

上声变调练习：

体操　小学　讨论　姐姐　眼神　警察　巩固
紧急　讲台　古文　指挥　可能　总结　武装
旅馆　古典　减少　土地　省心　广场　海岛

(3)"一"和"不"的变调。

"一"和"不"在单独使用或者在句尾时不变调，在词组中，音调随着它后面字的音调发生变化。

第一，在去声前，"一"和"不"的调值会变为 3-5，也就是阳平的调值。

练习：

yī dìng　yī gòng　yī dàn　yī bàn　yī gài
一定　一共　一旦　一半　一概

bú duì　bú huì　bú yào　bú bì　bú cuò
不对　不会　不要　不必　不错

第二，"一"在阴平、阳平、上声前，调值变为 5-1，也就是去声的调值。

练习：

yì tiān　yì shēn　yì shēng　yì xiē　yì bān
一天　一身　一生　一些　一般

yì zhí　yì qún　yì rén　yì tóng　yì shí
一直　一群　一人　一同　一时

yì qǐ　yì tǐ　yì kǒu　yì zǎo　yì zhǔn
一起　一体　一口　一早　一准

第三，"一"和"不"被夹在中间时，声调变化在前述规律的基础上向轻声变化。也就是说，能依稀听见原来的声调或变化过的声调，但是读音很轻。

练习:

对不对 是不是 好不好 看不清 打不开 拿不动
看一看 听一听 学一学 看一下 吃一个 喝一壶

(4)"啊"的变音变调。

"啊"作为单个字单独使用时,不变音,声调根据情感变化选取阴平、阳平、上声、去声、轻声。"啊"作为语气词出现在句尾时,它的发音从前一个字的尾韵,顺势滑到"a"的发音位置。

第一,前一个字的尾韵是"u、ao、iao(ao、iao 结尾嘴型类似于'u')"时,"啊"的读音变为"wa"。

例如,"好啊!""是老吴啊!"

第二,前一个字的尾韵是"n"时,"啊"的读音变为"na"。

例如,"你是哪里人啊?"

第三,前一个字的尾韵是"-ng"时,"啊"的读音变为"nga"。

例如,"你怎么这么凶啊?"

第四,前一个字的尾韵是"a、o、e、ê、i、ü"(ao、iao 除外,它们的结尾嘴型类似于"u")时,"啊"的读音变为"ya"。

例如,"这是真理啊。"

第五,前一个字的尾韵是"r、er、-i(zhi、chi、shi)"时,"啊"的读音变为"ra"。

例如,"这只小狗叫小雨点儿啊。"

第六,前一个字的尾韵是"-i(zi、ci、si)"时,"啊"的读音变为"za"。

例如,"你在练字啊。"

3. 儿化韵

(1)儿化,不是"儿"字的单独使用或单独完整的读音,而是某个字的韵母发生"儿化"的改变。这种情况一般有以下 3 种。

第一种情况,区分词义。比如,"前门"和"前门儿"不一样,前者指的是北京的一个地点,后者是某个地方的不同出口。相比之下,不加儿化的更大、更庄重,儿化表示的相对较小,较日常。

第二种情况,增加感情色彩。比如,"小孩儿""宝贝儿"有喜爱的感情色彩,"小三儿"有轻蔑的感情色彩。

第三种情况,语言习惯,如豆角儿、踢球儿等。

(2)儿化韵的变音规则。

当某个字发声儿化,它的声母部分不受影响,改变的主要是韵母的读音:韵头不变,韵腹直接加"r/er",韵尾去掉。比如,"一块儿"中"块(kuai)"的韵头"u"保留,韵腹"a"加"r",韵尾"i"去掉,变成"kuar"。如果是以"a、o、e、u"结尾的,则直接加"r/er"即可。比如,"刀把儿"中的"ba"变成"bar"。在普通话语音的39个韵母中,我们可以见到36个韵母发生"儿化韵"的情况,且儿化韵发音有16种,如表6.5所示。

表6.5 儿化韵的变音规则

原韵母	儿化韵	案例
a	ar	刀把儿
ai		窗台儿
an		门槛儿
ang		香肠儿
ia	iar	掉价儿
ian		雨点儿
iang		花样儿
ua	uar	画画儿
uai		一块儿
uan		饭馆儿
uang		蛋黄儿
üan	üar	人缘儿
e	er	在这儿
ei		刀背儿

续表

原韵母	儿化韵	案例
en	er	走神儿
eng		夹缝儿
-i（前）		瓜子儿
-i（后）		没事儿
i	ier	玩意儿
in		有劲儿
ing		门铃儿
ie		锅贴儿
ü	üer	唱曲儿
ün		合群儿
üe		主角儿
uei	uer	/
uen		没准儿
u	ur	没谱儿
ong	or	胡同儿
iong	ior	小熊儿
ao	aor	符号儿
iao	iaor	小鸟儿
ou	our	老头儿
iou	iour	加油儿
uo	uor	小说儿
o	or	粉末儿

（3）儿化韵的绕口令。

练嘴皮儿

进了门儿，倒杯水儿，喝了两口运运气儿。
顺手拿起小唱本儿，唱了一曲儿又一曲儿。
练完了嗓子练嘴皮儿，
绕口令儿，练字音儿，
还有单弦儿牌子曲儿，
小快板儿，大鼓词儿，越说越唱我越带劲儿。

> 注意

说好普通话不是一朝一夕的事情，它的难点在于，打破你日常的语音发声习惯。因此，每日练习很重要，注意日常生活中的发音更为重要。只有把说普通话变成日常习惯，你才能在公开发言的场合，没有顾虑、不被紧张情绪影响、自由自在地用普通话表达自己想要表达的内容。

6.2 如何让"我"的声音有魅力？

我们每个人都有自己的形象，"声音形象"也是重要的组成部分。有的人看着高贵优雅，可一张嘴，"大碴子"气息扑面而来；而有的人虽然长相平平，但是一说话就让人觉得有修养、有文化。这是为什么呢？

带给听众不同感觉的声音，就是"声音形象"。好的配音演员可以塑造出多种不同的声音形象，而我们语言表达的学习者，也需要改善个人的声音形象。（之所以说"改善"，是因为我们本身就拥有原始的声音形象，感兴趣的朋友可以录下自己平时说话的声音，听一听，可能会有惊喜。）

6.2.1 口腔状态——让每个字都圆润饱满

1. 口腔的积极状态

所谓口腔的积极状态，是我们在公开讲话前发声器官要保持的一种状态。它是指对于口腔各发声器官的常态做出适度调整，使其有积极的力量去发音发声、咬字说话,使说出口的话语清晰、利落、饱满有力。

(1)发声与咬字器官。

在我们的说话过程中,各个器官是如何配合的呢?

首先,气流从肺部呼出到达喉咙处,此时嘴巴的各个部位(双唇、双齿、下巴、上颚、舌头)摆到特定的位置上,然后气流经过喉咙使得声带振动,声波和气息继续流向口腔,因之前各器官摆放的位置形成不同的字音(鼻音的形成也是由于口腔中各个部位的不同摆放,使得气流和声波在口腔受阻,流向鼻腔发声)。这就是我们说话时,发出不同语言的过程,以及各个器官的配合运动。

以上所述,包含我们所有用到的发声器官。其中,咬字器官包括双唇、双齿、上颚(软腭、硬腭)、下颌(下颌包括骨结构、神经组织、肌肉结构等。当我们张嘴时,耳朵前方有骨头凸起来,从这一点一直到嘴唇下方,再到另一侧耳朵前方的凸起,都是下颌部分)、舌头(舌尖、舌面、舌根)。其中,唇、舌的运动最为活跃。

(2)调动咬字与发声器官,创造说话的积极状态。

前文我们说到,口腔要保持积极说话的状态,即保持"提打挺松"的状态:提颧肌、打开口腔、挺起软腭、下巴放松。

提颧肌。颧肌微微提起,不是微笑时颧肌的状态(配音演员、朗诵演员在说悲伤的或愤怒的内容时,也会保持提颧肌的状态),而是微微向上提。此时鼻孔是微微张开的,上唇微微上移,靠上了上齿,这样上唇有了依托,说话时就不会松垮。

打开口腔。生活中有的人说话仿佛嘴里含着棉花,一部分原因是口腔没有打开。打开口腔,是让双齿后方牙关保持灵活积极的状态,加大口腔的开度,这样能在顺利地发出每个字的同时,充分运用口腔的共鸣。

挺起软腭。将软腭挺起来,一方面使得口腔拥有更大的空间去产生共鸣,另一方面使得口腔和鼻腔的气流通路灵活转换,不混淆、不干扰。有的朋友发"he"音的时候,会有类似咳痰的杂音,就是因为软腭没有挺起来。

松下巴。关于口腔的开合运动,正常人不可能动头的上半部分,一般是头的上半部分不动,主要靠下颌的运动来完成。此时如果咬肌、下巴等部分处于紧张状态,那么一方面话说多了容易累,另一方面会使每个字咬得很生硬。

在日常生活中,做到上述几点,基本可以达到口腔的积极状态的标准。然而,如果你需要用到话筒收音,则还需要注意一点:力量集中。

力量集中,是为了使话筒收音更加清晰,收录的声音不散。同时,因为你的力量集中,所以说话时面部表情的幅度不大。所谓"力量集中"是指发声器官的主要用力区域保持在中间:唇的力量集中在中间三分之一的部分,舌头的力量集中在中线,所有成阻的接触部分是中间的点状区域。这样可以把声音控制在中间部分,声音轻巧集中,收录的声音清晰不散。

2. 吐字归音

大家有没有想过,我们说出的每一个字是什么形状的。

试着读一下"guang",从你的口中会出来一个"枣核形"的发音。在这个过程中,各个发声器官的运动和谐、滑动流畅、没有卡顿,如图 6.3 所示。

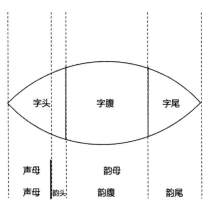

图6.3 枣核形发音

枣核形的字,是很久以前民间说唱艺人对吐字过程的描述。这个描述非常形象,能让学习者直观地感受到在发音吐字的过程中,一个字从出口到结束的用时长短、力度、口腔的开度等各个方面的变化。

从图6.3中我们可以看到，一个字的出口过程可以分为字头、字腹、字尾，其咬字发音的要领如下。

字头——发音前，成阻的部位就要闭合到位，持阻的瞬间气流要干净、利落地通过口腔，做到叼住弹出。（叼住：不能咬得太死，也不能不闭合，要像老虎妈妈叼自己的宝宝一样；弹出：气流和声波要干净、利落地出口，做到短而有力。）

字腹——口腔开度要够，各个发声器官要摆到位，气息均匀呼出，口腔共鸣和胸腔共鸣要饱满。

字尾——归音到位，尤其是以"n、ng、i"等韵母结尾的字，一定要把舌头放到韵母的结束位置上再结束发声（韵母归音位置详见"6.1.4 韵母的发声方法"），这个过程要自然，时间短且气息收尾干净。

在日常生活中，我们常能听到，某个人好像说的是普通话，但是咬字松松垮垮，没有尾音，几个字连成一片或"吃字"（几个字中的某个字没有发出声音），听起来很费解。这就是因为字头、字腹、字尾没有发音到位。

3. 口腔的训练——口部操

我们的身体需要锻炼，我们的嘴巴也一样需要锻炼。悄悄告诉大家，练习口部操除了可以帮助你提高语言表达能力，还可以让你的脸部紧致年轻。

首先保持上半身的挺立（可以是站姿，也可以是坐姿），头摆正，眼睛直视前方，肩膀自然放松，然后开始练习口部操。

（1）放松牙关——颧肌提起，头部上半部分不动，下颌尽量缓慢张开，再缓慢闭合。注意，下巴要直上直下。（可以对着镜子练，很多人因为左右脸部肌肉力量不同，在做这个动作时下巴会拐弯。）

（2）喷口——颧肌提起，双唇紧闭且紧贴牙齿（唇边缘闭住即可，不要抿嘴），力量集中在唇边缘且在中间三分之一的部分，呼出气体，气体被阻隔到双唇内，而后突然张开，发出[p]—[p]—[p]的声音（声带不振动）。

（3）噘嘴——将嘴使劲儿往前噘，将嘴巴周围甚至脸上的肌肉都向前聚拢，噘到极限。控制三秒后开始咧嘴，嘴角向耳后咧开，双唇闭合，紧贴牙齿。控制三秒后噘嘴，如此反复 20 次。

（4）饶唇——嘴巴噘起来，先向上，再向右，再向下，再向上，先一步一步尽力做到位，然后加快速度顺时针绕 20 圈；反方向（上→左→下→右→上）重复 20 圈。

（5）顶舌——嘴巴自然闭合，舌头使劲顶自己的口腔内部的左侧（即左脸颊内侧，此时，左脸凸起），而后用同样的方法顶起右侧，反复 20 次。

（6）饶舌——双唇闭合，舌头在嘴巴里面的牙龈外部转圈，顺时针转 20 圈，逆时针转 20 圈。

（7）立舌——在自然状态下，舌头是平躺在我们的口腔内部的，先将舌头的左侧贴到舌头下面的中纵线，右侧朝着上颚，舌尖向前伸，顶住下齿背的中间，然后左右调换做一次。（自然状态不会立舌的，可以先去舔左侧下后槽牙牙齿背，然后沿着一排牙齿背向中间划去，在下门齿背中间停住即可；右侧同理。）

（8）成阻练习——做这个练习时声带不振动，将舌尖、舌面、舌根分别与上颚接触成阻，然后呼出气体。在气体被阻挡后迅速分开，气流冲出，并发出气音："da" "te" "ta" "ke" "ka" "ga"。

练习这组口部操，可以使我们的唇舌有劲儿，对每个字都可以做到叼住字头、立住字腹、字尾归音到位。尤其是在说了很多话之后，依然可以做到吐字清晰有力，唇舌不酸软，说话不吃字儿。这套口部操是长时间靠嘴巴工作的语言表达者需要训练的基本功。

6.2.2 呼吸方法

呼吸，好像我们每个人都会，但是说到语言表达时的呼吸，就会发现，每个人都有所不同。有的人声如洪钟，气息充足；有的人说话有气无力，尤其是在朗诵或者喊"加油"的时候，明显感觉到气息不够用。那什么是正确的呼吸方法呢？如何才能让我们说话时气息充足呢？

1. 正确的呼吸方法

呼吸的方式有胸式呼吸、腹式呼吸、胸腹式联合呼吸法。

（1）胸式呼吸。

吸气时只有上胸和锁骨向外扩张，肋骨以下不动，其余地方不变；呼气还原。在语言表达中采取这种呼吸法，气息较短、需要频繁呼吸，发出的声音比较细、比较浅、比较靠前，适合柔弱萝莉的形象。

（2）腹式呼吸。

吸气时胸部不动，只有腹部扩张鼓起，横膈膜（我们身体内分隔胸腔和腹腔的膜状肌肉）下沉，呼气还原。平躺睡着的婴儿，采用的就是腹式呼吸。在语言表达时，采用腹式呼吸，吸入的气息量大，不需要频繁吸气，发出的声音宽厚、深沉。

（3）胸腹式联合呼吸法。

胸腹式联合呼吸法是语言表达时常用的呼吸方法。胸腹式联合呼吸法并不是对前两种呼吸方法的同时运用，而是胸部和腹部的器官配合运动。吸气时，深度快速吸气，两肋打开，上下胸廓扩张，横膈膜下沉，肚子微微鼓起、小腹有控制的力量；呼气时慢速且伴随着语音均匀呼出，上下胸廓收缩，横膈膜恢复，肚子收缩，小腹保持力量不放松。我国传统民间艺术中，发声用到的"丹田气"就是这种呼吸方法。这种呼吸方法使得发音时气息充足，声音可以更好地变化。

2. 如何增强我们的气息？

（1）"嘿、哈"训练。

这个训练可以锻炼我们横膈膜的弹性、灵活度和力量。横膈膜的能力直接决定了我们胸腔的大小和腹腔压力的变化（胸腔大小的变化主要在语言表达的呼吸中运用；腹腔压力的增加主要运用在呕吐、排便等时候）。该训练还可以锻炼到我们腹肌的力量，在我们的发音过程中，腹肌一直保持控制状态。

训练方式：自然站立，双脚分开与肩同宽，双手可以叉腰（叉在腰的上部、胸的下部，即两肋的位置），头抬起，双眼平视前方，提颧肌、挺软腭、下巴放松。开始时用腹肌的力量，把气息送出，发出"嘿、哈"

的短促有力的声音。此时，双手能感受到两肋瞬间打开，横膈膜瞬间下沉。

（2）贴墙吹纸。

这是对于呼气控制的训练。

训练方式：准备一张单层的面巾纸（一般抽纸分开单层即可），面对墙壁近距离地自然站立，双手把纸固定在面前的墙上，然后下巴微微抬起，深吸一口气，吹气放手，气息从双唇中间三分之一的部分呼出，聚集在纸张中间，使得纸被气流固定在墙面。然后心中默默数秒，快坚持不住的时候使劲收缩腹部，以延长吹气时间。

（3）有氧运动。

除了专门的气息训练，还有一些日常的有氧运动可以间接锻炼我们的呼吸能力。比如，仰卧起坐、平板支撑可以锻炼我们的核心力量，腹部的控制会更有效；跑步可以锻炼我们的肺活量等。

3. 训练气息的段子

（1）绕口令：练习下面这段话："一个枣儿……十个枣儿……一个枣儿"，不换气、不加快，每个字都要发音清楚。

打枣儿

出东门，过大桥，大桥底下一树枣儿。

提着杆子去打枣儿，青的多红的少。

一个枣儿、两个枣儿、三个枣儿、四个枣儿、五个枣儿

六个枣儿、七个枣儿、八个枣儿、九个枣儿、十个枣儿

十个枣儿、九个枣儿、八个枣儿、七个枣儿、六个枣儿

五个枣儿、四个枣儿、三个枣儿、两个枣儿、一个枣儿

这是一段绕口令，一口气说完才叫好。

（2）词语练习：可以念名单、菜单、地理名称等。练习要领是读的每一个词都要保持读第一个词时的状态：音量、语速、口腔力量都保持不变。每读3~5个词后要迅速吸气，且不要发出换气声，不要有换气的肢体动作，如肩膀耸起等。

千字文（节选）

天地玄黄，宇宙洪荒。日月盈昃，辰宿列张。
寒来暑往，秋收冬藏。闰余成岁，律吕调阳。
云腾致雨，露结为霜。金生丽水，玉出昆冈。
剑号巨阙，珠称夜光。果珍李柰，菜重芥姜。
海咸河淡，鳞潜羽翔。龙师火帝，鸟官人皇。
始制文字，乃服衣裳。推位让国，有虞陶唐。
吊民伐罪，周发殷汤。坐朝问道，垂拱平章。
爱育黎首，臣伏戎羌。遐迩一体，率宾归王。
鸣凤在竹，白驹食场。化被草木，赖及万方。
盖此身发，四大五常。恭惟鞠养，岂敢毁伤。
女慕贞洁，男效才良。知过必改，得能莫忘。
罔谈彼短，靡恃己长。信使可覆，器欲难量。
墨悲丝染，诗赞羔羊。景行维贤，克念作圣。
德建名立，形端表正。空谷传声，虚堂习听。
祸因恶积，福缘善庆。尺璧非宝，寸阴是竞。
资父事君，曰严与敬。孝当竭力，忠则尽命。
临深履薄，夙兴温凊。似兰斯馨，如松之盛。
川流不息，渊澄取映。容止若思，言辞安定。
笃初诚美，慎终宜令。荣业所基，籍甚无竟。
学优登仕，摄职从政。存以甘棠，去而益咏。
乐殊贵贱，礼别尊卑。上和下睦，夫唱妇随。
外受傅训，入奉母仪。诸姑伯叔，犹子比儿。
孔怀兄弟，同气连枝。交友投分，切磨箴规。
仁慈隐恻，造次弗离。节义廉退，颠沛匪亏。
性静情逸，心动神疲。守真志满，逐物意移。
坚持雅操，好爵自縻。都邑华夏，东西二京。
背邙面洛，浮渭据泾。宫殿盘郁，楼观飞惊。
图写禽兽，画彩仙灵。丙舍旁启，甲帐对楹。

肆筵设席，鼓瑟吹笙。升阶纳陛，弁转疑星。
右通广内，左达承明。既集坟典，亦聚群英。

6.2.3 如何让声音更动听、更有个人特色？

1. 共鸣

（1）共鸣腔体。

我们在发声时，是由气息冲击声带，使声带振动发声的。这个声音微弱细小，被称为"喉元音"。喉元音经过各个腔体的共鸣后，产生扩大和美化，形成我们最终的声音。接下来我们先认识各个共鸣腔体。

我们的共鸣腔体有鼻腔、口腔、咽腔、喉腔、胸腔等，如图6.4所示。

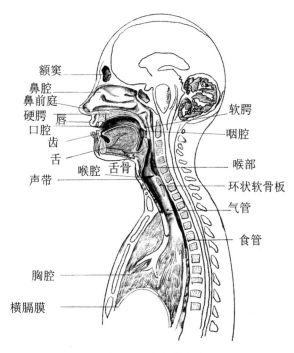

图6.4 发声器官

鼻腔，鼻音的主要共鸣腔体，一般是软腭放松下垂，让气流和声波从鼻腔流出，形成鼻腔共振。有时也通过声波在口腔中冲击硬腭，由骨传导产生鼻腔共鸣。

口腔，重要的共鸣腔体，也是字音形成的地方，它的活动和变化可以直接改变语音发声，也就是形成不同的字音。对于声音的圆润饱满程度也有直接影响。

咽腔，上端连接鼻腔、口腔，下端连接食管、气管的一段圆锥形弯曲的通道，长 12～14 厘米。它的腔体较大、可以改变的幅度也大。在语言表达的体系中，需要保持积极的状态，同时挺起软腭。

喉腔，声带振动后的第一个共鸣腔体，是喉咙中间向外凸起的囊腔，容积较小。喉头上移时，声道变短，有利于高频泛音的共鸣；下移时，声道变长，有利于低频泛音的共鸣。在语言表达的体系中，需要喉头放松，位置保持不变。

胸腔，由肋骨支撑的胸廓，因为容积大，所以可以很好地扩大音量，增强低频声波，使声音听起来更加浑厚。

另外，鼻腔以上的共鸣统称为"头腔共鸣"，在语言表达体系中并不常用，是女高音、男高音常用的共鸣腔体。

在语言表达体系中，我们以喉腔共鸣为起点，以口腔共鸣为主，以胸腔共鸣为基础，以鼻腔共鸣为补充。它们共同作用、相互配合，使得我们的声音圆润悦耳、饱满洪亮。

（2）改善共鸣的要领与练习。

① 说话或练声时要保持"提颧肌、打开口腔、挺软腭、松下巴"的积极状态。

② 说话或练声时，嘴角轻微上抬，声音会上扬、明亮。

③ 说话或练声时，将嘴唇紧贴在牙齿背上，保持收紧的状态，不要放松离开，可以提高声音的明亮度（尤其注意"ü""u""o"的发音）。

④ 用"啊"来唱一首曲，过程中改变口腔开合的大小，来体会口腔共鸣的变化。

⑤ 做"哼鸣"练习，双唇轻闭，气流冲过声带，声带振动，气流和

声带一起从鼻腔流出，可以哼一首曲来体会鼻腔的共鸣。

2. 声音的弹性

（1）声音的弹性如何理解呢？我们来试着读一下下面几句话，一定要带着感情，想象着不同场景的同时读出声来。

① 秋天，别人告诉你下雪了——"啊？下雪了？"

② 你回头看到窗外在下雪——"哦，下雪了。"

③ 在雪地里扬起雪，开心地说——"耶！终于下雪啦！！！"

④ 下了好几天雪，好不容易停了，刚洗了车，发现又下雪了——"讨厌，又下雪了！"

⑤ 朗诵——"雪，纷纷扬扬下得很大，白雪飘飘飘、飘飘白雪，我爱这粉妆玉砌的世界。"

体会一下你在读这几句话时的力度、气息、共鸣、情感、响度、明亮程度、虚实等。这几种声音状态的变化，就叫作声音的弹性。

在语言表达中，富有弹性的声音更有魅力。要想熟练掌握这种"弹性"，就需要体会语言中的情感，同时训练自己对气息和共鸣的控制能力。

（2）关于声音弹性的训练。

《教我如何不想她》是刘半农所作，在读的时候要把情感和思念注入其中，体会睹景思人、仿佛畅游梦中的感觉。气息略微上浮，用气托声，在句与句之间保持声断意不断。

教我如何不想她

天上飘着些微云，地上吹着些微风。

啊！微风吹动了我头发，教我如何不想她？

月光恋爱着海洋，海洋恋爱着月光。

啊！这般蜜也似的银夜，教我如何不想她？

水面落花慢慢流，水底鱼儿慢慢游。

啊！燕子你说些什么话？教我如何不想她？

枯树在冷风里摇。野火在暮色中烧。

啊！西天还有些儿残霞，教我如何不想她？

《囚歌》是叶挺的作品，读的时候要体现出钢铁般的意志、绝不服输的精神。声音厚实、偏硬，腹部用力，用丹田气发声，字字顿挫。

囚歌

为人进出的门紧锁着，为狗爬走的洞敞开着，
一个声音高叫着：爬出来吧，给你自由！
我渴望着自由，但也深知道——
人的躯体哪能由狗的洞子爬出！
我只能期待着，那一天——
地下的烈火冲腾，把这活棺材和我一齐烧掉，
我应该在烈火和热血中得到永生。

下面是纪录片《十里长街送总理》的解说词，灵车徐徐开来，百姓为总理送行。读这段词时要体会人们对周总理的缅怀之情，对他逝世的悲痛之情。但是要保证发音的清晰和庄重，气息要充足，腹部用力，用气息托住情感，声音偏实但不生硬。

《十里长街送总理》片段

夜幕开始降下来。几辆前导车过去以后，总理的灵车缓缓地开来了。灵车四周挂着黑色和黄色的挽幛，上面装饰着大白花，庄严，肃穆。人们心情沉痛，目光随着灵车移动。好像有谁在无声地指挥，老人、青年、小孩，都不约而同地站直了身体，摘下帽子，眼睁睁地望着灵车，哭泣着，顾不得擦去腮边的泪水。

练习《教我如何不想她》《囚歌》和《十里长街送总理》，注入的是完全不同的三种情感。建议大家了解一下幕后的故事，体会出其中的情感后再去读一遍，相信大家会有更深的体会。

3. 情、声、气的结合

要想让声音更有魅力、更有特色，就要合理运用共鸣、气息，同时，要把情感注入声音之中。只有"情""声""气"完美结合，你的声音才会更具感染力。这三者的配合是"以情带声，以声传情"且"情取其高，声取其中，气取其深"。

那么，在演讲中我们应该如何做到情、声、气配合呢？我们又应该注意些什么呢？

（1）保持良好的站姿或坐姿，有利于运用气息。站立时，挺胸、抬头、立腰，腹部保持紧张状态，身体略微前倾；坐下时，只坐凳子的三分之一，身体前倾，腹部保持紧张状态。

（2）保持"讲述"的状态，想象你给某个具体的人讲述你的所见所闻、所思所想。是讲述和交流，而不是读字或背诵，这样有利于对情感的体会和表达。

（3）保持"提、打、挺、松"的积极的口腔状态，保持口腔共鸣的足够空间并适当加入胸腔共鸣，这样会使声音更圆润、明亮、柔和。

6.3 接连演讲，嗓子都快哑了，该怎么办？

经常需要公开讲话的人分为两种，一种，声音越来越亮、越来越通透，如专业的晚会类主持人；另一种，声音很快出现疲态甚至沙哑，如讲师甚至是著名讲师，声音会有哑态、不干净。那么，我们应该如何让自己的声音保持明亮、柔和，不疲惫，不沙哑，如何避免声带小结呢？（声带小结是指声带长出的结节，一般是因为用嗓过度且没有科学用嗓导致的，需要手术切除。）

6.3.1 提升自己的用嗓能力——日常练声的方法

第一，用科学的方法发声（参见6.2节中介绍的呼吸、共鸣、情感、气息相结合的发声方法），可以在长时间的发声中，减轻喉部和声带的"工作"压力。

第二，保持练声的习惯。练声所用到的各个器官的肌肉，与我们普通的肌肉一样，需要科学地训练。长时间科学地训练可以提高我们声音的明度、气息的深度、音域的广度、共鸣的能力，提高声带的机能。

关于练声的时间，一般建议选择早上练声。人在刚睡醒的时候，声音状态还处于"沉睡"中，没有打开，这时喝一杯清水，让声音"清醒"

后开始练声，练完再吃早饭，可以达到事半功倍的效果，让一整天的声音都处于比较好的状态。

科学练习的步骤如下。

第一步，做口部操，唤醒肌肉（详见 6.2.1 小节的第三部分："口腔的训练——口部操"）。

第二步，进行"啊"的练习，声音从低到高，由暗到明反复训练。然后用日常说话的音域练习"啊"的四声（ā、á、ǎ、à）以及"ba""pa""ma"的四声。

第三步，练习字与词的发声。（详见 6.1 节中的字词训练。）

第四步，绕口令训练。（详见 6.1 节中的绕口令训练。）

第五步，"嘿、哈"训练。（详见 6.2.2 小节中的"嘿、哈"训练。）

第六步，气息训练。（详见 6.2.2 小节中的第三部分："训练气息的段子"中的绕口令和《千字文》。）

第七步，段落训练，可以朗诵诗歌、课文、演讲稿中的段落等。

以上步骤每天早上坚持训练，一个月之后，你的声音状态、咬字能力、气息控制能力等会有明显的提高。

> 注意

（1）练声时不要不停地喝水，否则容易养成"水嗓"，就是不喝水的话，长时间说话会哑的嗓子。

（2）声音疲惫时可以停止，循序渐进，重在坚持。

（3）嗓子发炎时、感冒中、女生生理期不要练声。

6.3.2 嗓子的养护与用嗓禁忌

我们的嗓子不只是公开讲话的重要工具，也是日常生活中的常用器官，对于经常需要用嗓的人（如讲师、主持人、演讲家等）来说，保护好嗓子尤为重要。

1. 日常注意事项

（1）大量用嗓前后不要喝凉饮料，也不要吃凉的、辣的东西。

（2）不要抽烟，或尽量少抽烟。

（3）冬季要穿高领衣服或戴围巾，不要让声带受冻。

（4）如非必要，尽量不要"嘶吼"，否则会非常毁嗓子。

（5）不要说几句话就喝水，否则会容易养成"水嗓"。

（6）女生生理期时，声带充血，此时不要过度用嗓，不要练声。

（7）嗓子发炎时不能过度用嗓，感冒时不要过度用嗓。

2. 过度用嗓怎么办？

如果因为职业需要或者其他特殊情况，需要大量使用嗓子，而嗓子已经非常疲劳了，此时该怎么办？

（1）日常疲劳时的处理。

用气泡音按摩声带：将发声器官全部放松，嘴巴轻微张开，呼出匀速且微弱的气流，喉部轻微用力发出微弱声响，然后逐步将声音的音量变低，同时喉部张开，此时，声音会像一串气泡一样发出来。这就是气泡音。（如果用以上方法发不出气泡音，多半是因为喉头过紧，可以仰起头，下巴不动，嘴微张，然后保持这个姿势的同时，呼出匀速微弱的气流，喉头发出微弱声响，此时你会发现，声音像一串气泡一样，这样也可以发出气泡音。）

（2）轻微疲劳时的处理方法。

如果用嗓过度，导致声音轻微沙哑，那么可以多喝养护嗓子的茶水，如胖大海、罗汉果、菊花茶（不加糖）、淡盐水等；也可以用含片、中成药（具体药名请询问医生）来帮助嗓子恢复。

（3）重度疲劳时的处理方法。

如果嗓子已经到嘶哑、发炎的程度，但仍有用嗓需求，就在保持日常养护嗓子的基础上及时就医。根据用嗓需求和嗓子的状况，遵循医嘱，用"雾化""喝药""声带打针"等方式帮助声音尽快恢复。

第 7 章　准备演讲，像准备一场秀

演讲，演讲，一曰"演"，二曰"讲"。演绎的能力和语言表达的能力同等重要。《汉典》中对"演讲"的解释是，"在公众场合，以有声语言为主要手段，以体态语言为辅助手段，针对某个具体问题，鲜明、完整地发表自己的见解和主张，阐明事理或抒发情感，进行宣传鼓动的一种语言交际活动"。可见"有声语言"和"体态语言"都是发表见解、表达情感、阐明事理、宣传鼓动的重要手段，二者缺一不可。

我们在第 2 章到第 3 章，完整地介绍了从准备到完成演讲稿的全过程。但是，实际的情况是，同一篇演讲稿，到了不同人的手里，演绎出的效果差别非常大；即使是同一个人，在未经训练时和经过调整、训练、指导之后，针对同一篇演讲稿所呈现的结果也截然不同；同一个人，即便已经具备了比较成熟的演讲能力，在不同的场合和情况下，所呈现出的演讲效果也会不一样。因此，准备一场重要的演讲，就要像准备一场秀一样，关于具体做法，本章将详细讲述。

> **本章涉及的主要知识**
> - 如何有效地排演？
> - 不同的演讲方式（舞台演讲、互动演讲、镜头前的演讲、广播演讲）如何练习。
> - 临时调整演讲稿。

> **注意**
> 本章为不同情况下的实操指南。看书只是"指导"，真正将书中技巧运用到生活中、演讲的训练中才能做到融会贯通。

第7章 准备演讲，像准备一场秀

7.1 排演，排演，怎样做才是有效排演？

我们有幸看到的所有优秀的演讲，八成是经过多次有效的排演的，部分精彩的临场发挥也是在常年、多样的有效排演的基础上完成的。由此可见，当演讲者完成稿件的撰写后，接下来进入的"排演"环节，是需要认真对待的，尤其是对于初级演讲者而言。

在排演前，首先要了解自己的演讲属于哪种情况，是需要背稿子的还是有提词器的，是登上舞台的还是普通会议，是严肃的场合还是轻松的需要跟观众互动的场合。面临的情况不同，排演需要注意的内容也不一样。

7.1.1 有效的排演，确认文稿的演绎方式是前提

在演讲中，文稿的演绎方式一般有三种：完全脱稿、拿着演讲稿、有提词器。这三种情况下排演的重点是不同的。

1. 完全脱稿

针对这种情况，你需要完全熟悉自己的稿件，背会全篇并将其内化为自然而然的语言，然后不着痕迹地"讲"给所有观众。

首先，在排演之前就需要做到可以熟练地"说"出演讲稿中的内容。因为如果排演带着稿子（哪怕你不看），正式上台不带，那么很可能会突然紧张和不知所措。同时，如果排演时忘词，那么要像正式演讲一样想应对措施，而不是回去看稿。（具体方法见"9.3 三个小技巧，背词、忘词全搞定"）

2. 拿着演讲稿

这种情况一般演讲内容比较多，场合也比较正式。在排演的时候，注意别对文稿过度依赖。有的演讲者，平日练习时能够做到看一眼稿子，抬头看看观众，但是一到了正式演讲的时候，就一头埋进文稿中，一口气读到结束，没有任何交流感。这样会使演讲效果大打折扣。

为了防止这一情况的出现，演讲者还是需要熟悉文稿。"说出来"和"读出来"的内容，感染力不同，给观众的感受差距也会很大。有人担

心，长时间抬头，再次看文稿时若找不到对应文字的位置，那该怎么办呢？演讲者可以在练习时，在每一个段落开始的地方做上醒目的记号。（不必拘泥于每一个自然段落标注，在自己容易遗忘的需要"看一看"的位置进行标注即可。）

3. 有提词器

现场有提词器，演讲者可以在演讲的过程中看舞台对面的提词器或者罩在摄影机上的提词器。

这种情况下，排演时要注意两点。其一，演讲者和提词器的配合很重要，要确认控制机器翻页的遥控是在演讲者手里还是在编导的手里。演讲者可以自行控制更好，但如果是自动设置或者是由编导控制的，演讲者就需要反复排演，相互适应。其二，不要僵化。有的人不熟悉提词器，会一直盯着机器上变化的文字，看起来僵硬、不自然。针对这种情况，在排演的时候要学会训练自己的头部和眼睛的活动轨迹，做到既不僵硬又不影响看提词器。其实对于没有用过提词器的朋友来说，做到这一点并不容易。但是不能忽视，一定要刻意练习，不要因为有提词器的帮助就掉以轻心。

7.1.2　有效的排演不能忽视不同的舞台情况

你的演讲是在什么场合？是几十人的会议室还是几千人的大舞台？有没有追光灯？有没有背景音乐？有没有大荧幕可以放 PPT？有没有需要排演的道具……每一点变化都会给初级演讲者带来全新的挑战。那么，在不同的场景下，我们需要注意哪些事项呢？

1. 了解演讲的规模（场地大小与观众人数）

在演讲者、主持人等专业领域的评价体系里，有一个关于控场能力的评判指标，俗称"你能镇得住多大的场子"。

控场能力由三大要素决定。第一，演讲者的语言表达能力，表达能力较强的人表达清晰、有逻辑、有感染力；第二，强大的个人能量，这个能量包括对自己所传播的内容有着坚定的信念，在别人面前有着强大的气场（这种气场不一定是外化张扬的，也可以是深沉坚定的）；第三，有丰富的经验,可以随机应对不同的情况和场合。

控场能力,需要大家一场场去训练,是在个人素养和能力的基础上,由每一场演讲沉淀下来的能力。

2. 了解舞台效果

舞台效果包含舞台与观众席的距离、舞台的大小、音响与话筒、背景音乐、配合演讲的大屏幕、追光灯等。

关于舞台效果,演讲者不只要了解,还要在正式演讲之前,至少配上舞台效果排练一次。笔者的学生张三(化名),表达能力不错,同时也办过几十场成功的线下演讲。但是有一次,他在舞台上的表现很不好,刚开始时甚至有些迷茫,没有气场。笔者与其交流之后才了解到,当他信心满满地站上舞台时,突然一束追光打到了他的脸上。他眼前一片空白,什么都看不见,同时大脑在那一瞬间也空白了。尽管他迅速调整了自己的状态,完成了当天的演说,但是在前半部分,他的感染力和气场远不如从前。究其原因,就是因为他对于这个舞台的真实状况不够了解,没有做好充分的准备。

3. 排练演讲中会用到的各类道具

有些演讲不单单是说话,还涉及演示。演讲所用的 PPT 只是最基础的一种,在《只需 20 个小时,你就能学会任何事情》的演讲中,演讲者用到了高脚凳、尤克里里;《超级演说家》中的演讲者有的需要展示物品,有的要跳舞,还有的表演了魔术来辅助演讲。

如果你的演讲需要用到 PPT、道具、配乐,那么最好在正式演讲之前,进行完整的排演。从主持人介绍完你的演讲、舞工队布置舞台开始,一直到演讲结束,你和道具退场,全部需要排演。记住,演讲的道具是来帮助你的,不是来拖累你的。

7.1.3 有效的排演,一定包含对观众反应的应对方法

7.1.1 和 7.1.2 小节讲的都是我们经过刻意训练可以自行掌握的内容,而观众的反应却是最考验演讲者的。即便是一个舞台经验丰富的人,也不一定能处理好所有的状况。

李诞是一个非常成功的脱口秀演员和脱口秀行业的创业者,他有着非常丰富的舞台表演经验,参加过《脱口秀大会》《吐槽大会》两档优秀的语言类综艺节目。他曾经说过,他喜欢观众跟他互动,也不怕观众跟他唱反调,甚至在台下喊话"你不好笑"都可以。但是,李诞最怕遇到的情况是,观众没反应且一动不动、没有表情地看着他。"遇到这种情况,我也没招儿"。举这个例子,是为了让大家不要有心理负担,只要观众有反应,那么任何反应对于演讲者来说,都是好的机会。

那么我们应该如何做呢?

第一,在演讲前带观众排演。有条件的可以挑选一些小场合,比如,学生在参加演讲比赛前,先在教室里跟同学讲一讲;成人可以在教堂、社区甚至广场上跟大家讲一讲。没有条件的,可以找自己的朋友,让他们扮演观众来听你的演讲。在整个过程中要记录"观众"的反应:观众在哪里会笑、会鼓掌,演讲者就在哪里留出时间;观众在哪里露出听不懂的表情,演讲者就在哪里放慢速度,或者在这些地方添加补充说明。多练几次,基本就可以预判观众的反应了。

第二,正式演出时,如果观众的反应完全符合甚至超出了你的"预期",你的状态会越来越好。但是如果观众出现了负面的变化和讨论,那么你一定不要胆怯或不知所措,更不要愤怒。你需要调整自己的心态,一不逃避,二不愤怒,直面观众的质疑,抓住主要矛盾,避免纠缠于细枝末节。

比如,在《觉醒年代》中,胡适先生在北京大学发表题为《大学与中国高等学问之关系》的演讲,演讲刚开始,辜鸿铭先生就毫不客气地站起来讥讽胡适先生不懂希腊语,英语发音不标准等问题(2.2.3 小节中的第 6 点"演讲语言的选择"中的案例,详细描述了这场"争论"的全过程)。胡适先生是这么处理的:在辜鸿铭先生坐下之后,他说"想必这位就是赫赫有名的辜鸿铭先生吧!初次见面就劳您教诲,晚生十分荣幸!"然后鞠了一躬,转身对大家说道:"我非常感谢辜先生对我英语发音上的纠正,但是今天,我引用《荷马史诗》这句话,我不在乎它的语言、语音、语调,我不在乎它是正宗的英国人的伦敦腔,还是下等人的发音，我在乎的是，它所表达的内容。'如今我们回来了，请你们看分晓吧'，辜先生，这句话也是我想对您说的，这句话也是我想送给在座的每一位，这句话也是我们北大学人，对一个旧的中国、一个旧的文化的宣言，也是我们对于办好新北大的一个郑重的承诺！"

胡适先生的这段表达，先是对于辜鸿铭先生表达了尊重，（当时，辜鸿铭是文化界的名人、是北大资深的教授，是年轻教师尊敬的前辈，而胡适只是刚刚应聘进来的青年教师。）然后快速把演讲"拉"回"正途"，表明发音是小事，重点在于"我们"要大干一场了。

如果观众既不是正向鼓励，也不是负面质疑，而是没有反应、面无表情，那么应该怎么办呢？演讲者处理这种情况需要更强大的内心。调整心理状态，心里想着对观众的话："来，我跟你们讲；来，听我说。"如果是轻松的可以互动的环节，观众没反应，就直接叫他，简单地问一点问题，开个玩笑，那么观众会迅速从"不关我事"的漠然中，恢复到听演讲的积极状态。

7.1.4　有效的排演，需要准备一些随机应变的空间

在学习语言表达的过程中，一个非常重要的学习板块是，即兴表达（具体的训练方法见第 12 章）。然而，演讲中看似随机的应变，其实是可以有所准备的。下面我们就来分享一下随机应变的三种情况以及准备方式。

1. 计划中的应变

在专业的演讲场合，准备好自己演讲的同时，如果能准备好下面三方面的内容，你"随机应变"的能力就会大幅度提高。

（1）关于个人的介绍。个人介绍是要提前准备的，很多正式的演讲场合，主持人会介绍你，但是当你完成演讲后，还会有人询问关于"你"的各种情况。注意，并不是写一分钟的自我介绍，像"大家好，我是×××"。真实的状况是，你会在问答中完成自我介绍。所以你的准备应该是清晰的自我定位，包括"我"是做什么的，"我"想给大家一个什么样的形象等。

（2）关于主题的内容。演讲的容量有限，一般是经过演讲者精心挑选的，如果有评委、主持人、观众等对你的问题产生了兴趣，就会进行追问，尤其是跟科学实验、科技发展、心理学、法律法规等有关的内容，很有可能会被问到专业领域的问题，你一定要提前准备。

（3）关于演讲稿背后的故事。演讲稿呈现的只是某一个故事（或某几个），但是生活是连续的，如果观众对你讲的故事感兴趣，就会进行追问。比如，你讲了跟朋友的某件事，观众有可能会问，"你们是怎么认识的？""现在还有联系吗？""他过得怎么样？"等。

2. 意外情况的处理方式

意外虽然很少出现，但是一旦出现，最需要准备的是心态。心态平和、坦然接受才能保障自己可以稳定发挥，处理好这种"意外"。

2015年，汪涵在主持《我是歌手》的直播节目时，孙楠突然宣布退赛，汪涵的处理方式获得了业内业外人士的认可。

在汪涵准备公布首轮竞演的结果时，孙楠突然举手并叫住汪涵，告诉他自己有话说："三年前《我是歌手》找的第一个歌手就是我，三年来他们从来没有放弃，一直在不停地努力，我真的很佩服，《我是歌手》节目组的工作人员做得这么认真。我是这季歌手里面最大的哥哥了，我想让我的弟弟妹妹们能够继续向歌王冲刺，所以我决定，放弃下一轮。我希望节目组，还有亲爱的观众朋友们能够成全我的心愿。"这段话说出来，所有人都愣了，而汪涵，即便在还没厘清思路的情况下，也必须开口说话，因为他是主持人，现场的观众和正在看直播的观众都在等待他的反应，参赛歌手和编导都在等下一步的调整。

好，嗯，这样吧，既然我是这个舞台的节目主持人，那接下来就由我来掌控一下吧。（他说这句话时，节奏很慢，明显还没有想好应对的策略。）

首先，我要请导播抓紧时间给我准备一个3~5分钟的广告时间，谢谢，我待会儿要用。接下来我要说的这一段话，有可能只代表我个人的观点，而不代表湖南卫视的立场。（这句话，靠主持人的专业素养撑住了，一方面让导播和编导们准备好应对，另一方面想好自己接下来说什么。）

嗯……我从21岁进入湖南广电，所以我觉得我自己身上的很多优点

第7章 准备演讲,像准备一场秀

和缺点似乎都打上了湖南广电的很多烙印。包括所谓"没事儿不惹事儿,事儿来了也不要怕事儿"。对于一个节目主持人,在这么大一场直播当中,一个顶尖级的歌手,一个顶梁柱一样的歌手,突然间宣布退出接下来的比赛,我想应该是"摊上事儿了",甚至是"摊上大事儿了"。但是说实话,我的内心一点也不害怕,因为一个成功的节目,有两个密不可分的主体,除了这个舞台上的7位歌手之外,还有电视机前的亿万观众,和现场的这么多观众。我之所以不害怕,是因为你们还真诚地、踏踏实实地坐在我的面前。我还可以从各位期待的眼神中读到,你们对接下来每一位要上场的歌手他们即将演唱的歌曲的那一份期许;我还可以从各位的姿态中,感受到你们内心的那种力量,这种力量,足够给楠哥、给红姐、给The one、给李健、给维维、给黄丽玲、给彦斌、给所有的歌手。已经准备好了,会有千万个掌声要送给他们。楠哥,不信你听(观众掌声)……这是我要说的第一层意思。(争取到观众的理解和支持以及稳住参赛人员的心,并给自己和同事打气去积极处理这个意外。)

第二层意思,我想表达的是,我虽然不同意楠哥的一些观点,但是我誓死捍卫您说话的权利,所以刚才我有话筒,听到那一段的时候,我并没有试图打断您要说的话,虽然,我可以这么做。其实,每一位歌手来到这个舞台,他都有权利选择我来,或者是不来。当然,您自然也有权利选择在您认为是对的时刻,依着自己认为对的那个心情,做出你要离开的这个决定。所以,我相信我们应该尊重一个成熟的男人,在这一刻做出的决定。当然,我们在这里要提出一个希望和请求,就是希望您以一个观众的身份继续坐在这个地方,来看你最爱的弟弟妹妹们向歌王的舞台进军。我也相信我们现场的500位大众评审已经做好了准备,用掌声来接纳这位不期而至的观众。不信,你听(观众掌声)……(这段话非常漂亮。首先,给了退赛歌手足够的尊重;其次,表明了自己的态度——他可以打断,但他选择尊重;最后,向退赛歌手展示友好、缓解尴尬,并让观众理解和接受孙楠的决定。)

接下来,对于我个人而言,一个主持人在舞台上不可能有这么快的反应速度,也不可能有这么大的权力来重新调整接下来因为楠哥的退出而要改变的比赛的规则。因为有一个歌手要退出,所以比赛规则都要做出相应的改变,所以有请导播,在这一刻给我放 3 ~ 5 分钟的广告,我要跟我们的制作团队,跟我们的领导一起商量,怎么来进行节目上的和赛制上的相应的调整。各位亲爱的观众朋友,真的千万不要走开,还是那句话,真正精彩的时候或许会从广告之后再开始,马上回来。(说罢跑下台去)

汪涵的处理,一方面得益于本身的业务能力过硬,另一方面得益于心态调整得快(这个更重要)。如果当时他沉浸在"这是现场直播呀,突然这么说,让我们怎么办?"的负面情绪中,那么再好的才华也发挥不出来。我们来看他的处理,共分为四个部分:第一,主持人的基本素养,直播遇到意外,给导播发出信号,给全体工作人员留出时间想应对策略;第二,接受事实,并且告诉大家有你们的支持,"我不怕",其实更像是告诉自己,"我能处理好这件事";第三,表明态度,包括对孙楠退赛的态度,对观众的态度;第四,推进节目,说出节目需要调整,广告后立刻回来。

其实,放大我们的视野,应变能力好的人,即便他不是主持人。他的处理方式也会包含三个部分:第一,迅速接受既定事实;第二,表明自己的态度和立场;第三,推进整体进程。初学者在演讲时遇到意外情况,同样可以用这三个部分来处理。在这里笔者着重强调一下第一步,即调整心态,从心里接受意外,坦然面对,千万不要觉得丢脸或愤怒,而是用平常心去面对。这是最难的。如果当时你的思维混乱,那么可以先跟观众描述一下刚刚发生了什么事情,就像跟朋友聊天一样,这样也有助于自己直面现实。

3. 主动应变

很多时候,演讲并不是孤立存在的单人秀,它被这样几个因素所左右:(1)现场观众的反应(上场之前,观众的情绪状态和配合程度);(2)本场演讲的主题;(3)排在前面的演讲者、主持人的演讲内容;(4)演讲之前发生的随机事件。如果演讲者主动积极地尝试,把上台之前舞台上发生的有意思的事,融入自己的演讲中,那么演讲的效果会迅

第7章 准备演讲,像准备一场秀

速提升,观众和演讲者之间的距离会被迅速拉近,仿佛演讲者不是刚刚上台演讲,而是从"那一刻"(演讲者所讲的舞台上发生的故事的那一刻)就跟观众在一起了。

在脱口秀中,有一个技巧叫"Callback",就是运用了同样的原理。Callback原意是"回拨电话,召回",而在语言技巧中是指,演讲者讲的内容与前面的内容有呼应关系或顺承关系。这个内容既可以是前面演讲者讲的段子、故事,也可以是之前舞台上发生的事情。在《脱口秀大会》上,很多新选手为了让观众迅速与他建立"熟悉"的感觉,会Callback前面选手的段落。而在毕业演讲、开学典礼上,发言的老师和学生代表也会用这种方式,来使自己的演讲更加轻松。

你真以为对着镜子练习就够了?

演讲前只是对着镜子练习就可以了?不,实际上真正练习过的人都知道,这只是初级的方式。演讲者可以在镜子前面规范自己的站姿、走姿、基础手势,但是整篇演讲只需要在镜子前面稍加练习即可,重点要参考本节介绍的几种不同情况下的练习方法。

因为,对着镜子练习有一个很大的弊端,那就是当你关注自己演讲时的姿态与行为的时候,你的语言表达就不能完全自如,甚至"说哪句话应该做哪个动作"的思维,会禁锢住你的行动,也会限制住你的情感表达,使得演讲的感染力大大下降。如果只是对着镜子练习,那么当你真正演讲的时候,因为没有镜子,你的动作要么畏首畏尾,无法发挥出自身的演讲魅力,要么完全投入于稿件中,导致动作变形却又不自知。

那么,如何做到有效的排演呢?

7.2.1 排演的基础准备

1. 心理准备

摆正自己的心态,明白练习就是要发现自己的问题,尤其是要发现自己在全身心投入演讲中的状态下,暴露的习惯性问题。所以,不要站在镜子前面审视自己的表现，而是要专心于演讲本身，放心地投入情感，不要害怕暴露缺点。

2. 设备准备

准备录像机或手机、收音设备，在练习的时候记录下来，同时还要准备回看的设备（若是手机录制的直接看即可；若是录像机录制的，则需要连接电脑或显示器直接观看），准备纸和笔做记录。还有，如果可以，最好安排几个"观众"。

3. 信息准备

了解自己正式演讲的场合属于哪一种，如舞台演讲、互动演讲、镜头前的演讲、广播演讲等，然后进行针对性的演讲训练。

7.2.2 舞台演讲

舞台演讲是指演讲者需要站到舞台上，面对台下的观众完成演讲。在排演的时候，要注意肢体语言以及现场的设备环境等。

针对舞台演讲的训练方法如下。

第一步，处在完全放松的状态下投入演讲，并且找个人帮你录下来，你会"惊喜"地发现，抖腿、晃身子、驼背、扶腰、挠头、摸鼻子、来回踱步、手一会儿插兜一会儿拿出来等小毛病，在你的不经意间全暴露在了舞台上。这些毛病会显得你内心不安、没有气场。

第二步，回看并记录。记录下每一个需要改正的毛病，并且挑选出比较明显的几个，刻意纠正。

第三步，刻意训练。找个人专门盯住你的第二次排演，此时不要求演讲的完整度，不需要录制，只要犯了小毛病，专人立刻提醒你，同时你的演讲继续，在进行中改毛病。比如，正在抖腿，专人指出抖腿的毛病，那么你即刻站好，但是语言表达不要停。

第四步，当小毛病出现次数减少后，重新录制演讲，并用同样的方法回看记录，循环往复，直到在你投入演讲的状态时没有明显的小毛病为止。

第五步，带妆、带话筒、音响、灯光等，在真实的舞台上排演，并邀请至少一个人在台下帮你记录。在此期间，要注意与各个设备之间的配合以及走位等。

7.2.3 互动演讲

互动演讲是指以与观众发生互动为主的演讲，包括问答、邀请观众上台演示或体验等。这种演讲非常考验演讲者的控场能力和应变能力。

针对互动演讲的训练方法如下。

第一步，稳定演讲框架。互动类型的演讲，它的时长很大程度上是受互动环节影响的，因此，首先你要确定你的互动环节在演讲的哪个部分，每个互动环节需要几分钟时间，如果超过时长，应该如何推进演讲进程等问题。

第二步，寻找你的"观众"，从头到尾进行排演，每一个环节的时间、流程等都要严格记录，同时对于效果要进行复盘。

第三步，针对排演中出现的时间不准确、流程无法顺利推进、重点环节时间不够或次要环节时间过长等问题进行调整，然后反复排演。

第四步，带妆、带话筒、音响、灯光、道具等，在真实的舞台上排演，并准备突发情况的预案。

7.2.4 镜头前的演讲

这里所说的"镜头前的演讲"，不是有镜头的意思，而是演讲者要面对镜头进行演讲，他的眼睛看着的是镜头背后的观众。也就是说，现场并没有真正的观众（现场有观众的算是舞台演讲）。

对于镜头前的演讲，演讲者容易出现的状况有两个。

一个是，对于不常面对镜头的朋友来说，日常生活中落落大方，可是一旦面对镜头就会不自在。

另一个是，常做线下演讲的人有很强的控场能力，会根据现场观众的反应调整自己的节奏、语气、行为。但是，当他们面对镜头演讲时，看不到观众的反应，心里就会没底，自信心会受到一定程度的影响。

针对镜头前的演讲的训练方法如下。

第一步，熟悉镜头，培养"对象感"。盯着镜头看，想象镜头后面有观众，然后对着他们演讲。对于刚开始熟悉镜头的朋友，如果这个练习有难度，则可以看镜头的上缘或下缘，甚至可以在镜头周围贴两只眼睛，把它当作观众的眼睛。这样做可以帮助演讲者想象观众的存在，而且眼神不容易发"愣"。

第二步，录制演讲，同时请人当你的观众去记录"特殊时刻"。所谓特殊时刻，是指无法吸引观众的时刻（是因为内容不够有趣，还是因为"对象感"缺失）、看起来不自信的时刻、做了不恰当动作的时刻和节奏不合适的时刻。

第三步，根据记录完善自己的表现，训练后再进行录制，反复几次，直到录制的视频没有明显问题。

第四步，实景训练。镜头前的演讲，一般在正规的演播室录制，这可能与平时练习的场景不一样，专业的演播室有专业的灯光布置、话筒、机位等，在正式做镜头前的演讲之前，最好至少有一次现场实景训练的排演。

7.2.5 广播演讲

广播演讲是媒体技术不发达时，演讲最重要的传播方式。即便到现在，各大官方广播电台和喜马拉雅等新媒体电台中依然存在这种方式的演讲。因为这种方式不占用观众的眼睛，观众可以边听边做自己的事，所以更加自由。

做广播演讲时，演讲者看不到听众，听众也看不到他，这对于演讲者的语言表达能力有着更高的要求，因为语言几乎是他唯一的传播方式。

针对广播演讲的训练方法如下。

第一步，语音核查与矫正。录下你的演讲，将它放给一个朋友听，同时让他拿出笔记录。任何听不清楚的地方、有歧义的地方、需要给听众时间思考的地方、听众容易走神的地方等都要做出标记。

第二步，根据标记进行调整。对于听不清楚的地方，训练自己的发音或者替换一个容易听懂的词；对于有歧义的地方，则添加补充说明，或者换一个日常生活中常用的词语；在需要给听众时间思考的地方，直接抛出多数听众会思考的问题，或者放慢语速，以减轻听众的信息处理负担；对于听众容易走神的地方，整个表述都需要换掉。

第三步，重复第一步和第二步，直到这些标注没有了。

第四步，寻找演讲的"对象感"。演讲时你的面前只有话筒，但是你需要"面对"成千上万的听众，需要刻意的想象，想象你的眼前有这些听你演讲的人。如果靠想象难以找到感觉，就在面前摆放与听众形象相符的照片，这样也是可以帮助你找到"对象感"的。

第五步，去广播电台熟悉正式演讲的环境和环节，或者去录音棚实景演讲。

7.3 演讲前一分钟，发现稿子不对，改吗？

这种情况其实并不常见，但是一旦遇到，对于演讲者来说就是巨大的考验。要不要改？毋庸置疑，已经发现准备错稿子了，当然要改！本节我们将重点介绍如何改。

7.3.1 准备的演讲与现场风格不符

每一个演讲的现场都有自己独特的风格和氛围。比如，公众演讲更喜欢"以情动人"的演讲方式，《开讲啦》更青睐有深度、有案例的科技前沿、文化前沿的内容；大学生辩论赛，更喜欢密集的逻辑和观点，环环相扣的推理和步步紧逼的辩论……如果演讲者掌握了演讲场合的独特风格、氛围和偏好，就会表现得加倍精彩；而如果演讲者所准备的内容与现场"不搭"，就很有可能无法引起观众的共鸣。

比如，作为一档网络综艺辩论节目，《奇葩说》要求选手会辩论、会讲故事，同时又有很强的综艺感。参赛者储殷教授在参加前，以为这是一个单纯的辩论节目，就按照辩论说理的方式准备了自己的稿子。上场前他担心自己不了解这个场合，就跟席瑞（《奇葩说》另一个参赛人员）讲："如果我说的效果不好，你就一个人鼓掌，给我一个信号。"果然，他在讲演的过程中发现观众异常冷漠，毫无反应。此时他听见了席瑞孤独的掌声。储殷教授凭借对《奇葩说》现场的观察，迅速了解到，这个场合的每一次演讲都是一场"公关"，演讲者要向现场的观众"营销"自己的观点。于是他果断说："讲得太深了是吧，来，我们聊点现实的。"说完直接把所有的稿子抛下，迅速构建了自己新的演讲内容。从那一刻开始，他的演讲才逐步打动现场的观众。

其实对于一些表达能力不是很强的演讲者而言，临场换内容是有点困难的。因为迅速构建新的演讲稿，需要演讲者具备一定量的知识储备和故事素材，同时又有能力迅速构建新的演讲框架，普通人很难做到这点。那么对于普通人而言，面对类似储殷教授的情况，应该怎么办呢？

第一，在准备演讲稿前，就先了解下演讲场合和将要面对的观众。

第二，若无法完全了解演讲场合，就要在准备演讲稿的时候预备几个跟主题相关的故事、支撑演讲观点的素材。

第三，如果只是演讲内容与现场氛围不符，那么演讲的框架不需要动，只要换一种表达方式，换两个案例即可调整自己的演讲风格。

7.3.2　准备的演讲主题与要求的主题不符

一般不会发生这类事情，大部分的演讲都是自选主题，即便是规定题目，也会给演讲者自行发挥的空间。演讲者的主题选择偏差过大的情况，一般会出现在对主题要求很严格的演讲场合，如演讲主题比赛、辩论大赛等场合。

那么，什么情况下，演讲的主题会与要求的主题不符呢？

第一，准备演讲稿时，演讲者陷入了某种"局限思维"。

第二，有时候当演讲者看到某个主题后，他很快便会知道讲什么内容是保险的。但与此同时，他不喜欢那个"保险的内容"，反而因为这个主题词，联想到自己非常想要分享的某件事。于是演讲者会围绕自己最想要讲的这件事来撰写演讲稿，这样一来，就有可能偏题。

为了预防"偏题"，以下四步是必须做的。

第一步，前期与活动的举办者或者编导沟通主题内容，并提供自己有可能的演讲方向和案例，确定个人准备的演讲主题没有偏差。

第二步,撰写演讲稿时,将自己想要讲的故事,用简单的逻辑与主题相连,并且总结一个主旨句,在整篇演讲中反复回扣主题。

第三步,排演时陈述完主题后,跟"观众"聊一聊他对于这个主题的看法,并且积极与之讨论,把你们讨论的时候涉及的问题记录下来,并在之后搜寻案例和故事时建立自己的备选库。

第四步,做完了第一步到第三步,演讲者"跑题"的可能性已经大大降低。但是如果不幸,还是在演讲前或演讲中发现自己偏题,那么第三步所建立的备选库就派上用场了。在发现主题有偏差、情绪紧张时,冒出来的第一个"资料库内容"就是你要围绕它迅速建立新的演讲稿的基础。围绕这个基础,选择排列观点和故事(从备选库选择的和头脑中自然冒出来的故事和观点),然后总结出整篇演讲稿的主旨句,这样就可以大胆上场了。

如果还是无法迅速构建新的演讲稿,那么在紧张的状况下可以这样讲述——先说自己第一次看到这个主题时的想法,然后将自己的思路坦白地讲出来,再去描述跟某个人聊天时想到的故事和观点即可,即第三步中的备选库的形成过程。

7.3.3 主动修改自己的演讲稿,让它更加精彩

演讲者在准备一段演讲时,他的思维更偏向缜密,力求逻辑严谨、故事感人,讲求的是以理服人、以情动人。但是实际的情况是,对于表达能力很好的人来讲,现场的刺激能给演讲者更好的灵感。这时,不要害怕出错,当"灵光乍现"时,一定要抓住它,把非常想要在这一刻分享给大家的故事或观点直接融入演讲中去。一般情况下,演讲者常在演讲的开头或者结尾处进行修改演讲内容。

比如,《脱口秀大会》中,应变能力比较强的选手,喜欢在正式演讲之前,先来一段Callback。而李诞在《奇葩说》中也表现了自己即兴修改稿件的能力。那一期的辩题是《博物馆着火了,救画还是救猫?》李诞所在的持方是救猫,他只准备了两个观点:第一,画最大的价值是活在人们心中,而生命最大的价值是活着;第二,救了的猫是放在家里的

"道德之眼"，所以他救猫后就不会做坏事了。本来他的演讲只到这里，但是在他发言之前，对方辩手黄执中说了一个重要的观点："这道题，我们辩论的不是救画还是救猫，而是讨论你能不能认识艺术品真正的价值，能不能听到'遥远的哭声'。"这个观点一出来，就赢得了很多观众的支持。于是，李诞即兴加了下面这段话。

其实我的论点到这儿就结束了，但是，但是，我来了《奇葩说》之后，发现你们到最后有一个环节，叫"上价值"。有一个像黄执中这样的人，会告诉你们，"这道题我们辩的是救画还是救猫吗？不是！不是！我们辩的，是你能不能识别远方的哭声，对不对？"（学着黄执中的样子说话，观众大笑）远方的哭声，当然也很可怜啊，我觉得我们每个人还是要从朴素的地方做起，近处的哭声你都不管，你管得了远方的哭声吗？（观众尖叫鼓掌）

……

远方的哭声和近处的哭声，我觉得还是可以辩一辩的。那这道题究竟在打什么？……我还真的面对过这样一个问题，我的一个记者朋友问过我，他说："李诞，我在采访生涯中有一个很大的困扰，就是我经常采访的一个当事人，他把他的故事告诉了我，我觉得我报道出去会帮助更多的人，让更多的人认识到这个社会的阴暗面。但是我报道之后，这个人的人生可能就完了，因为那些残害他的人也会看到，他就死定了。那你说这个报道我要不要发？我要不要为了更多的人牺牲这一个人？"我要不要为了人类的文明，牺牲这一只小猫？我当时听了什么反应？我差点一脚踹在他脸上。不要这样想问题，朋友们。不要这样想问题，因为那不是"远方的哭声"，那是你"想象中的哭声"，你为了一个想象中的哭声，你就把一个活生生的人牺牲掉了。

当然，我知道黄执中是个好人，我那个记者朋友也是个好人，我有很多这样知识分子的朋友。他们知识多了之后呀，他就觉得"天将降大任于斯人"，他也不"苦其心志"，他也不"劳其筋骨"，他就天天想怎么牺牲别人。（观众大笑鼓掌）他每天都在想，我怎么牺牲这个去救那个，怎么牺牲小的去救大的，怎么牺牲这个近的去救那个远的，你们疯了吗?

不要这样。历史已经告诉我们了,这个世界呢,维系靠的是我这样"自私"的人,我们这样"自私"地活着,但是我们不伤害别人,这个世界才能运转。而正是这些,为了一些所谓的宏伟的事业,为了一些远大的目标,去不计后果地牺牲别人、牺牲别的小猫的人,频频地让我们这个世界陷入大火,谢谢。(鼓掌欢呼)

这种现场的"灵感乍现",往往能够创造演讲的高光时刻。因为它是你在长期准备的基础上,在现场环境、氛围的刺激下,在略有些紧张的状态中,迸发出的灵感。这种灵感天然地符合现场的氛围,准确地匹配本场主题,又恰好在你的演讲能力范围之内。所以,如果出现这样的时刻,就好好珍惜并迎接属于你的"高光时刻"吧!

7.3.4　如何提升自己临场调整稿件的能力?

我们看到过很多临场发挥好的人,如脱口秀演员、演讲家、记者、主持人、参加综艺节目的其他专业领域的专家,如经济学家、心理学家、社会学家等,甚至包括日常生活中的某些朋友,汇报工作时表现非常优秀的同事、总能签单的销售员、业界享有盛誉的设计师,等等。他们有的是专业的语言工作者,有的是其他专业的人才,他们都是天生脑袋灵光的吗?普通人能不能也有这样的能力呢?

当然可以。这些语言表达能力强、临场发言能力强的人有很多共同点,而初学者要想像他们一样,做到以下几点,同样可以快速提升自己的表现能力。

1. 充足的准备

所有精彩的临场发挥,都逃不过下面的两种情况。要么演讲者有着丰富的人生经验、广博的学识、卓越的语言才能;要么演讲者进行了非常充足的准备。要想达到前者的境界,就需要长时间地积累和学习,不是一朝一夕的事。那么我们应该做哪些方面的准备呢?

(1)熟悉自己的稿件内容。

那些可以做到临场根据需求修改演讲稿的演讲者,一定是在赛前有着充分准备的人。他们对于自己稿件的内容非常熟悉,可以"说"出所有内容,不纠结于某个字。

(2)扩充演讲的备选库。

在准备演讲稿的过程中,演讲者会查找大量的案例,筛选出最适合整篇演讲的。对于那些没有入选的案例,可以将它们放进备选库中。另外,在准备完演讲稿之后,可以准备一些同主题、拓展主题的观点和案例,将它们也放到备选库中。这一部分不需要一字一句地写,只要能够复述即可。

(3)向"观众"找素材。

在训练演讲的阶段,我们找"观众"来帮我们发现并纠正问题,与此同时,在演讲结束后,可以跟这些"观众"聊天,看他们在听完演讲后有哪些扩展的思维,然后将这些思维转化成一个个小的观点,再找点对应的案例(有时他们聊的是自己的故事,本身就可以作为案例),放入自己的备选库。

2. 开放的心态

心态很重要。如果演讲者在演讲之前只是埋头背稿,全然不理整个环境,那么很难有很好的临场表现。演讲者在进入演讲环境后,首先要观察周围的环境、氛围、现场发生的事情等,甚至在演讲的过程中也要保持开放的心态,观察演讲给观众带去的影响等。

就像 7.3.3 案例中的李诞,他观察到《奇葩说》的选手喜欢"上价值",于是临时想到了第三个论点;7.3.1 案例中的储殷教授看到自己的演讲不被观众接受,于是临时放弃稿子,重新进行论述。演讲者想要打动观众,首先得用开放的心态接收来自观众的信号,并且随之做出调整。

3. 刻意训练

刻意训练是最快的提升临场发挥能力的方式。脑子越用越灵活,人越练习说话越会说话。这是因为人的大脑会形成近乎条件反射似的思维惯性,比如,普通人在面对问题时,会习惯性地正经回答;相声演员和脱口秀演员面对问题时,会习惯性地开个玩笑;文学家面对问题时,会习惯性地吟诗作答等。

第7章 准备演讲，像准备一场秀

我们看《脱口秀大会》中的周奇墨，他参加这个节目时所选的表演段落就是已经在线下演出了无数遍的演讲段落。而看过线下脱口秀的朋友就知道，脱口秀演员是根据现场观众的反应，一直在调整自己的稿子，调整自己与观众互动的问答等。一场成熟的脱口秀表演，往往是线下演出几十遍的结果，而且每一遍都有不同的效果。

所以，我们也要刻意寻找场合，训练自己随机应变的能力。

4. 专业知识的储备

强大的专业知识储备，会给一个人非常丰富的理论支持、非常专业的分析能力，以及强大的自信。而且，任何学科都试图解释这个世界的现象和规律，当你将某个学科研究到极致时，你会发现它甚至可以解决所有领域的大部分问题。比如，《奇葩说》导师薛兆丰，他本人是经济学教授，但无论节目中的辩题是什么，他都能即刻想到经济学中的相关知识和案例，迅速回答正在辩论的问题。有一期的辩题是《喜欢的工作996（早上9点上班，晚上9点下班，一周工作6天），你该不该辞职？》薛兆丰的立场是不该。

这道题，我认为还有一个没有讲清楚的逻辑，是一个博弈论的角度。什么叫博弈论的角度呢？就是，每当我们思考问题的时候，总要把"别人是怎么考虑问题的"这一点考虑在内，这是博弈论的角度。为什么我们喜欢的女孩儿特别难追，特别挑剔？不是因为她挑剔，你知道为什么吗？是因为我喜欢的，很可能是其他好多男孩儿也喜欢的。不是她要挑剔，而是其他的男孩儿使她变得挑剔。996，你以为一个老板让你996，你就能够996吗？不是的。是因为还有其他的员工愿意996。

经济学里面有一句话叫"买家和卖家之间从来是不竞争的"，很多人没有意识到这一点，竞争永远是在买家和买家之间展开的，或者在卖家和卖家之间展开的。老板的出现，永远是给你多一份工作的选择，你的竞争对手是谁？不是老板，是跟你一样的其他的员工，你要这样去看问题。所以经济学里面有一种竞争的方式叫"抬高竞争对手的成本"，或者"限制对方竞争"。我是一个懒惰的学生，我希望学校宣布，9点钟就关灯，所有人都睡觉，这样，我的处境会好一点，因为我不愿意努力，别人也不能努力。这是一种竞争的策略,所以,别人996,你要不要劝别人不要996,珍惜你的生命?要!我们要不要掷地有声、铿锵有力地说我反对996的制度?要!我们自己要不要996?要!……

薛兆丰老师是经济学教授,是理工科男生的思维方式,但是他的专业学到接近极致的状态之后,任何的话题他都有能力用经济学理论去解释,这一段就讲了经济学中的博弈论、竞争是什么等问题。观众会觉得,他好会讲话、好博学、随机应变的能力好强呀!但实际上,生活中他未必是一个能言善辩的人,只是因为经济学学得特别好,所以能够有如此惊人的表现。

5. 文化、知识与信息的储备

人们常说厚积薄发,只有平时积累了大量的文化、知识、故事、案例、信息等,才能在关键的时候,从记忆库中调取需要的相关知识。演讲者要做个"有心人",去汲取文化中的营养,去了解世间万物,去关心身边的人,这样你的演讲才会有动人的、温暖的力量。

典型人物如房琪,她是一位文化旅行博主,曾经做过主持人,参加过各类演讲比赛,读过很多书、走过很多路,听过很多故事。她曾做过一个唱歌类综艺节目的点评嘉宾,那档节目同时邀请了张含韵参加演唱比赛。张含韵十五岁参加《超级女声》出道,因为流言蜚语被迫离开大众视野,30多岁凭借自己的努力又重新站在了舞台上。可是,在张含韵唱完后却受到了部分嘉宾比较挑剔的"点评",场面十分尴尬。房琪在录制节目之前,了解了张含韵的故事,并且看了有关她的文章,于是在这种尴尬时刻,房琦说出了下面这段话。

含韵,接下来的这段话,我只想说给你听。一段时间以前我看了一篇关于你的文章,这篇文章的标题是《恭喜那些"甜妹"终于活成了"女王"》。这篇文章写得很好,但是我唯一有一点不认同,就是"女王"这个称呼。因为我觉得一个坚韧的灵魂,不需要一个符号化这么强的头衔来作为嘉奖。如果真的要用一个词来形容你,比起"女王",我更喜欢"清风"——"他强任他强,清风拂山岗"。

我不知道有多少人了解张含韵的经历,十五岁的她站在舞台上,只

第7章 准备演讲,像准备一场秀

是想唱歌。但是这个世界给了她莫名其妙的很多恶意,这些恶意强到她差点没有机会再站在舞台上,差点就被人海淹没了。是她通过自己去配音、去演戏,用实力让大家一点一点看到了她。

今天有很多的人去质疑你的唱功,去质疑你的很多,没有关系,因为你已经为自己争取到了重新拿着话筒去唱歌的机会,你还有很多的时间。十五岁的那股"清风"越过了重重的山岗,吹到今天,你也还是最好的年纪,这就是上天对于勇敢的女孩儿最好的奖励。

站在台上的张含韵,听着很多挑剔的点评,可以平静地面对,却在听到上面这段话时一直流眼泪。之后编导采访张含韵,她说:"我接受不好的声音,但是我没想到,好听的声音是这么动人。"

作为演讲者,我们要了解,汲取周围所有的知识、信息和营养,不是为了"掉书袋"(讲话时卖弄才学,无意义地引经据典),而是为了厚积薄发。这个"发",是由心而发地讲话,这样才能做到真正地感动他人。

第8章　如何提升舞台魅力？

有的人不开口时，平平无奇；一上台讲话，整个人都在发光。而有的人，看起来优雅大方，一开口却让人感觉索然无味或粗鲁不雅。同样是演讲，有的人讲话时观众只会看表，希望快点结束；而有的人讲话，观众却能用一阵阵掌声和欢呼，来表达自己的喜欢。这些不同是为什么？

答案很简单，每个人的舞台魅力不同。舞台魅力是一个综合性的体现，包含演讲者的外形条件、穿衣打扮、举手投足、谈吐之间的分寸和气度，等等。我们熟悉的演说家，都有自身独特的演讲魅力、舞台魅力。那么普通人应该如何去提升自己的舞台魅力呢？

> **本章涉及的主要知识**
> - 如何塑造自身形象？
> - 身体语言尽显个人魅力。
> - 眼神是个人魅力的精华所在。
> - 如何培养自己的气场？

> 注意
>
> 演讲魅力、舞台魅力是一个综合体现，它包含本书中其他章节所讲的其他内容，如演讲的内容、幽默的表达、与观众互动的从容、临场反应的表现等，本章将着重在直观的形象塑造方面与大家分享提升舞台魅力的方法。

8.1　为什么穿得这么正式，观众离"我"却更远了？

无论是在日常生活中还是在演讲的舞台上，人们首先看到的就是你的形象，这是由你自身的外在条件（身高、体形、长相等）和外在造型共同决定的。前者我们短时间内无法改变（时间长的话、可以健身塑形等），而若将后者改造好了，效果也是立竿见影的。要想塑造自己的外在形象，选择适合自己的造型是最快速、便捷的方法。

外在的造型包含穿的衣服、鞋子、戴的首饰、做的发型等。观众会通过演讲者的造型，对演讲者进行初步判断，包括判断他的职业、社会地位、教育水平、脾气性格等。

与此同时，当演讲者看到镜子中自己优质的造型，也会更加自信。所以，花些心思来为自己打造适合的造型是值得的。

8.1.1 穿的衣服必须正式吗？

先说答案，不是。演讲中穿什么衣服，取决于你的演讲场合、观众构成、演讲内容，以及你想要塑造一个怎样的个人形象。

在观察了多种场合的发言者的衣着，以及他们给观众的印象后，笔者有以下几点建议给大家。（不是必须遵守，而是这样做效果会更好。）

第一，在正式场合，穿着比该场合的正式感少一分。

如《开讲啦》《星空下的演讲》、企业年会等，场合的正式感很强，强到足以使男士穿西装三件套，女士穿职业套装。但是，我们要把服装的正式感弱化一分，即男士可以穿休闲衬衫加牛仔裤，女士可以穿略带职业风的休闲裙。

这样做的好处是，在如此正式、严肃的场合，略休闲的着装可以让观众放松下来，在放松的心情下（而不是正襟危坐的状态下）看演讲，观众会更容易沉浸在演讲内容中。

第二，在生活化的场合中，穿着比该场合的正式感多一分。

有一个这样的场景：在大马路上，一个拉着瓜果的三轮车与一辆卡车发生了剐蹭，人员并无伤亡，但是卡车被划了很长的一道口子，三轮车上的瓜果全摔坏了。双方都觉得对方应该赔偿自己，周围人七嘴八舌地劝解，但是两个当事人谁的话都不听。马路上堵了很长一段距离，那些被堵的司机都出来查看是什么原因。这时，一位姓马的先生，穿着一件高定衬衫加西装裤走了过来，在人群中显得很特别（周围人多穿着比较休闲，大部分是T恤加短裤）。马先生还没开口，那两个还在僵持的当事人就把目光投向了他，也就是说，马先生说的话能够被"听进去"，他在这个场合得到了说话的空间，所以这场小纠纷很快就被马先生解决了。

在生活化的场合中穿稍显正式的穿着，能够吸引周围人的注意力，周围人会给予你说话的空间。你省去了高声呼喊的力气，可以专注于想讲述的内容。

第三，在富有政治意义的场合，穿着正式且规范。

这种场合一般是外交官、新闻发言人等角色常会遇到的，此时说话的人并不只代表他个人，还代表他身后的国家或者机构。因此，穿着应该正式且符合规范。

综上所述，大部分场合下是不必穿着正式的，但同时，公开讲话还是有一些约定俗成的、最好遵循的原则：得体、干净、整洁。不要奇装异服、过于暴露。

8.1.2 造型原则

造型原则其实不只演讲时可以用，面试求职、商务谈判甚至相亲会友时都可以用。为了达到更佳的造型效果，笔者总结了以下几点造型原则。

1. 符合身份与场合

设计造型之前，要先了解要出席的场合，然后根据场合安排符合自身身份的造型。比如，同样是公司年会，在高档酒店办的年会和在农家乐办篝火晚会的年会，造型完全不一样。前者男士着西装，女士着礼服；后者以运动休闲类服饰为主。

了解了场合之后，你的造型依然要符合身份。比如，在演讲舞台上，董明珠是格力集团的董事长，就会穿职业套装，而赵晓卉（《脱口秀大会》的选手，以车间女工的身份参加脱口秀表演）曾为某汽车厂的车间女工，所以她常穿工装裤上台，即便这类衣服是她自己买的（不是车间发的），她也依然选择带有时尚色彩的工装裤。

2. 穿衣搭配的原则

色彩原则——全身衣服不超过三种颜色（黑、白、灰不算）；色相要相同：冷色配冷色、暖色配暖色；色彩饱和度要相同：饱和度高的与饱和度高的搭配，莫兰迪色与莫兰迪色搭配，混搭会显得脏。（莫兰迪色系是意大利艺术家乔治·莫兰迪创作的一系列静物作品命名的色调，是指饱和度不高的灰系颜色。）

松紧搭配——上宽下窄或上窄下宽都可以。若上衣和下衣都宽松，就会显得人不精神；若上衣和下衣都是紧身服装，就会很像在健身房。

长短搭配——普通人搭配上短下长和上长下短都可以。若上衣和下衣都短，则不雅观；若上衣和下衣都长，会太难驾驭，容易显得不精神。

繁简搭配——可以一身素色，但是不能上下衣不同花色。上身花、下身素色，下身花、上身素色都可以。

统一风格——上面穿西装，下面穿短裤，这种混而不搭的风格不推荐。（故意搞笑的另当别论。）

3. 鞋子

搭配服装——鞋子的款式和颜色要搭配衣服，穿正式的服装时男士穿皮鞋，女士穿高跟鞋；穿非正式的服装时，男女穿休闲鞋和运动鞋都可以。（切忌西服配人字拖。）

考虑场合——正式场合穿的鞋子，不要露脚趾，拖鞋、凉鞋都不得体；所在场地有地毯时可以穿羊皮底的高跟鞋；所在场合地面是草坪的，不穿细高跟鞋。

舒适原则——演讲时女生不要穿跟高在 10 厘米以上的高跟鞋，否则不仅容易站不稳，还会影响肢体语言的发挥。没有穿高跟鞋习惯的女生可以不穿高跟鞋，换成女士小皮鞋，休闲的场合可以穿休闲鞋、运动鞋。（高跟鞋不是唯一的选择。）

合脚原则——这个很容易被忽略，但是在现实场景中演讲者却常常踩雷。经常有人在挑选鞋子的时候，若没有适合自己的尺码，就会买大一码或者买小一码的。试穿时觉得还可以，但正式穿着时就会发现，小一码的鞋子最多穿十分钟就难以忍受，大一码的鞋子走两个来回就会开始掉。所以，合脚比好看重要。

4. 得体的配饰

配饰不要多——男生的配饰，一块手表就可以了，简单大方。女士的耳环、项链、戒指、胸花、手链、手表等，选择一到两件即可。

统一风格——配饰要与服装的风格统一。

统一色彩——暖色系的衣服搭配暖色系的配饰和金色配饰；冷色系的衣服搭配冷色系的配饰和银色配饰。

5. 发型搭配

演讲者的发型没有固定的要求，主要还是得体、整洁。男生可以是精干的短发、定好造型的大背头，也可以是艺术气息浓郁的辫子，但是不能凌乱，或者挡眼睛。女生可以是清爽的短发、温柔的披肩发、精致的盘发，但是同样不可以凌乱、不可以挡住眼睛。

6. 自由度原则

满足上述原则后，你的造型会得体好看，但是，作为演讲者而非模特，你还需要注意一点——自由度原则。也就是说，你的穿着、饰品、鞋子、发型不可以束缚你的动作，转头、抬手、鞠躬、走路等动作都要能够做到自由、灵活，既不被造型困住，也不必担心走光问题等。

7. 关于细节

做好一切之后，要检查一下自己整体造型的细节。比如，衣服有没有褶皱、线头，鞋子是不是干净，配饰是不是完整，露出来的皮肤是不是干净、整洁，等等，重视造型的细节可以提升服饰搭配整体的品质。

8.1.3 形成自己的风格

一个成功的演说家同时还会有另一个社会身份，在这两者的结合之下，加上其个人的性格特色和价值观念，就形成了他自己的风格。成熟的演说家会在外在形象上，强化和巩固这个风格。

比如，乔布斯，苹果公司的前任 CEO，通过科技创新，为消费者创造了新的生活方式。他的个人标签是科技、简约、逻辑、精干，外化到外在形象上，他在演讲时大部分情况下会穿着黑色长袖套头衫、蓝色牛仔裤，外加运动鞋。

傅莹,中国的外交官,通过文化交流类等国际活动,向全世界推广中国的文化、外交政策等。她的个人标签是,有文化、优雅、和善、端庄、大气。外化到外在形象上,她在演讲时都是穿着高品质的套装,一双职业低跟鞋,一丝不乱的白色短发,再加上一副优雅内敛的眼镜。

董卿,央视综艺节目主持人,主持综艺类、文化类节目,将营养含量高的文化类综艺节目带到了大众面前。她的个人标签是,优雅知性、亲和力强,外化到外在形象上,她不会像傅莹穿得那么职业,而是习惯穿符合综艺节目主持人身份又带有文化气质的套裙。另外,她选的高跟鞋是时尚感强的细高跟,发型是与礼服搭配的。另外,她还会搭配耳环、项链等首饰作为装饰。

李诞,中国内地脱口秀演员。他的个人标签是,有个性、幽默、不拘一格、有才华,外化到外在形象上,他的衣服既不是职业化的衬衫西服类,也不是休闲的运动服类,而是小众设计师的款式,服装设计另类个性、鲜艳张扬,他的头发要么是染成个性的红色,要么是毛寸,戴一个圆圆的眼镜,配着他眯着的微微肿起的眼睛自带喜感。

每一个人都有着自己的社会定位,以及与该定位匹配的外在形象,那么我们要如何确定自己的形象风格呢?

1. 多尝试

在二三十岁的时候,很难确定自己的定位,所以也确定不了自己的形象风格,这个时候只有多多尝试才会找到属于自己的风格。上文说到,乔布斯的形象一直是黑色套头衫加蓝色牛仔裤加运动鞋。但是,把时间往回倒十几年,我们还能看到穿西服的、穿衬衫的、穿休闲服的、穿羊毛衫的乔布斯。只是在如此多的尝试之后,1998 年以后他才逐渐确定了自己的穿衣风格。

普通人也一样,确定自己的风格有时候不是能力的问题,即便你年纪轻轻就可以找到适合自己的风格,也还是要多多尝试,不要立刻固定下来。中国传媒大学的老师李立宏,曾在毕业典礼上讲过"那些早早给自己定所谓风格的人,说明他已经没有冲破自己更进一步的勇气和力量了"。同理,多加尝试才能有适合自己的更加出彩的造型,尤其是年轻人以及经常换社会身份的人。

2. 结合自身社会身份,确立个人形象

你想成为一个什么样的人,你想要在别人眼中成为一个什么样的人,这两点的交叉地带就是你可以塑造自己形象的空间,而以下3点是你需要考虑的主要方面。

(1)社会身份。

社会身份不同,外形气质也不同。公司CEO、高管、董事长的商务气息浓厚;艺术家拥有自己独特的个性;学者、老师充满文化气息;健身达人阳光、有活力……每一个不同的社会身份,你都能想到与之相符的外形气质。

(2)性格特点。

有一部分社会身份,其性格特点的选择空间较为固定;而还有一部分社会身份,他的性格非常"个人化"。如CEO、董事长这类人,他们性格特点的选择范围包括干练、简约、雷厉风行、广纳贤士、和善等;而如果你是文艺界的人,那么你的性格特点可以选择的范围会更广,你可以是乡土气息浓厚的山药蛋派文人(山药蛋派,中国当代小说流派之一,多为土生土长的农村作家,善于描写朴实的以农村生活为背景的小说。描写风格亲切、质朴又风趣生动),可以是小清新气质的文艺青年,还可以是张扬个性的现代艺术家等,总之,差别很大。

(3)个人标记。

每个人都是独特的存在,由自己独特的社会经历、成长经历构成,由自己读过的书、受过的教育塑造,由自己走过的路、见过的人、经历过的事情改变。每个人都有自己偏好的颜色、植物、动物、习惯等。而这一切的一切都会逐渐沉淀为极具个人特色的选择,当然,也会影响到外在形象的塑造。

3. 强化输出个人品牌形象

如果你已经确定好自己的外在形象,那么在一切公开讲话的场合,都要强化自己的外在形象。要让带有自己形象特色的元素,不停地出现在聚光灯下，让它们（这些视觉符号）成为你的个人品牌。就像乔布斯，即使遮挡住了长相，也会因为独有的装扮而被人认出来。

身体语言有魔力：优雅、搞笑随意换

虽然上学的时候大家统一穿校服，但是你会发现，即便是都穿校服的男生，有的是彬彬有礼的"小书生"，有的像个"小皮猴儿"；即便是都穿校服的女生，有的是优雅的"小公主"，有的是仗义的"女侠客"。而这些特点，即便不看脸、不说话也非常明显。一群身穿职业装的人，哪怕他们不说话，仅仅是向你走过来，哪个是企业高管，哪个是初入职场的小白，一般人都能猜对。这是为什么呢？

身体语言可以传递出的信息，很多时候比宣之于口的还要多。所以，如果能够塑造适合"自己"的身体语言，那么你的演讲也会事半功倍。

8.2.1　你的身体在说话

要想训练和塑造自己的身体语言，首先要搞清楚身体的哪些部分在"说话"，以及它们是如何"说话"的。

1. 面部表情

眉毛、眼睛、鼻子、颧肌、嘴型、下颌以及其他细微的面部肌肉都在控制着你的表情语言。举例如下。

双眉紧凑，表达出的是厌烦、不解或是烦忧；双眉上挑同时眼睛睁大，表示喜悦、好奇、惊喜等；双眉上挑但眼睛眯起来，可能表示轻蔑和不屑。

鼻子，鼻子皱起常常传达出怀疑、不确定、思索、厌恶等情绪（有的人笑起来时鼻子山根会皱起来，不属于这里所讲的情况）；鼻子向外扩，代表激动、惊奇等。

颧肌提起，表示积极、开心、阳光；颧肌放松，表示沉闷、不开心、沮丧。（颧肌，俗称"苹果肌"，人在笑的时候颧肌是上提的状态，这也是语言表达基本功训练中，保持积极的口腔状态的基本动作，也就是说，

不笑,也可以提颧肌。)

抿嘴表示不自信、犹豫、思考;噘嘴表示不开心;嘴角上扬表示友善、开心等。

咬紧牙关代表忍着痛苦或是带有恨意、下定某种决心;下颌放松表明这个人处在自然放松,或者放空走神的状态。很多人看电视或者看美女的时候,下颌就会完全放松。

2. 上身的动作

挺胸抬头,代表自信;含胸驼背,看起来不自信、胆怯。

摇头晃脑,代表不安、不自信、局促;头部稳定,即便是点头摇头、环视周围,都是缓慢而稳定地移动,代表淡定、从容、自信、有掌控力。

(常见于坐姿)上身向前倾,代表内心积极沟通;上身后仰代表不感兴趣、否定、不屑等。(站姿、坐姿都包括的)上身晃动,常见于撒娇、无聊、心不定等情况;上身稳定代表对于自己观点的坚定、对于所在环境的从容。

3. 上肢的动作

用手去摸鼻子、摸耳朵、摸头发,代表不安、不自信、对于所讲的事情不确定。

两个胳膊环抱在胸前代表保护自己、拒绝沟通,对于对方(观众或谈判方)的防御、怀疑和抵制等心理。

双手交叉在前,如果十指交叉代表心中有所祈祷、对于事物的结果不确定;而如果左右手的十指尖点在一起形成塔状,代表对于正在说的话非常笃定,对于对方(观众或者谈判方)有着掌控力。

4. 下肢的动作

站着晃腿,不雅观,坐着晃腿,人更显得轻佻或者不稳重,要改掉这个毛病。

来回踱步,代表思绪飞快,可能是因为不安,也可能是因为激动,除非特殊演绎,否则演讲中很少有人会这样做。

左右来回换重心,代表不耐烦。

上述面部表情与肢体语言在站着演讲和坐着演讲的时候都可以运用,

都可以成为你表达的一部分。同时也要注意,不要让其中负面的肢体语言暴露出你的不安和局促。

8.2.2 优雅的站姿与坐姿

在演讲中,优雅的肢体语言适用于端庄的演讲者和正式的演讲场合,即便是日常交谈,运用优雅的肢体语言也可以提升你整体的外在形象,让别人因为感受到你端庄、得体、专业、社会身份高,从而更看重你所说的话。

优雅姿势的要点如下。

(1)头部摆正向前,不仰头、不伸脖子,如图8.1所示。

(2)肩膀放平下沉,不耸肩、不扣肩、不斜肩。

(3)挺胸,腹部收紧。

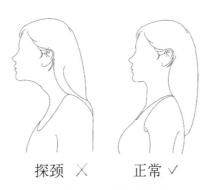

图8.1 头部肩部姿势

(4)站立时要立腰,不坐腰、不塌腰,如图8.2所示。

(5)站立时,双手自然下垂,或一只手弯曲收在腰侧,或两只手交叠在身前、交叠在身后,或一只手拿话筒,另一只手自然下垂或弯曲收在腰侧都可以。

男生站姿——双脚自然分开,不超过肩宽。

女生站姿——双脚小八字站立或者丁字步站立。

男生坐姿——双脚自然分开,不超过肩宽。

女生坐姿——双腿并拢斜向一侧,或一只腿搭到另一只腿上,两腿相叠斜着歪向一侧,即左腿在下歪向左侧,右腿在下歪向右侧。

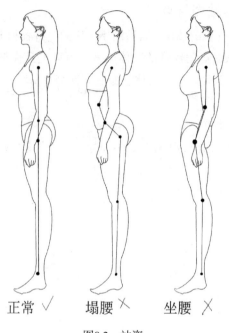

图8.2 站姿

8.2.3 搞笑的肢体语言

要想用肢体语言增强幽默感,就要记住以下原则。

第一,基础站姿/坐姿要松弛,不能紧绷,不能过于僵硬、板正。

第二,穿着不可以束缚动作。

第三,不要有零碎的动作。(幽默的肢体语言虽然多,但是没有扣手、摸鼻子、捋头发等琐碎的动作,每一个幽默的动作都是设计过的。)

第四,模仿的动作,要惟妙惟肖,抓到精髓。

第五,刻意设计的动作要与平常说话时的姿态形成对比。

第六,动作要形成个人风格。除了模仿,有的演讲者会设计一些具有个人风格的动作(这些动作有可能是他的常用动作,因为别人很少用,所以观众一看动作就知道是他），比如，卓别林的走路姿势，李小龙的招牌动作等。

《脱口秀大会》中有个叫豆豆的演讲者，他有着丰富的肢体语言，从某种程度上讲，肢体语言就是他演讲的组成部分。很多时候，观众是在他描述完成后，用动作表达时开始大笑的。比如，在《脱口秀大会》上，他讲了男生宿舍的人是如何一起行动的，他的语言和动作如表8.1所示。

表8.1 语言和动作

语言	动作
男生的世界非常单纯，没有任何的测试	单手拿话筒，另一只手半举起随着说话的节奏挥舞（说"不"的意思）
你们知道一个男生在独居的时候//或者群居的时候，我们过的是一种什么样的生活吗？	向左边的观众说半句，再走向右边的观众说
我们过的是那种，不做任何准备，不制订任何生活计划，没有任何缓冲的日子	每次说"不""没有"的时候，一只手臂划过身前，身体随之摆动
我不知道你们有没有去过男生宿舍，如果你们有机会去，你们可以做个试验，你们可以敲一敲男生宿舍的门	一只手拍了三下话筒，发出"砰、砰、砰"的声音
然后问："哎～走不走？"	说这句话时，头扬起来，仿佛在跟对面的人说话，左手拿话筒，右手用大拇指往身后一指，指向出发的方向
所有人，套个外套就跟你走了（观众大笑）	右手一挥，仿佛是"拿起外套"的动作
他也不知道出去要干吗//（观众大笑）	说时，指一下外出的方向，说完，直愣愣地看着前方，等待观众笑声弱下去
也有不套外套就跟你走的	姿势不变
穿个人字拖，在那里打游戏//（超长停顿，学人打游戏）	身体微微侧向另一边，两手举在胸前，仿佛在打游戏，驼着背，仰着脖子，嘴巴向上抬，鼻子皱在一起，眼神做痴呆状，仿佛打了很久的游戏，人都木讷了

续表

语言	动作
走！	在刚才的打游戏姿势的基础上，突然脖子一歪，说"走"，顺势"放下游戏机"走出两步
所以有些时候，你看见一群男的，乌泱泱地向你走过来	语速很快，说"向你走过来"时，身体侧向左边，左手做向上、向身体这边勾，同时向后退，仿佛正在指挥一群人走过来
你不要担心，你不要害怕	这是面向观众说的
他们可能也不知道自己要去哪儿	指向左边那群"走过来的人"
很有可能只有其中一个大哥想去对面的便利店买包烟什么的	说"对面"的时候，指向右侧，也就是刚刚那群想象出来的人的"对面"
因为只有他，目光坚定、目标明确	右手手指分开，从靠近自己脸的地方开始，随着描述手往远拉
他身边的那一圈朋友仿佛像第一次来到这个城市一样//（放下话筒做动作，观众被动作逗得爆笑）	用右手在身前画了一个圈//说完后，模仿"那群朋友"，放下话筒，身体转向右侧，迷茫地左看右看，鼻子、嘴皱在一起，走出四五步，观众哈哈大笑，然后他拿起话筒，回归本人的样子
但是没办法，一句话就是能带领这么多人	面向观众，正常说
……	……

备注："//"代表长停顿；"~"代表拖长音

豆豆是肢体语言比较丰富的人，他的表达风格就是语言占一部分，肢体语言占更大的一部分。即便是没有丰富肢体语言的表达者，他举手投足间的气度和风格、他的每一个动作也是表达中需要训练和设计的一部分，是观众认识他、了解他的方式，是演说的重要组成部分。

8.2.4 关于仪态的日常训练

如果演讲者想在演讲的时候，全身心地投入，不用分心注意自己的姿态，那么日常的训练就极为重要。以下是两种较为有效、基础的训练方法。

1. 靠墙训练法

第一步，背对着靠墙站立。

第二步，后脑勺、双肩、臀部、小腿、脚后跟贴住墙，头顶向上拔、骨盆摆正、腰向墙靠近，如图 8.3 所示。

第三步，保持这个姿态 10～30 分钟，每天站立 3 次。（坚持的过程中要注意自己的姿态，不要放松。）

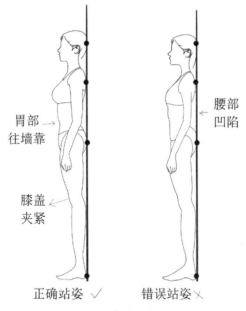

图8.3　靠墙站姿训练

2. 自然站立训练法

第一步，选择一面全身镜，然后面对镜子站好。

第二步，抬头目视前方，头顶向上拔，双肩下沉打开，腹部收紧，肩胛骨向后夹紧，臀部夹紧，腰立起来（不要塌腰、撅屁股，不要坐腰），膝盖并拢，双腿夹紧（可以夹住一张纸），双脚小八字站立，如图8.4 所示。

第三步，看着镜子中的自己，然后微笑。

第四步，坚持 10 ~ 30 分钟，每天站 3 次。

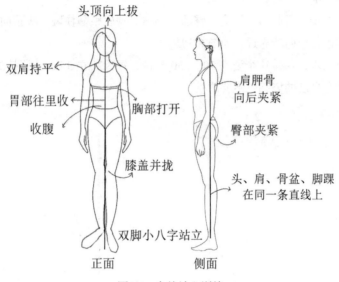

图8.4　自然站立训练

8.3 你离成功，就差一个眼神

演讲的肢体语言很多，其中一个部位的肢体语言很小，但它影响力强大——眼神。有的演讲者目光坚定、炯炯有神；有的演讲者目光柔和，时刻在交流；有的演讲者眼神迷离，似乎在想事情；有的演讲者一紧张就频繁眨眼睛，甚至只敢看着地板。你的眼神传递出的信息，往往可以暴露你的内心，积极的眼神时刻吸引观众，而消极的眼神则很难吸引观众，观众甚至会对你产生不信任感。

8.3.1　舞台上你的眼睛应该看哪里？

在舞台上发表演讲，你的眼睛是帮助你缓解紧张、同时帮助你散发魅力的重要部位。主持人和成熟的演讲家，上台站定后，如果台下还没有进入安静和聚焦的状态，他们一般会先用眼神扫视一圈观众，用眼神说:"你们好,接下来请听我说。"而在演讲的过程中,演讲者与观众的眼神接触也是必不可少的,那具体应该怎么做呢?

1. 登台打招呼的眼神

演讲者刚刚登上舞台的时候,观众会有两种反应。反应不同,用眼神打招呼的方式和时长也是不一样的。

第一种是观众鼓掌欢迎,满怀期待地想听接下来演讲的内容。这时,演讲者上台站定后简单地跟观众点个头,选择坐在靠中间位置的观众进行眼神接触即可。原则是,快速进入主题,不要让现场气氛"凉下来"。

第二种是观众还在换位置或是交头接耳时,注意力没有在舞台上。此时演讲者上台站定后,可以大胆留下空白时间,站定后,微笑着用眼神跟观众打招呼,从左到右慢慢扫视一圈。一般情况下,大部分观众会停下来看舞台上的情况:"舞台上怎么了?怎么这么安静?"这个时候演讲者就可以开口讲话了。(注意,扫视的时长要把握好,既不能太短,观众没有注意到你,你就开始演讲;也不能太长,否则观众会等得不耐烦。)

2. "我讲的你听到了吗?"

在演讲的过程中,演讲者不要一味自顾自地说,也不要低头看地板,而是要与观众发生眼神交流。具体做法如下。

第一,将观众划分为9个区域,即前排的左边、中间、右边,中排的左边、中间、右边;后排的左边、中间、右边。

第二,在不同区域中找到眼神最殷切的观众。

第三,让自己的眼神在这几个区域中游走(可以看第二步中找到的那些观众),建议是先中间、后两边,中间多、两边少;讲细节时多看前排,上价值时多看后排。

3. "谁来回答我的问题?"

有的演讲需要与观众有更深层的互动,比如,叫观众上台参与演示或游戏;再如,让观众参与问答。这种情况下,一般是演讲者提出邀请,然后用眼神扫视观众,看看有没有人想来参与互动,而观众的反应也有两种。

第一种,观众很积极,踊跃举手,那么演讲者可以扫视9个区域,并且分别从中挑选积极的人,尤其要注意左、右两侧中后排的观众,让观众都体会到参与感。

第二种,观众没有热烈回应,演讲者需要带动观众举手,并用眼神和手势共同锁定目标观众,然后邀请对方上台。必要时可以加上对目标观众的外在形象的描述,比如,"中间那排,那位穿白裙子的女士/小仙女/小姐姐(具体称呼看场合来定)"。

4."我"不敢看观众的眼睛怎么办?

这种情况是在演讲者刚上台或者演讲进行中容易出现的,很多初级演讲者,因为不敢看观众的眼睛,可能会有眼神飘忽,或者看地板的表现。针对这种情况应该怎么办呢?

首先将观众分区域并挑选部分积极的观众,然后演讲者不用盯着他们的眼睛看,而是可以看他们的头发、帽子等地方。相信笔者,观众丝毫看不出你在看什么,也看不出你的紧张和局促。

5. 演讲结束,掐断眼神信号吗?

先说答案,不要立刻掐断眼神信号。演讲结束后,先将话筒放下,平视看一眼观众轻微点头,或者小范围扫视观众,然后鞠躬致谢,起身后再感激地看一眼观众,最后离场。这个过程可以使观众有时间回味你演讲的最后一个部分,同时观众会记得你这个有礼貌的演讲者。

8.3.2 录制视频时,眼神应该看哪里?

我们看视频时会发现,有的人眼睛会说话、会放电,而有的人眼神木讷。我们在录制视频时,也有可能会有不知道看哪里:一直盯着镜头的话会头晕,不看镜头的话又不知看哪里、该怎么看。针对这种情况,我们应该如何训练克服这个难题呢?

1. 面对摄像机镜头的专业眼神训练方法

录制演讲视频的时候,现场没有观众,摆在面前的只有摄像机。此时应该如何处理自己和摄像机的关系呢?我们可以借鉴大学里的专业训练课程。

播音主持专业有一门"上镜课",这节课就是训练每个人的镜头感,主要有以下两种训练方式。

第一种,一直盯着一个镜头,训练眼神,训练大段地演讲内容。(老师不太关注说什么,主要关注学生说话时的眼神状态,以及屏幕上的呈现效果。)经过训练的人都知道,刚开始的时候眼神还可以炯炯有神,但是盯着镜头的时间一长,就会被一圈一圈的镜头构造弄晕,然后眼神就会无光、涣散。怎么避免这个问题呢?方法是可以盯着镜头的上缘或者下缘(平视的视线靠近哪里就选哪里)。如果眼神还是容易涣散,就可以在上缘或下缘贴一双小眼睛或者小笑脸,来当你的观众,这样你就能很轻松地保持长时间的有光彩的眼神。

第二种,演播室放置三个摄像机,学生的训练是,低头看稿,抬头看屏幕,根据老师的提示,看不同的摄像机,这个训练是为了提高学生迅速锁定摄像机的能力。在刚开始做这个训练的时候你会发现,每次看新的机位,眼睛都容易"晃一下"。比如,看左边的摄像机,结果一扭头看的超过左边摄像机的位置了,然后眼神又会返回准确位置。这是正常现象,只要多训练几次,眼神迅速聚焦的能力就会提升,就不会出现"晃"一下的情况了。

2. 面对摄像机镜头的应急眼神解决办法

很多演讲者没有经历过上述那样的专业训练,如果演讲时间临近,没有机会去做这样的训练,那么该怎么办呢?

第一个办法,在摄像机的后边安排站一个人,他的位置要紧挨镜头。这个人要与演讲者进行眼神的互动,这样从画面上看起来。演讲者会比较自然。

第二个办法,用第三视角去拍摄,避免演讲者直视镜头,同样要在演讲者的对面安排一个"观众"。

第三个办法,在安排观众的同时,安排两个以上的机位,后期剪辑时两个机位交叉出现,这样可以使画面动起来,而且演讲者错漏的地方可以很方便地无痕迹剪辑。与此同时,演讲者在屏幕上会显得比较自然。

3. 怎么看提词器?

有的演讲场地,在正式演讲的时候,会有提词器,但是演讲者会直愣愣地看着提词器，导致眼神变得死板，并且从左到右看和换行看的眼神动作，会被观众看得清清楚楚，这会使得演讲者像是在读稿，而不是在做演讲，其魅力会大打折扣。

那么该如何看提词器呢？首先眼睛要放松，看提词器要看一片，而不是盯一个字（就像一目十行地看书一样，这个不难，不紧张就能做得到）。其次，换行的时候头部要微微摆动，就像正常说话时的头部动作一样，这样可以弱化眼神换行的动作。最后，如果提词器的播放速度比较慢或者比较快，就要调整自己表达的语速，自然地变快或者变慢，而不是"读"完一行后，傻傻地等着下一行出现。

8.3.3 眼神训练

一双神采奕奕的眼睛，会大幅度提升一个人的魅力，眼神的光彩能够吸引观众将目光锁定在你身上。这与眼睛的大小无关，并且是可以后天训练出来的。

看过《西游记》的朋友，都忘不了六小龄童老师演绎的孙悟空，一双闪亮有神的"火眼金睛"，既透露出了猴王的伶俐，又有坚定与强势的光芒。据六小龄童老师本人讲，他有着600度的近视、200度的散光，看不清远处的东西，所以眼神散而无神。为了演绎出齐天大圣的"火眼金睛"，他寻找方法、刻苦训练，最终练成了独一无二的六小龄童式"火眼金睛"。

那么，作为普通人应该如何训练出有光彩、有神韵的眼神呢？

1. 充足的休息是基础

现代人的生活中处处有屏幕，如手机屏幕、电视屏幕、电脑屏幕等，一天有十几个小时对着屏幕。如果过度用眼且睡眠不足，人就会有很大的眼袋和黑眼圈，这时候强行练习眼神其实对眼睛并不好。所以，在训练之前，要保障眼睛得到了充分的休息。方法如下。

（1）睡眠要充足。

（2）尽量少看屏幕。

（3）用眼半个小时，要停下来看看远方、看看绿色。

2. 按摩眼睛周围的穴位

眼睛的神采、运动等是由眼睛周边的肌肉控制的，按摩眼周穴位（见图8.5）加适当运动可以增强眼睛周围肌肉的力量。比较简单的按摩眼睛周围穴位的方法是做一套眼保健操，方法如下。

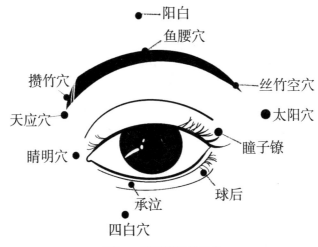

图8.5 眼睛周围的穴位

（1）清洁眼周和手指，站在或坐在安静、安全的地方，轻轻闭上双眼。

（2）第一节，揉天应穴。四指弯曲扶着上眼眶，大拇指在穴位上轻压揉圈。

（3）第二节，挤按睛明穴。右手大拇指和食指按住穴位，上捏，一捏一放。

（4）第三节，按揉四白穴。食指按住穴位揉圈。

（5）第四节，按太阳穴轮刮眼眶（途经攒竹穴、鱼腰穴、丝竹空穴等）。大拇指按住太阳穴，食指弯曲，由内向外，刮上眼眶和下眼眶，其余三个指头弯曲，呈半握拳状。

眼保健操上午、下午各做一次，在眼睛不舒服的时候也做，对眼睛很好，但是不要乱揉眼睛。另外，在做眼部运动训练前，也要做一遍眼保健操，先让自己的眼睛处于最佳状态，再开始训练。这与跑步前热身是一个道理。

3. 眼睛的运动训练

（1）定点运动轨迹训练。

① 站在大窗户前，距离窗户 1~2 米。（主要看窗户的大小，窗户越大，站得越远。）

② 眼睛看窗框的上沿中间点和下沿中间点，上下移动 20 个来回，注意头部不要动，眉毛也不要动。

③ 眼睛看窗框左侧中间点和右侧中间点，左右移动 20 个来回，注意头部不要动。

④ 眼睛看窗框的四个角，左上角→右上角→右下角→左下角，循环 20 次；然后换方向，左上角→左下角→右下角→右上角，循环 20 次。

（2）灵敏度训练。

在运动场上看别人打羽毛球或者乒乓球，最好站在双方的中垂线上。主要用眼睛去盯球，头部可以随着眼睛的运动略微摆动，但是眉毛和脸部其他肌肉不要动。盯球打一轮，休息一轮。

（3）运动中的聚焦训练。

寻找慢速运动的物体，如鸽子、船、行人（选一个远一点的行人，不要对别人形成困扰）等，目光紧盯着，随着运动物体的移动而移动。梅兰芳先生练习眼神的时候，就是盯着飞翔的鸽子，慢慢练出了眼波流转的感觉。

（4）聚焦力训练。

六小龄童老师曾经盯着黑暗中点燃的香，直到香烧完。你可以盯着风铃、盯着花，注意，不要盯着盯着眼神涣散了，也不要选择盯着手机、电视的屏幕。

4. 把情感注入眼神

具有吸引力的眼神，除了有神，还"会说话"，可以表达情感。

找一面镜子，训练喜悦、爱慕、惊喜、难过、忧愁、愤怒等眼神，注意面部表情不要动，最好找一些潜台词在心里默念，比如，"哇，这就是他给我准备的生日礼物，好感动呀""我如此爱你，可你却践踏我的真心"，等等，情绪和情感要非常明显和戏剧化。看着镜子中的自己，心里想着潜台词，同时要控制面部表情，这样有助于你拥有一双会表达情感的眼睛。

8.4 三个小动作，瞬间拉满你的气场

气场，一种看不见、摸不着的东西，但是它实实在在地影响着我们周围的人。有的人，不怒而自威，去到任何一个地方，人们会自然地对他表示恭敬与尊重，对于他说的话也会洗耳恭听；而有的人，畏畏缩缩，很难引起他人的注意，即使振臂高呼，别人也只觉得聒噪。气场不同，带给别人的震撼力也不同。

坦白讲，不是每一个人都希望自己的气场强大，但是希望领导他人、影响他人的演讲者，却非常看重气场。这也是为什么，社会上有一门专门的培训课程，叫"领导力演讲"。说白了，就是训练演讲者拥有强大的具有领导力的气场。

8.4.1 提升气场的三个动作

这里再强调一下，本节分享的提升气场的动作，只针对那些想要通过外部动作增强气场的人，而不是所有人。比如，喜剧演员的行为标准就跟本节所讲的完全不同或者你本人已经是一个真正由内而外非常有气场的人，也无须拘泥于这些动作设计。

那么对于普通人，要想迅速提升气场，需要注意的动作要领有哪些呢？

1. 整体动作要向上

演讲者所做的动作，如果能向上，就不要选择向下，因为做向下的动作，如果演讲者没有力量，就会看起来没有精神；如果有力量，则会给观众压迫感。所以，最好将演讲的手势集中在腰部以上，甚至胸部以上。这个区域的手势会让演讲者显得更加坚定有力量。

2. 身体呈打开状

在演讲的过程中要将自己的身体尽量呈现出打开的状态，而不是畏

缩的状态。比如，大臂不要紧紧贴着身体，而是要稍微打开；小臂在做动作时，要与大臂形成较大的钝角，而不是锐角。两腿不要交叉站着，女士可以小八字或丁字步，男士两脚分开，不超过肩宽。行为心理学研究表明，这种较为张开的姿势可以提升人的自信和气势，让人看起来更有气场。

3. 做动作的量感要大

什么意思？就拿指向别处（如指向身后的大屏幕）举例，能用五指并拢手心向上的动作最好，单用一根手指的话气场就会弱。有的喜剧演员为了喜剧效果，会捏住伸出去的手指，只用指尖一点点指出去，这样就显得气场更小了。当然，喜剧演员的目的是营造喜剧效果，而不是拥有强大气场。

做动作的量感大，代表做任何动作都要尽量明确、坚定，这同样会增强表达者的气场。

8.4.2 要想有气场，这些动作不能有

有的动作，一旦出现，就会破坏演讲者强大的气场，使演讲者看起来浮躁、不稳重，甚至有可能会使演讲者的可信度变低。所以，如果不是为了某些喜剧效果或者模仿别人而刻意设计，即便不追求强大的气场，下面这些动作最好也不要有。

1. 眼神飘忽

飘忽的眼神会直接传达出演讲者不自信、心虚、慌张等信号，不要说有没有气场了，连说的话观众都未必相信。所以，眼神要坚定，不要来回飘。

2. 快节奏地踱步

在日常生活中，人在什么时候会快速地踱步呢？焦急地等待某个结果时，生气却无处发泄时，突然收到一个巨大的好消息时……而在演讲的舞台上，快节奏地踱步会让观众觉得演讲者慌张或者过于激动，而且观众的视线一直跟着演讲者来回摆动的话，就会产生烦躁感。所以，如果不是角色演绎，正常情况下，要控制自己的走动，若走，就慢慢走；

若停，就站定。这样就是一个自信、从容、有气场的演讲者。

3. 语言零碎快速

有气场的演讲者，说一句话是一句话，一句话说完整了，再开启下一句。没有"这个这个""那个那个""呃……""就是……""其实吧……"这类语言，也不会一句话翻来覆去地说。因为零碎快速的语言直接暴露了演讲者的负面信息，会让观众产生这样的感觉："这个话怎么说他还没想好""他也不确定自己说得对不对"……

以上3个动作，是非常破坏演讲者的气场的，而且很难让观众产生信任感，所以要尽量避免。

8.4.3 由内而外提升你的气场

要想真正增强自己的气场，从长远来讲，本节所述内容才是最重要的。因为真正的气场是由内而外散发出来的，是不做任何动作别人都能够感受到的。那么，演讲者如何培养自己由内而外的气场呢？

1. 认可并接受自己的全部

每个人都有优点也有缺点，这是正常的。而一个拥有强大气场的人，首先是一个可以接受和认可自己的人。他明白自己的长处是什么，也知道自己的不足之处，并且可以坦然接受这些。他不会因为优点而沾沾自喜，也不会因为缺点而怯懦自卑。

只有做到这样，这个人对于自身的认可才会源于自己，不会因为别人的几句话而骄傲或自卑，也不会因为一时机遇的好坏而对自己产生不恰当的评价。

认识自己，接受自己，能够正确地看待自己，是拥有强大气场的基础。

2. 培养应对环境变化的能力

每个人都不是孤立存在的个体，他必然存在于某种环境中，存在于各种社会关系中。有的人独处的时候怡然自得，但是参加亲戚聚会时却会局促不安，甚至非常排斥。面对陌生环境，没有人关注时，他会觉得尴尬，不知道该站到哪里或者坐到哪里，这些都不利于培养气场。那么我们应该怎么做呢？

首先，用接纳的心态和开放的眼光了解环境。其次，不要期待别人应该用什么方式对你，而是要发挥自己的主观能动性，你想成为社交的话题中心，还是想静静地独处，或是想要做一个社会观察者，都可以，去行动吧。去认识你想认识的那个人，或者坐到你喜欢的位置上，大大方方地做自己。最后，面对他人的突然"闯入"，要平和地接纳这个变化，再根据"闯入者"的情况去耐心地沟通，即便你想自己安静地待一会儿，也要礼貌地回应对方，然后再找机会抽身。

3. 培养坚毅的品格

坚毅的品格不只可以帮我们克服生活的困难和考验，还会在这个过程中帮助我们培养强大的气场。这种品格并不是说必须碰到困难才能培养，而是在日常生活中就可以培养，然后才能是遇到考验时克服困难。因果关系要搞清楚。

如何在平静的日常生活中，培养自己坚毅的品格呢？培养习惯是一种非常常见的方式。比如，毛泽东主席，常年坚持洗凉水澡。我们可以根据自己的需要培养良好的生活习惯，在培养坚毅品格的同时使自己活得更加阳光、健康。比如，坚持每天跑5公里，坚持每天早上5点起床背书等。

4. 树立远大的目标

人在没有目标的时候，出现任何小的困难，眼前就只有这个困难。但是当你树立了远大的人生目标，你的眼中就只有这个目标，就不会被眼前的小困难困住。

比如，普通人被别人否定了，只会着急地证明自己，但是1919年5月走上街头抗议的学生们，即便被人否定、被抓起来，他们也依然不改其志，无畏困难。就是因为他们有着远大的目标和崇高的理想，为了维护国家主权，一切的困难和牺牲都变得渺小。

如此我们便能看到，人一旦有了远大、坚定的目标，其格局自然会变大。因为有了远大的目标，人就不会被小的困难打倒，不会看重一时的得失。当人找到了自己愿意为之奋斗的目标、找到了人生的使命，其笃定的信念和随之而来的坚定的行动会使他的气场变得强大。

5. 磨练沉稳的性格

一个遇到一点小事就咋咋呼呼的人，听到风吹草动就探头探脑的人，是不会拥有强大气场的。苏洵在《权书·心术》中写道："泰山崩于前而色不变，麋鹿兴于左而目不瞬，然后可以制利害，可以待敌。"意思是，泰山就在眼前崩塌，但是这个人的脸色没有丝毫的变化，麋鹿突然出现在身边，但是这个人丝毫不惊慌，连眼睛都不眨一下。这样的人可以权衡利弊，可以冷静地对付敌人；这样的人性格沉稳、气场强大。那么，我们应该如何培养这种性格呢？

首先，不急躁，做任何事情不急于求成，不急于要答案、求结果。保持初心，踏踏实实地完成自己应该做的事情，环境变化的时候，若向好的方向变化，就强化自己的行为；若向不好的方向变化，冷静分析，调整自己的行为。

其次，要独立思考、独立判断。在遇到事情的时候，我们要全面考虑事情发展的前因后果、影响因素，也可以听取别人的意见，听听别人的分析和看法，但并不是人云亦云，而是要在接收这些信息的过程中，自己甄别、分析，最后自己独立做出判断。不过，也可以暂时不给判断。比如，当听取了大家的意见，无法做出判断时，就说"事情我已基本了解，大家的想法我会好好考虑"。做判断慢一点没事，但是不能人云亦云，不能左摇右摆，不能优柔寡断，一旦有了决断，就要果断地做出判断或行动。

再次，做事认真负责，粗中有细。比如，身处领导的位置，安排工作时除了要把握大方向之外，还需要对细节有所把控。真正做到实事求是、认真负责，这样在做决断、汇报工作、分析任务、安排任务的时候，才能做到沉稳有谱。比如，毛泽东主席就是因为一步一个脚印亲自考察了中国的农村与农民的问题，才能在之后的革命工作中给出正确的决断。所以他常说要"实事求是""没有调查，没有发言权"。

最后，控制外部动作。有意识地让自己气息沉稳，不要慌张；走路就好好走、跑步就认真跑，不要一路小跑着着急去做某件事；说话的时候，无论多着急，都要一句一句地想好再说。

第 9 章　鼓掌！开幕！

从第 2 章到第 8 章，我们完成了一场演讲的准备工作、文稿撰写、演讲训练，准备好了演讲时的着装、道具，我们甚至排演了很多遍，在第 9 章，终于迎来了正式演讲的时刻，激动人心的时刻。在台上，我们会面临什么状况？会不会紧张？演讲的过程中会不会忘词？本章将为大家一一解决演讲中可能出现的状况。

本章涉及的主要知识

- 如何避免过度紧张？
- 怎么让观众更加喜欢你（拉近彼此的心理距离）？
- 三个小技巧，背词、忘词全搞定。

注意

本章讲述的内容可以解决实战中的问题，是理论与实际情况的结合，是多名演讲者亲身试验和经历总结的经验。虽然不是每一条都适合所有人，但是从这么多的经验中，你总能找到适合自己的。

9.1　紧张吗？三招让紧张变精彩！

在一个广阔的舞台上面对成千上万人演讲，你会紧张吗？面对这种情况，人的表现大致分为三种：第一种，观众能看出他的紧张、局促和不安；第二种，观众看不出他的紧张，甚至看上去他还有些兴奋，是很喜欢舞台的样子；第三种，看上去特别放松，甚至有点松垮，但其实是因为对过度紧张的错误处理方式导致的。

9.1.1　紧张，生理机制背后的心理现象

要想克服紧张，首先我们要搞明白几个问题：紧张是什么？它对我

们意味着什么？紧张可以被消除或者转化成有利的因素吗？接下来我们来一一解答。

1. 紧张是一种常见的生理机制

人在紧张时会分泌出大量的肾上腺素，这种肾上腺素导致人心跳加速、呼吸变快、血流加速，为身体活动提供更多的能量，为"逃跑"或者"战斗"做准备。

在演讲中，适当的紧张可以使演讲者更有表达欲，产生更多的能量，号召力增强，对观众的反应和意外情况的处理会更加敏捷。但是，过度的紧张会影响演讲者的表现，演讲者会出现发抖、脑袋空白、口干舌燥、眩晕等情况。

2. 紧张的你并不特殊

即便是一个经验丰富的语言工作者，在面对大的舞台和重要直播的时候，仍然会紧张，这是一种非常正常的心理状态。Ted 的创办者 Chris Anderson 曾经说，他在第一次演讲的时候紧张到不知所措，无法回忆自己在演讲时的表现，当时的他无法想象自己在未来能够成功地举办上千场演讲。在电影《至暗时刻》中，丘吉尔这个角色在一次广播演讲之前非常紧张，脸色发白、搓手、不停地改稿子，非常慌乱，而丘吉尔本人也曾说过，他在面对公众演讲的时候，内心非常紧张，就像"胃里放着一块儿冰"；马克·吐温、卡耐基等我们熟知的有演讲魅力的世界名人，面对演讲时也会紧张。

所以我们要明白，作为普通人，我们的紧张并不特殊，不需要太过在意。

3. 转化你的"紧张"

那些一上台演讲就兴奋，仿佛是为演讲而生的人，那些一上台就能创造自己的发光时刻的人，他们的紧张情绪跟普通人是一样的。但是表现却跟普通人完全不同。这是因为，他们想的是正向积极的事，而普通人想的是令人恐惧的事。

普通人要想把自己的紧张转化为兴奋和喜悦，首先要转变自己的想法：不要害怕犯错，不要害怕忘词，不要害怕别人的评价，内心不要逃避舞台，要对自己说："终于等到这个时刻了，我的观众，我来了！"前者让肾上腺素帮你"逃跑"，后者让肾上腺素帮你"战斗"。

9.1.2 紧急情况下，缓解紧张的三招

马上就要上台了，心理建设一直在做，但还是紧张，有没有什么快速缓解紧张的方法呢？本小节就给大家提供一些演讲者常用的缓解紧张的方法。

1. 深度呼吸法

紧张的时候，人的呼吸都很浅，吸入肺部的氧气无法被充分地利用，肺底和肺尖残留的二氧化碳也无法被完全排出体外，因此会导致血液中的氧气含量不足。要缓解这种状况，我们可以选深度呼吸法。它可以为身体提供充足的氧气，同时将废气排出体外。

具体方法是，自然站立，双脚自然分开，与肩同宽，放松全身肌肉，不要驼背也不用使劲挺胸，用鼻子慢慢吸气，同时胸廓张开，肚子鼓起，随着吸气，上身轻微上挺，双臂微微张开。过程越慢越好，吸气到不能再进气。之后呼气，肚子扁下去，胸廓变小，随着气体呼出，上身微微含胸，手臂自然垂下，慢慢呼气，一直到没有气体可以从肚子里挤出来，再开始吸气。一分钟后紧张情绪便可以缓解。

2. 利用身体行为缓解紧张

心理状态可以影响肢体（例如，紧张导致发抖等），而改变身体的姿势也可以反过来影响心理状况。同理，演讲者因为紧张导致的肢体僵硬、手足无措，可以通过改变肢体来缓解。

第一，如果是上台前紧张，时间很紧，而且已经换好了衣服、化好了妆，不宜做幅度大的运动，只需要保持一种"强者姿态"，维持两三分钟，就会不一样。

强者姿态：双手叉腰、挺胸抬头、双脚自然分开。如果环境允许，还可以大笑几声。

第二，如果是演讲前几天就开始紧张，那么可以进行跑步、随着音乐蹦跳等运动。运动会使人分泌内啡肽和多巴胺，可以缓解人的压力和

第9章 鼓掌！开幕！

焦躁不安的情绪。

第三，通过简单的按摩，缓解肌肉的紧张，从而缓解心里的紧张。比如，按摩太阳穴（眉梢和眼外角连线的中点）、风池穴（颈部的枕骨之下）、百会穴（头顶正中），可以提神醒脑，把人从焦虑紧张的情绪中解放出来。

3. 通过聊天、化妆等方式转移注意力

选择这种方式来放松需要满足一个重要条件，那就是你真的把稿件准备好了，在此基础上，看看自己的妆容，对着镜子笑一笑，可以增强自信，缓解紧张；跟别人聊一聊，可以让自己处于"打开"的心理状态，接受来自环境中的人的信号，而不是钻到紧张的情绪中无法自拔。

9.1.3 如何训练自己，成为轻松应对"紧张"的人

紧张是一种常见的心理现象，但是并不是所有的人都无法应对紧张。如果通过训练，成为能够轻松应对紧张的演讲者，那么你的表现将会更加精彩。

1. 单次演讲前做充足的训练

紧张，从某种程度上来说，是对于自己将要展现的内容不够自信的表现。想象一下，在公司的大会上，老板说选几个职工背一遍李白的《静夜思》，大概率上没人会紧张因为中国人对这首诗太熟了。但是如果老板说，"接下来我抽人来讲一下，明年我们公司的战略规划应该如何落地。"估计会有很多人感到紧张。

所以，你发现了吗？当你把要展示的内容，练习到非常熟练，不用思考都能自然表达的程度，你根本不会过度紧张。

同时要提醒大家一点，不要因为太熟练而忽略情感的表达，否则会变成没有感情的背诵机器。即便是演讲了100遍的演讲稿，在每一次上台的时候，都要像第一次演讲一样，保持热情和分享欲。

2. 抓住可以直面紧张的机会训练自己

无论是在课堂上还是在会议中，都有很多可以训练自己处理紧张情绪的机会。笔者有一个独家的心得，就是在这种"训练场所"，可以跟"紧

张"比速度，从而不怕"紧张"。怎么理解呢？听笔者讲一个故事。

笔者上大学期间，有一个课程专门训练学生即兴表达的能力，那是同学们最容易紧张的课。因为在课堂上，老师会临时给我们一个新闻，然后给大家三分钟的准备时间，可以查资料或者写稿子，三分钟后，老师会随机挑选学生上台完成演讲：先复述一遍新闻，再进行评论（不可以看稿子）。

在这个过程中，笔者发现了一个很有趣的现象：准备期间，同学们的心思都在看新闻、查资料和构思演讲内容上，顾不上"紧张"。当老师说："时间到，谁先来？"在老师环视大家的时候，笔者的心跳就会越来越快，第一个同学上去后，笔者一边听他的演讲内容，一边想自己怎么说，还要一边紧张着，真是一心三用。在一个个同学上台演讲的过程中，笔者的紧张程度也越来越强，到笔者上台的时候，已经到了口干舌燥、思维混乱的程度。

后来，笔者想了一个办法，只要老师说"时间到，谁先来"，笔者便立刻举手上台，即便当时没有完全准备好，也可以边说边想。第一次这样做的时候，表现还不错，有趣的是，讲完回到座位上坐下来的那一刻，心跳才开始加速，然后又很快恢复平静了。笔者当时特别高兴，笔者对于自己的正常发挥能达到什么水平有了了解，同时也明白了发挥失常的原因是过度紧张。最重要的是，还发现了一个训练密码——在紧张心理觉醒之前，先做出行动。此时，你的注意力在行动上，等"紧张"反应过来想要打扰你时，你已经完成了行动。

这种方式最神奇的一点是结束之后的心理状态："就这样完成了？也不过如此嘛，没什么大不了的！"这样的练习，连续进行三四次，就不会紧张失度了。笔者当时每个学期的前四节课都会用这种方式来跟"紧张"赛跑，后面上课时就不会过度紧张了，所以也不需要第一个举手了，因为那时笔者已经知道，在任何时候上台都可以。

大家也可以在生活中找类似的场合训练自己。比如，年会上当主持人问"谁上来讲两句"时，先举手上台，别想那么多；聚会上让介绍一下自己，点到你后就立刻上台，别想着拒绝。只要跑赢"紧张"几次，短时间内你就不会怕它了。

3. 当"紧张"来临时，告诉自己"这是我的表演时间"

有的人在上场前是这样安慰自己的，默念"我不紧张，我不紧张"。但实际上，这是错误的心理暗示，演讲者很有可能上台脱口而出："大家好，我叫不紧张。"（很多小品里都演绎过这个桥段）

因为，人的感性认知对于"不"的感知能力偏弱。在销售行业，当顾客质疑产品价格贵的时候，销售冠军不会对顾客说："我们家的东西确实贵，但是贵有贵的道理。"而是会说："我们家的东西确实不便宜。"这两种说法虽然在理性层面意思一样，但是在感性层面，前者的感情色彩是"贵"，后者的感情色彩是"便宜"，而那个"不便宜"的"不"字，只存在于理性思维中。

同理，当你感到紧张时，要对自己说，"我是最棒的，我有个特别好的观点要讲给你们听""我要分享的内容太好了，你们听到就是赚到""哇，这个舞台上将有一个闪着光的人，那个人就是我，看我的精彩表演吧"……这样积极的心理暗示，会让你紧张的情绪得到缓解，甚至转变为有点小激动的积极状态，能迅速提升你的感染力，这是非常有利于演讲的。

4. 允许自己不完美

紧张背后还有一个原因，是演讲者对自己的表现有着超高的期待，有着过于严格的"结果性要求"。演讲者不允许自己犯错，害怕自己丢人，害怕观众不喜欢、不捧场等，各种心理压力导致了精神紧张。

我们要明白，不完美才是常态，你要允许自己表现得不完美。若你作为观众看到过别人的"不完美"，你就会发现，转头你就忘了。很多演讲者、脱口秀演员在场上"嘴瓢"或是说错名字的时候，直接哈哈一笑，有的人还能拿来调侃。观众不会觉得这是"不完美"，反而觉得这个人真实、亲切、幽默、自信。

比如，李诞在《奇葩说》上论证"奇葩星球着火，救猫比救画好"的段落时，原本想说"救猫"，但是说成了"救妈"。观众哈哈一笑，他也笑了，还补了一句"救妈妈当然更好了"，之后继续演讲。脱口秀演员徐志胜在演讲自己作为色盲的特殊遭遇时说了一句"这是绝症啊",但是"绝"字,他读成了"jio"。大家哄地一笑,他过了一会儿直接说:"这种病真的没有人同情你,还有人嘲笑你的口音。"观众又大笑鼓掌。

接受自己有可能表现"不完美"并且坦然面对,我们才有可能表现得更好。

5. "改掉"让你感到挫败的时刻

这部分内容专门讲给有特殊经历的人。有的人原本不会过度紧张,但是由于一次不好的经历,如礼服掉了、摔下舞台、被人轰下台等,导致之后再上台就会过度紧张,从而拒绝一切上台演讲的机会。

在这种情况下,需要克服的心理障碍确实不小。怎么办呢?直面"那个时刻"——重现出现外前的情境,预防这个"不好经历的发生",完成那次未完成的演讲,在收获掌声之后,你就迈出了跨越障碍的一大步。

如果你有上述不好的时刻,要抗住!逃避是没有用的,要用积极的回忆来覆盖掉恐惧的回忆,才能克服困难继续向前走,完成蜕变。

9.2 拉近与观众的心理距离,让他们更愿意捧场

现在大家看电视里新人演的小品时,很难被逗笑,但是身边的同学或者同事随便演一演,就能被逗得哈哈大笑。看脱口秀的时候,观众熟悉的人一走上台,他还没开口,观众就沸腾了;但是观众不认识的人上台讲笑话,观众只是礼貌性鼓掌,声音还没有背景音乐大。这是为什么?答案是审美心理距离不一样!

9.2.1 与观众保持恰当的审美心理距离

瑞士心理学家——剑桥大学的教授布洛(Edward Bullough),在1912年发表了文章《作为艺术的一个要素与美学原理的"心理距离"》。文章中指出:"心理距离是指我们自身和那些作为我们感动的根源或媒介的对

象之间的距离。我们观赏者对于作品所显示的事物在感情上或心理上保持的距离。"通俗地说，演讲中的心理距离是指观众与演讲作品（演讲者）之间的心理上的距离。

要想达到好的演讲效果，观众和演讲者之间的审美距离就需要保持恰当，既不能太远也不能太近，这样观众会成为一个演讲中的积极因素，给演讲者捧场。

演讲中如果观众与你的审美距离太近，观众就极有可能反应失度，甚至不小心干扰到你的演讲。比如，德云社的观众经常在演员演出的时候，在台下跟他们开玩笑。但是有的时候，观众出于喜欢和善意的"玩笑"会失去了分寸，不小心刨了演员的活儿，导致表演效果大打折扣。（刨活儿——在相声表演中，相声演员为了讲述一个段子先要构建场景、设置悬念，最后把谜底揭开，引得观众大笑，这叫抖包袱。而刨活儿，就是演员还没说完应该铺垫的内容，某位观众就先把谜底告诉了所有人，导致表演效果大大减弱）

演讲中如果观众与你的审美距离太远，那么你的演讲就很难打动观众。你讲一个故事，观众不会投入，而是会理性地思考是不是真事；你讲一个数据，观众会分析你收集数据的方式是否科学；你在投入地演讲，观众在看你的服装是不是得体、姿势是不是好看、发音有没有毛病。这不是故意挑剔，而是当人很冷静地看演讲时，就会注意到这一系列的信息。从而导致你的演讲内容无法"以情动人"，你所倡导的行动也无法达到效果。

9.2.2 如何拉近与观众的审美心理距离

当你准备在一个全新的场景中做演讲时，若观众与你的心理距离过远，你就需要让观众迅速跟你培养起熟悉感，拉近他们内心与你的审美心理距离。具体该怎么做呢？只要遵循一条原则：建立连接。

1. 与观众直接建立连接

这种方式适合大部分的演讲场合，国际颁奖礼上的发言人、主持人、颁奖嘉宾、获奖人等会直接与台下的观众对话；脱口秀演员在现场表演时也会跟观众聊天、提一些问题。大部分非官方的场合都可以用这种方式与观众建立连接。

这样即便观众对你有陌生感,当你像朋友一样,跟他有了直接的交流之后,你们之间的心理距离一下就拉近了。旁边没有被提问的观众,也会觉得跟你的距离很近,你就像他身边的朋友。

不过有一点要注意,那就是与观众互动时提问要简单一点,问一些回答难度不高且真实答案没那么重要的问题。比如,在南京无名喜剧的脱口秀表演中,一位脱口秀演员是这样跟观众互动的。

"简单互动一下,就是'小哥哥,请问你有痔疮吗?'大概是这种样子的提问。"(观众大笑)然后他问一位男观众"你会觉得这个问题有点冒犯吗?"观众回答"不冒犯"。"哦,不冒犯。是'没有'还是'不冒犯'?"(观众大笑)"OK,开玩笑的,我们正经问一下,您今天是一个人来的吗?还是和坐在你左边或者右边的小姐姐一起来的?"观众回答:"我们三个。""你们三个人一起来的吗?"(观众大笑)脱口秀演员酸酸地说,"唉,这有什么好开心的?三个一起来的……真是……你单身吗?""不单身。""不单身可不像呀!"(观众大笑)演员继续说:"这位是你女朋友吗?还是另一位?"(他指着坐在男观众两侧的女观众)"都不是。"演员震惊地说:"都不是你女朋友!"(观众大笑)脱口秀演员比了一个大拇指,意味深长地笑着,被提问的观众也在哈哈大笑。

这样的互动,问题简单,观众很容易回答,真实答案也不需要较真,所以大家都比较轻松。

有些较为正式的场合,或者主讲人比较腼腆,不会跟观众聊"闲天",那该怎么办呢?可以用收集观众问题的方式进行互动。比如,让观众提前把问题写好,然后由主讲人挑选问题回答,或者由主持人帮忙挑选问题,代表观众向演讲者提问。比如,在演讲节目《开讲啦》中,就是由主持人挑选观众的问题进行提问的。这样做的好处是,一方面,满足了观众的"求知"和"互动"的心理需求;另一方面,对于观众的问题有所把控,不会使演讲者尴尬。

2. 与观众熟悉的人进行链接

这种方式适用的场合是舞台上有观众非常熟悉、非常亲切的人。比如，语言类综艺节目的新人可以与这个节目的常驻嘉宾进行链接，讲他的故事，讲述你们之间的事，甚至可以在玩笑间提到他的名字。又如，学校大会上的演讲、公司年会上的演讲，虽然不是所有人都认识你，但是一定有他们都认识甚至都熟悉的人，如学校里比较时髦的老师、教导主任、校长，公司里的人事部人员、财务部人员、CEO、前台等，只需要在演讲中提他们常说的话、常做的事，提他们的习惯动作、打扮等，台下观众就会觉得你是熟悉的人，心理距离会被一下拉近。

3. 与观众的共同记忆进行链接

每一个人类群体，都有着他们共同的记忆。这个共同记忆是由小时候读的同一本书、听过的同一个故事、长大后经历的相同的事、公共媒体、大众新闻、相似的人际关系、相似的成长经历等共同组成的。如果你的演讲段落中讲述的是每个人都熟悉的事，讲的是他们心里的感受，观众与你的心理距离自然会被拉近。即便你的观众有着不同的国际背景，你依然可以找到某些共通的文化。比如，对梦想的追寻、对生死的思考、爱与勇气等。

熊浩曾在《为时代发声》中有下面这么一段描述。

我们今天已经听了很多特别严肃的演讲了，让我用一个颇为轻松的对话来开始，好吗？你们每个人大概都有手机，你还记得最近在你手机里那个最热络、最欢呼、最引发关注的新闻标题或热门词是什么吗？大概是有的艺人离婚或结婚？或者"我们先定一个小目标吧，先挣一个亿"。那再之前呢？再之前是"友谊的小船说翻就翻"，是"我只想安安静静做一个美男子"，是"你那么牛你咋不上天呢？"那再之前呢？再之前是"不作就不会死"，是"且行且珍惜"，是"宝宝心里苦，宝宝不哭"。那再之前呢？再之前大概是……问题来了，是"挖掘技术哪家强"了。（观众笑了）大家笑了。但是，我不知道你有没有意识到，当我们给大家回放这些舆论的关键词时，有很多其实你已经忘记了，你只记得一件事，那就是它们曾经居然那么流行……

这一段话，每一小句都让观众想起一段时光的，这些"流行词"是他们的共同记忆。这么一段话出口，即便演讲者是站在离观众很远的舞台上，即便观众之前从来不知道他是谁，也会在他说完这一段话后，因为这些共同记忆而对他产生熟悉感，他的演讲就更容易被观众听进去。

9.2.3 如何与观众拉开一定的审美心理距离？

前文中说过，若与观众的审美心理距离过近，就会使观众的玩笑和互动失了分寸，有时甚至会影响和干扰演讲者。在这种情况下，演讲者就要用一些技巧来拉开与观众的审美心理距离了。

1. 拉开物理距离

电视剧中经常有这样的桥段，因为某些事情导致人群里乱糟糟的，这时有个人突然冲出人群，站到高台上，向下面的人喊"大家听我说"，然后用一段演讲控制住整个局面，让所有人成为他演讲的观众。他用到的物理方式有站得离群众远、比群众高。开始时用声音压制住大家，从而吸引大家的注意力，为自己赢得"话语空间"。比如，在《觉醒年代》里，北大的学生进行街头演讲，就是站在高凳、高桌上，向着来往的人群呐喊，等人们围过来就开始自己的演说。

再如，在《巾帼枭雄》的主角康宝琦随着官家运粮的队伍行进时，遇到一大群饥民试图抢官粮，那群骨瘦如柴的人恶狠狠地盯着粮食，一步一步逼近他们。官兵抽刀与其对峙，场面一阵混乱。一部分官兵抵抗饥民的进攻，另一部分官兵在军官的指挥下把白米推到了悬崖边（康宝琦献策）。此时，康宝琦跳出来，站到最高的运粮车上，向着混乱的人群大喊。

"大家冷静一点！听着！这里，这些都是上等的白米，你们只是想吃饭，要是你们愿意让开一条路给我们走，我们就把这些白米全都留给你们，你们就可以不用挨饿，可以有饭吃。但是如果你们不愿意，我们就把白米立刻推下悬崖。（看饥民还在往白米这边拥挤，没有改变行动，于是康宝琦大声指挥官兵）立刻把这些米推下悬崖！""住手！"突然人群中传出了声音，大家都安静了。真正的谈判开始了……

在极端的环境下,如果康宝琦是混在人群中大喊,就没有人会听到她的话;如果她远离人群,站在别的地方,可能都没人会注意到她。所以,康宝琦选择获得"话语空间"的方式是,离开人群,站到饥民死盯着的白米上,饥民想不关注她都难,再加上她站得高、声音大,所以一时她成了"官方"的意见代表。

在现代生活中我们也常用这招。比如,在比较正式的场合,讲话要到舞台上;在非正式社交场合,讲话要站到人群前面;甚至"散漫"一点的旅行团发布新规定的时候,导游都会选择站在一个高一点的台阶上跟大家讲话。

2. 利用表情神态拉开心理距离

同样的环境,同样的物理距离,观众对待台上不同的演讲者,心理距离是一样的吗?当然不是。那如果对于观众来说,他们认识这些演讲者的时间是一样的,这些演讲者讲的内容也差不多,那么观众与这些演讲者的心理距离就是一样的吗?

在观众与演讲者心理距离很近、很熟悉的情况下,如果演讲者表情庄重、声音沉稳、姿势端庄,观众就会认为,此时演讲者要讲一件很严肃的事,就不敢随意开玩笑、打岔;而如果演讲者嬉皮笑脸,声音随意、举止多动且松垮,观众就会出于"亲切",像朋友一样随意跟演讲者开玩笑、接梗。所以,当你需要与平时非常亲密的观众拉开心理距离的时候,调整自己的表情、行为等是一种明显的信号,可以让观众接收到,从而给予你足够的演讲空间。

3. "上价值",拉开思维的距离

所谓"上价值",就是指为一件看似普通的事寻找意义,把普通的争论提升一个维度,放到价值、意义的层面上去讨论。在演讲中,大部分时候要讲观众熟悉的故事来使观众产生共鸣。但是,如果只是像每一个普通观众一样,说说生活中的小事、吐吐槽,那么观众为什么要听你说呢?为什么会给你尊重和掌声呢?所以,演讲者在讲述这些小事的时候,需要透过现象了解本质,通过小事展示背后的价值,将观众带到他们看不见的、没想过的思维层面,观众才愿意从心里把你"托"到舞台上。

比如,《奇葩说》有一个辩题是《人们可以自由买卖生命时间,你支持吗?》大部分人的思维停留在"工作就是在卖自己的时间""有时间才能有更多的经历和机会""没看过大海的人不是因为没时间,是因为没钱""选择买卖,是让你有自由选择的权利""把时间生命卖给更有才华的人(医生、作家等),是为人类做更多的贡献""有买卖就有剥削"等想法上,一直在"时间"和"价值(钱)"两个关键词中纠缠。在陈铭前面发言的辩手是这样,观众也是在这个层面思考。这时陈铭站起来,先总结了大家讨论的具体事情属于什么范畴,然后把观众的思维直接向上提升了一个维度,他是这么说的。

(先与观众互动,问"钱买不到什么?"观众给了一些答案后,他继续说)其实刚才那个问题并不是我提出的,是哈佛大学的政治伦理学教授迈克尔·桑德尔的一个经典的问题,"金钱不能买什么?"并且他把它写成了一本书,他详细地考察了在我们市场环境中,哪些应该置入,哪些应该离出,然后得到了一个比较明确,也是大家获得了共识的答案,这个答案就是,"钱,无法买到超越性的精神需求"。我们再来回观钱的本质,我们发现,契合!因为钱一开始就源于物与物的交换,我有东西你有东西,换,然后出现了一般等价物,最后一般等价物变成了钱。钱本质就是一切物质欲望的外部凝结,但它无法买到精神追求。刚才观众回答说"爱",对,钱买不到爱,因为钱买来的爱,它就不是爱,它只是爱钱。桑德尔教授给它起了一个名字,叫作"金钱的魔法腐蚀效力"。

人,总有一些价值是在神坛之上的,有的东西叫"奉献",有的东西叫"忠诚",有的东西叫"爱国"。比如说,一个军人他为了国家浴血奋战,我们发他这枚军功章,是表彰他的爱国与奉献的精神,可是一个雇佣军,是钱可以买来的,你还会说他奉献吗?你还会说他爱国吗?不会。因为换一个人花钱,他就会调转枪口。钱在消解那些云端上的超越性的精神价值。这就是市场的边界,钱应该用来买物,钱应该用来置换物质欲望,而精神层面的价值不应该纳入其中,否则云端上的神像会一个个地崩塌和消散。

于是,问题只剩下一个了:时间是什么?各位,时间是这颗星球上,

第9章 鼓掌！开幕！

唯一的、最后的公平！（掌声）无论你是谁，无论你出生在哪里，无论你出生在富豪之家还是贫穷的小山村，一天你就是24个小时，时间均匀、稳定、持续地在人类经验世界之外缓缓地流逝。时间之神是站在云端之上最后的公平守护神像，他望着人间告诉你，任何人无论你遭受到怎样的不公，你心底还可以跟自己说，在时间上，我们是拥有同等起点和尊严的个体。现在大家有点理解，为什么无法把时间纳入圈内来了吗？你想用钱买时间？你就击碎了这个人间，最后关于公平的信仰。那个高高的楼顶的富人，不是贫富悬殊，也不是资本的累积，是所有人关于公平的最后一丝信任会彻底崩塌。

当一群人在为某一件事情争论的时候，如果演讲者能上升一个维度去讲述、论证这件事情，即刻就形成了"降维打击"，观众甚至会忘了之前争论的"那些具体的日常的小事"是什么，而是接受当前演讲者的全新的理论。

同理，在演讲中、日常生活的沟通中、会议中，"上价值"更能让观众跟着你的思维走。只是要注意，"上价值"之前的具体的、生活的、常见的事也是要说清楚的，只是这部分可以自己说，也可以由别人说。就像辩论里、会议中、生活中，已经有人说过这些事情，那么你可以简单总结一下，然后直接在高维度的价值层面去论证；而如果是单人的演讲，那么前面的"小事"就需要自己先铺垫清楚、讲述明白。

 ## 三个小技巧，背词、忘词全搞定

本节是关于记忆力的，很多初级演讲者很怕背稿子，很怕忘词，那么在这一节，我们就专注解决背稿、记词等问题！

人的记忆力是在不断变化的，幼年时期的记忆力很强，一大段不知道意思的古文，很容易就背会了。成年以后的记忆力是在不断变弱的，如果给一大串无意义的汉字，很难轻松背下来，但是，这个时候人的逻辑思维能力和理解能力都比小时候要强，因此，要想轻松背会记牢稿子，就要先理解文稿的内容、逻辑等。如果能将文稿中的内容全部理解并内化为自己的东西,那么再"讲"出来就很容易了。

9.3.1 撰写"好背"的文稿

要想轻松背会演讲稿,搞定"忘词"的问题,就要从源头开始,写"好背"的文稿。

1. 尽量自己写

首先,演讲稿最好由自己写,而且要边说边写。对,你没看错,就是这个顺序。这句话先从你嘴里说出来,再用文字记录下来。这样做的好处是,你写的都是"人话"。

其次,写完一段,回头"说"一遍,改掉拗口的词,改掉复杂的逻辑,能用简单句的不用复合句(语法套语法的长句子)。

最后,全部写完后拿着稿子"说"给别人听。如果对方在听的时候,有这些反应:皱眉、做思考走神状等,就说明你用的词,对于普通人而言并不日常,需要换个日常用词。如果遇到了无法换掉的专业词,就在后面加上解释说明或者比喻,力求普通人都能听懂。

2. 行文有逻辑

本书 4.8 节中有一个关键理论:找不到逻辑,片段再精彩也没用。若演讲者说话没有逻辑,那么观众就不知道演讲者想要表达什么,演讲就起不到真正的作用。同样,若演讲稿没有逻辑,演讲者就很难背下来,尤其是完成上一个段落后,下一个段落要讲什么就很难想起来。演讲稿有逻辑,则可以在最大限度上避免这个问题。

3. 梳理情感线 / 故事线

演讲中的情感都是层层铺垫的,即便它分为不同的部分,在情感方面也有叠加、顺承、递进等关系,不是完全割裂的,演讲者在撰写稿件的时候一定要注意这一点。情感线的合理,不仅有助于演讲内容和价值的传递,同时也更利于演讲者背诵。

4. 对于别人撰写的稿件要预先处理

有的领导因为太忙或者其他原因,会让别人完成演讲稿的撰写。这种情况需要注意三点:第一,撰写前告知对方你的演讲场所和目的;第二，尽可能地告知对方你想要讲什么内容，最好有自己的逻辑；第三，对方完成后，自己读一遍，把用词和语法改成自己常用的词汇和语法习惯。

9.3.2 背诵方法

本节中介绍的背诵方法是笔者在多年实战和教学中总结出的，不是简单地背诵，而是将演讲稿的修改和个人记忆、个人习惯有机地结合在一起。

1. 复述的过程中再次修改演讲稿

写完演讲的文稿之后复述一遍，包括在这篇演讲稿中写了什么、用了哪些案例，讲出所有内容。方法如下。

① 读一段，复述一遍这一段讲了什么。

② 按这个结构复述整篇内容："这篇演讲我的题目是×××，我要传播的价值观是×××"+"我一共分为×个部分来完成我的演讲，第一个部分我想说×××，我用的案例是×××（复述每一段的主要观点和案例）"+"最后，我的收尾是×××"。这个过程中不看任何提示，能复述多少记录下多少（用录音功能）。

③ 对比录音，找自己遗漏的地方，调整演讲的框架和顺序，使之符合自己的记忆习惯。

④ 重复②和③，直到整篇演讲的逻辑符合自己的记忆习惯即可。

2. 背框架

完成了第1步之后，开始背整篇演讲稿。此时演讲稿的逻辑框架已经搭建完毕，背诵的重点在框架，尤其是每个框架的主旨句和第一句，这是容易忘的部分，其他部分说得差不多就行。

不必拘泥于某个词、某句话，掌握整篇演讲稿的逻辑框架，懂得里面每个故事的逻辑关系即可。

3. 背关键词句

背诵全篇时你会发现，对于容易"卡壳"的地方，只要提醒一个词或者一句话，你就可以继续背下去，这些词句我们称之为关键词句。

找出关键词句，在背诵的过程中有意识地记下每个框架下的关键词句,这样有助于背诵全篇。

不是忘掉的每一句话都是关键词句,而是忘掉这句话便无法进行下面的演讲,这句话才算是关键词句。这一步的目标是可以"顺"下整篇演讲稿。

4. 背全文

对于全文的背诵,不要想着"见字发声",而是要拿出"讲给别人"的状态去记忆。在这之前,你已经记住了框架,现在就是要记住每句话。

先读一段,背会,再攻克下一段。在这个过程中你会发现,当你背某一段的时候,用词、用句不完全是按照稿子背的,这个时候直接掏出笔进行修改,使文稿符合你的用语习惯。同样,完成一段,再攻克下一段。

每个段落都会背之后(背的要与修改后的内容完全一样),熟练几遍,这几遍要求一字不差,错了就要重来(或者修改你的文稿,使之与背诵的内容一样),直到可以熟练地背诵全文。这个阶段的目标是一字不差地背诵全文。

5. 排演

在第7章我们讲过如何排演,这里只说文稿的部分。排演之前,不要想文稿(排演之前应该背好),而是想象上台的场景,把每一次排演当作正式演出,不要带稿子(如果正式上场不能看的话)。若忘词了,就在舞台上想办法,等一遍排演结束,再去找忘词的原因和解决办法(解决办法见9.3.3)。如此反复训练,直至可以熟练完整地进行演讲。

9.3.3 上台忘词怎么办?

如果你的文稿、背诵方法等所有备稿方式都没有问题,只要不过度紧张,基本不会忘词,但是,万一忘词了怎么办呢?以下方法可以帮你完成演讲!

1. 回扣主题

每一场演讲都有一个主题,演讲者再怎么忘词都不会忘了这个主题。而且此时演讲者对于演讲稿的内容已经烂熟于心,即使忘词也是暂时的。

这时只需要顺着正在讲的内容回扣主题，再结合主题论述一次，基本上当你完成的时候，就能自然地"顺"到下一个部分。（即便中间漏掉了想不起来的一小部分，也没关系）

2. 巧用 PPT

在排演的过程中若出现了"卡壳"的情况，就把当时可以提醒自己的关键句标记出来。反复训练的同时，把这些关键句融入 PPT 中，再进行排演。（关键的人名、年份、地点也可以放到 PPT 中，这样就不会有担心忘词的心理负担。）

3. 坦白直面忘词的状况

这是最后一招，即如果前两招失效了，并且，你因为忘词越来越紧张，那么直接亮出你的底牌——坦白。

向观众直接说忘词了，然后说出你的心情，说完基本上就不紧张了。此时如果想起来了，就继续，如果没想起来，就"幽默一下"，把稿子拿出来看。比如，"有请我的秘书把文件拿来"，或者从自己衣服兜里直接掏出稿子。记住，只要你不尴尬、不紧张，忘词真没什么大不了的。观众反而会觉得你真实、轻松、幽默，现场的演讲氛围还会变得轻松。

相信笔者，综艺演讲节目、学校演讲、企业年会、汇报演讲等场合都出现过类似的状况，只要演讲者不紧张、不尴尬，自然地运用上文介绍的方法，没人会在意这一个小插曲，关键还是看整篇演讲的质量如何，演讲者的风度如何。

第 10 章　互动，考验你的时刻来临了

本章将介绍演讲者面临的最棘手的问题，这些问题不一定每一次公开讲话都会碰到，但是一旦碰到，若处理不好，对演讲者来说不亚于一场灾难。

> **本章涉及的主要知识**
> - 面对中途离开的观众应该如何处理？
> - 各种突发意外如何处理？
> - 观众花式提问，如何应对？

> **注意**
> 本章内容既包括笔者总结的一些方法，也包括实际发生过的案例。读者朋友要根据自己的实际情况去处理，要学习处理的方法和心态，不要直接照搬。

10.1　演讲到一半，观众开始陆续离场，你该怎么办？

本节标题中的问题，会吓到很多演讲者。因为如果观众只是走神，演讲者还有方法把观众的注意力吸引回来，但是观众都走了，演讲者讲什么他们都听不到，演讲几乎陷入了"死局"。这时候演讲者应该怎么处理呢？下面我们分情况来看。

10.1.1　如何面对正在离开的观众？

当演讲者看到正在离开的观众，要分情况处理。如果他是坐在最后一排的角落里，并且他的离开没有引起其他观众的注意，那么可以忽视

第10章 互动，考验你的时刻来临了

他。但是如果这位要离开的观众坐在中间位置甚至是前排，其他观众能够看到他的行为，并且已经关注到了这位要离开的观众，演讲者就要直面这种情况，那么该如何处理呢？

1. 明确目的

对于正在离开的观众，演讲者留住他的机会很小。而演讲者真正的目的是，把其他观众的注意力吸引到舞台上并重新掌握话语权。通俗点就是说，不要让这位正在离开的观众分散其他观众的注意力，不要让这位正在离开的观众带动其他观众离开，而是要让其他的观众继续听演讲。

2. 介入中心事件，转移关注主体

当其他观众关注了这位要离开的观众时，演讲者应该立即回应这件事，与这位正在离开的观众互动。这样做虽然其他观众关注的事件没变，但是关注的主体变成了演讲者。演讲者可以跟这位正在离开的观众打招呼，问问他去做什么。可以开开玩笑，也可以讲"有急事赶紧去处理吧"，等等。但是，千万不要真责备他，也不要表现出紧张和不知所措。

3. 不求结果

如果这位观众回应了你，你就要与观众对答，问问他去做什么。如果该观众并没有重要的急事，可以开玩笑让他坐下；如果该观众有事要急着处理，就让对方赶紧忙自己的事去。一般情况下，有了这样的互动，该观众要是没事，就会不好意思走。

如果观众不理你，那就调侃吧，用预设、沟通、体谅等方法，将这个尴尬的状况用幽默的方式化解。

每一次有观众离场的时候，即便演讲者积极处理也会有不同的结果。不过只要演讲者处理得当，对于留下来的观众就是好笑的、精彩的。

案例分析

岳云鹏（小岳岳）在说相声的时候，看到几个观众站起来往外走，直接就问："你们仨老爷们儿准备干什么去？"……看到观众又回到座位上了，就正经地说："开玩笑哈，有急事儿的话，赶紧走。"观众回答了没有事，他就又娇嗔地问："没有事儿刚才干什么呢？"后来他们在台上继续表演,当孙越说"吧啦啦小魔仙变身"时,台下观众笑成一团,岳云鹏又跟刚刚的观众说:"你说你们仨,要是刚才走了,看得见这一幕吗?"观众哄堂大笑,孙越说:"看这干什么?他们肯定想'刚才还不如走呢'。"

这样的处理方式不仅留住了要走的观众,也给其他观众带去了更多的精彩笑料,让整个表演更加贴近观众,更加生动、有趣。

案例分析

秦霄贤在说相声的时候,遇到观众离场,直接叫人:"喂,喂,二位姑娘,请留步!我们马上就要下去了,再憋一小会儿。"观众没有回应,还是往外走。"哎呀,过分啦,那好吧……我等你们俩回来。"说着,用左手撑着旁边的桌子,身体倚靠着,做等待状。搭档就扒拉他……"哎呀,你看你的样子。"秦霄贤还用动作回应,把头发往后面一甩(他是短头发,但是故意模仿长头发的女生)……这个互动让台下的观众哄堂大笑。

秦霄贤的处理方式其实跟第一个案例中的岳云鹏差不多,只是这一次,观众直接走了。但那又有什么关系呢?秦霄贤活泼、自然的处理方式,让留下来的观众看到了更加灵活、精彩的相声表演。

案例分析

有一次薛之谦在广东举办演唱会,在演唱会快结束的时候,一队队观众开始离场。薛之谦疑惑地呐喊:"这么多人为什么走啦?赶车啊?……喂,跑什么?……没必要吧!……有这么难听吗?"在他的喊话中,要离场的观众,加快速度跑了;还在场的观众,被他逗得大笑。

演唱会结束前观众大批量离场,原因不难猜。是因为演唱会正式结束后,离场的时候会非常拥挤,所以他们想要早点出去。薛之谦这样的互动,幽默中带着点心酸,但是笔者相信,还有一部分观众,本来也担心散场时人挤人,也想早点走,但是被他的喊话留住了。在这一段后,薛之谦说了句"好吧"就又继续演唱会的进程了。整个事件结束之后,并没有人

第10章 互动，考验你的时刻来临了

觉得这个场景会让薛之谦"没面子"，反而夸奖他，把演讲会变成了脱口秀，是综艺感最好的歌手之一，有的观众甚至在网上呼唤他的下一场演唱会。

10.1.2 观众走了一大半，如何保障后续的"精彩"？

观众离开了一大半，这比10.1.1中的问题更加棘手，因为，留下的观众所剩无几，整个表演似乎只能惨淡收尾。但是，作为一名合格的演讲者，只要有说话的机会，就要有化腐朽为经典的勇气。

最重要的一点是，演讲者要正视观众离开这个事实，并且用客观的态度去看待他们的离开，否则会非常不利于演讲者处理这个棘手的状况。下面我们来看一下观众走了一大半的原因，再根据不同的原因，分析一下应该如何处理。

1. 舞台上的节目不够吸引人

既然是观众离开了一大半，那么基本上不会是因为个人私事离开的。常见的原因是，舞台上的节目不够吸引人。如果整场是个人的讲座，那么请你把本书从头到尾读一遍，按照书里介绍的方法去训练、去寻找更好的演讲方式。如果这不是个人讲座，那就跟演讲者没有直接关系了，而是整体节目的质量存在问题。

那么作为有机会说话的人，应该怎么处理呢？

案例分析

小颖（化名）在大学里当记者团团长的时候，举办了第一届"大学生记者节颁奖晚会"，请了很多领导、各个系的老师、各个学生团体和学生代表。舞台上是颁奖和表演节目（节目是围绕着大学生记者的日常工作和生活设计的）穿插进行。在晚会进行到一半的时候，小颖发现观众陆陆续续走了一多半，其实她也明白是因为台上的内容不够吸引人：很多观众对颁奖环节不感兴趣，而节目也不够精彩。在这种情况下，小颖走上了讲台。

她先对着观众深深地鞠了一躬，说："谢谢大家，这么晚了还在台下支持着我们。"然后将观众心中的疑问说了出来："我是记者团团长小颖，很多人问我,为什么一定要办这个记者节颁奖晚会?为什么即使跟迎新晚会时间这么近也不能推迟?"

接下来的话,她让在场的所有领导、老师、学生了解了举办这次晚会背后的原因和意义。"大学生记者团一直是这个学校中最活跃却又最默默无闻的存在。表演系同学的话剧获奖、著名学者访问我们学校、化妆系的同学为校争光、学生会举办了迎新晚会、团委组织了社会活动……每一件事发生的时候,记者团的同学都冲到第一线记录。每一个活动完成后,他们都快速写出稿件,哪怕活动办完已经半夜十一二点,记者团的同学们也能连夜写完稿件、校对审核完成,让大家第一时间看到相关事件的报道。守时、负责是他们日常的工作态度。也正因如此,记者节颁奖晚会值得在记者节这一天举办。但是他们又是最默默无闻的,在今天之前,有多少人了解记者团的工作?虽然,唱歌、跳舞、演节目,他们生涩了很多,但是用这样的方式让大家了解大学生记者团的日常工作,是在这个特殊的日子里最浪漫的尝试,今天你们是主角,让我们为你喝彩。"观众中爆发了掌声。

之后,小颖又将"价值"拔高,让这次活动的意义更加深远:"……大学生记者团是我们走向'记者'这个岗位最初的试炼……之所以要坚持办这个颁奖节,是让我们每一个同学铭记,记者,是一个崇高的职业,值得被我们铭记。在未来,当你们成为一个个优秀的记者时,记得自己的初心。各位尊敬的老师、领导和同学们,感谢你们在这样一个特殊的日子里,给现在的学生记者鼓励,为未来的优秀记者喝彩。再次谢谢大家。(鞠躬,观众鼓掌)接下来,揭晓年度优秀新闻奖……"

小颖讲话的结构是,感谢→说出观众的疑惑→解答疑惑,道出背后的原因和意义→上升价值→以感谢收尾。她的讲话让很多参与记者工作、了解记者工作的老师和学生流下了感动的泪水。这场讲话结束之后,没有一个人再离开,而且每一位上台颁奖的领导、领奖的学生记者所发表的讲话都让这场晚会更加富有良性的影响。同时,第二天之后,记者团的所有采访活动一路绿灯,学校的所有活动都有记者团的专属席位。

一次简单的救场式的发言,带来的良性影响比演讲者想的更加广泛。

2. 风气不好

不得不承认，有的时候观众们大批离场，是因为该行业、该公司、该学校的参会风气不好。在这种情况下，演讲者能够发挥的作用更大，很有可能可以在一定程度上影响甚至改变这个不良风气。

比如，娱乐圈的某些颁奖活动，奖项的含金量不高，艺人只是把参加活动当作"跑通告"，来了就签名、拍照、走红毯，领完奖就提前离场了。2015 年，金星就主持了一场混乱的颁奖典礼。

案例分析

在采访中，金星回忆这次颁奖典礼：典礼非常混乱，流程一直在改，艺人来来去去。在处理 5 个多小时的各种混乱事件后，她发现台下前面区域的人已经走了一大半。（观众席前面的区域都是艺人、经纪人、导演等业内人士，中后排是普通观众）面对空空的座位，金星终于忍不住了，在台上爆发了。

"台下这帮明星啊，你们真难伺候，今天下午 5 个小时，我接到了 5 个版本的主持流程，这个不来啦，那个不能给'我'颁奖，'我'不能跟他坐在一起，哎呀这个不行，'我'不干这个……我不知道是演员的本意还是经纪公司安排的，真矫情啊。（台下突然鼓掌叫好）谁惯的毛病呀！"然后又说，"颁奖是观众对演员的认可，这是专门给明星们弄的盛会，结果一部分明星，自己拿了奖就走了，跟菜市场一样，真的是一种特别傻的行为。给你们搭台子你还不乐意啦。"她甚至毫不避讳地说："这按照老百姓的话说，是'狗坐轿子——不识抬举'……"之后她又表扬了坚持到最后的艺人，说他们尊重这个行业、尊重这台晚会，也尊重他们自己，尤其是霍建华等人，坐得端端正正地坚持到节目的最后，然后呼吁台下所有的观众，为留下来的艺人鼓掌。

这一段曾一度登上各大平台的热搜，台下的观众，包括留下来的艺人、制作人、导演等纷纷鼓掌的原因是，金星讲了他们想说又不敢说的真话。另外，确实在之后的一段时间里，这种现象少了很多。相关人员也明白，自己在业内的形象、口碑也很重要，要尊重他人、尊重规则、尊重自己。

如果是正在看本书的你遇到了这样的情况，你应该如何处理呢？

首先要明确自己的位置（虽然这样讲很直接，但却是非常现实的问题），如果你的地位足够高，比如，公司活动中你是公司领导、行业活动中你是业内举足轻重的人物，学校活动中你是校领导……那么你可以借鉴金星老师的处理方式。不过并不推荐，因为金星老师的处理方式需要很大的勇气，并且结果可能不可控。

但如果你不是如此举足轻重的人物，或者你是性格和善、不愿直面强烈冲突的人，那么你可以按照下面的方式来处理。

第一，直接描述现场发生的事情，不做评价，只说事实。

第二，说出你的感受（不是评价、不是自我发泄），你的感受其实是在场大部分人的真实感受。他们没有说话的机会和勇气，但是你可以讲出他们的心里话。

第三，以拔高这场活动的意义为主，以感谢一直在场的嘉宾为主，以弘扬正能量的态度为主进行收尾。

综上所述，如果看到观众离开了一大半，无论观众离开的原因是什么，一定要找机会说一段话。首先，保持平和的心态，客观陈述事实、分析原因；其次，针对该事件说出自己和观众的感受；然后，说出这次活动的意义，也就是"上价值"，提升一个高度来看待这场活动或这个现象；最后，感谢留下来的人。这种情况虽然很棘手，但是如果处理得好，你就会在活动结束后的一段时间收获意想不到的惊喜。

10.1.3　演讲结束了，观众却不愿意离场，该怎么办？

有观众提前离开的活动，就有观众不愿意走的活动。活动结束后，如何客气地"送走"参与活动的人也是一门艺术。

我们要明白，活动或讲座结束了，观众还不愿意离开，是观众认可、支持该活动的一种表现。那么我们怎么办才能既不破坏这种美好的印象，又能礼貌地"送走"观众呢？

首先，表达感谢，感谢观众对该活动的支持和喜爱。

第10章 互动，考验你的时刻来临了

其次，发出指令，以"期待下一次再相遇，再见！"等话提醒观众活动已结束。

最后，借助外部手段引导观众离开。可以播放离场音乐、关闭舞台灯光，也可以让服务人员引导观众有序离场。总之，这个过程要坚持礼貌、欢乐、有序的原则。

10.2 出现意外时，你被"晾"到台上了吗？

如果演讲的过程中出现了意外，无论这个意外是"事故"，还是人员互动状况的失控，你的处理目标都只有一个——尽快让演讲回到正轨上来。

但是，意外已经发生，观众和演讲者本人都无法忽视它的存在。如果假装看不见，直接继续演讲，那么结果会是，你的讲述变成了只是完成任务，心思可能还会在刚才发生的意外上停留；而观众在短时间内仍会停留在刚刚发生的事上，同时，观众还会对演讲者做出评价，如"他不管吗？这么淡定，心理素质不错"。无论观众怎么评价你的表现，都只能证明一件事：他们无法投入地听你讲话了。

那么，如何处理演讲中出现的意外才能让演讲迅速回到正轨上来呢？如何处理才能让演讲者和观众同时快速地投入演讲的内容中去呢？下面我们分情况来看处理方式。

10.2.1 意外事故的处理

演讲的时候舞台的灯掉了、台子塌了、人摔下来了……这种事故的出现会立刻打断观众和演讲者的注意力，甚至直接暴力截断演讲。演讲者无法忽视它，正如观众无法忽视它一样，那么我们应该怎么处理这种意外呢？

1. 敬业精神是基础

处理这种事故型意外，需要演讲者有足够的敬业精神。即无论精神上遭受了多大惊吓，心理上有多么恐惧抑或是身体上遭受到多大伤害，有敬业精神的演讲者，注意力会在完成演出任务上，这种精神是需要自己培养的。

案例分析

2006年董卿在云南大理录制《欢乐中国行》的时候，不小心在石阶上踩空，腿部多处受伤。可是她在进行简单治疗后，让医生给自己的腿打了封闭针，坚持录完了这期节目。她还开玩笑为自己摔倒圆场："我真的是为大理的景色所'倾倒'，倒在了三塔寺下。"简单的一句话，既不让观众担心她的受伤状况，也成功地将观众的注意力拉回到了那次演出的主题上。能这样思考和讲话，源于她的思维没有关注自己的受伤和疼痛，而是全力保障节目的质量。

2. 心态稳定，遇事不慌

活动中遇到的意外，有时虽然没有安全问题，但是会让遇到这个意外的人非常尴尬。这个时候作为可以讲话的人，一定要用稳定的心态化解这个尴尬。演讲者不能愣住、不能慌、不能看观众，而是要发挥主观能动性，将这个尴尬型意外粉饰过去。

案例分析

有一次何炅在主持一个新品发布会的时候，一位公司领导在上台的过程中摔到了水池子里。虽然很快继续上台，但是场面非常尴尬。这时，何炅说道："遇水则发！遇水则发！来，掌声给他！"观众鼓掌、危机解除。这样的表现是因为何炅的心态足够稳定。试想，如果他慌张了、愣住了，那么这个尴尬就会在短时间被放大。

3. 思维灵活

有的活动中所遭遇的事故，不是简单地说漂亮话就可以解决的，需要当事人真正想到可以解决这个问题的方法。这个时候演讲者就需要思维敏捷、快速地找到问题的突破口，并且提供解决的方案。这个方案可以是"曲线解决"，也可以是巧妙地绕过，只要确保整个表演可以顺利进行下去就好。

第10章 互动，考验你的时刻来临了

案例分析

何炅在主持某个颁奖典礼时，颁奖嘉宾焦晃和蒋方舟在舞台中间，主持人在远处的小台子上讲话。当颁奖嘉宾需要看掌上电脑，读出获奖者的名字时，发现它死机了，"这还没显现，哎？这个没有啊，没有我说谁呀？"观众尴尬地笑了笑，何炅自告奋勇要解决这个问题，撒贝宁问："何炅，你确定自己能够解决这个技术问题吗？"何炅边走向舞台中间边说："当然，因为我们除了有最高端的科技之外，我们也有最原始的手段。"此时，他已经走到了颁奖嘉宾身边，他继续说："老师，给您。"说着把手卡递给了颁奖嘉宾。台下响起了掌声。

10.2.2 如何处理台下观众造成的意外干扰？

当你在台上讲话时，你的观众如果打断了你的讲话，你应该怎么办？是忽略他继续自己的演讲，还是停下来看看发生了什么？如果选择了停下来，那么又如何恢复自己的演讲呢？

经常上台讲话的人会知道，台下的观众是非常重要但又不受控的演讲参与者。有时候他们会热情地捧场，有时候却会打断演讲者的话，还有的时候，他们会因为自己有事要处理，而在无意间干扰了演讲的正常进行。那么作为演讲者应该如何处理这些情况呢？

1. 被观众的热情"打断"

观众非常欢迎演讲者，是演讲者非常乐于见到的状况。但是，有时过度的热情却会干扰到演讲的正常进行。

首先，演讲者应该明白，这是观众欢迎你的无心之失，所以不能生气。其次，既然观众是积极的参与者，那么演讲者就不能回避，而是应该给予正面的回应。最后，既然观众喜欢演讲者，演讲者在回应的同时就可以快速把话题拉回到正常的演讲中。

案例分析

董卿在厦门大学为《朗读者》开讲座的时候，演讲被观众的呼声意外打断。她知道观众是出于好意，因此微笑着给予回应，还拿这件事情

"打趣",最后又快速将话题拉回到了演讲的内容中。

大家好,(鞠躬,观众鼓掌)很久没有来厦门了,所以站在这里觉得很亲切。我出生在上海,但是来到厦门我自然也就成了一个"北方人"。我记得俄罗斯作家赫尔岑曾说过:"人一到了南方,他就觉得自己的年纪变轻了。想哭、想笑、想唱歌、想跳跃。"

刚说到这里,突然有人起哄,让董卿唱歌,并且引得其他观众笑了。董卿停止了演讲,笑了,此时观众开始鼓掌。董卿问:"是厦大的男生吗?"观众里有人回答"是",董卿继续问:"唱得好吗?"观众沉默了一下,然后有更多的人喊"来一个,来一个",董卿笑着把头转到了舞台另一侧,缓冲了一下,然后又面向观众说:"你们不知道我说得比唱得好听吗?"此时,有的观众附和着喊"好听",董卿继续说:"我还没有开始说呢,就要让我唱。"观众没有回应,董卿说"一会儿再唱好吗?"这时几乎所有观众一起喊"好!"董卿开始调侃唱歌这件事"(一会儿)我一定要选一个唱得没我好的人,跟我一起唱,陈伟鸿先生(央视主持人,同时是讲座的另一位嘉宾)。"大家哈哈大笑,陈伟鸿说:"啊?你确定吗?"董卿哈哈一笑,没有回答。然后回身面向观众,露出疑惑的表情:"我说到哪儿了?"然后想了一小会儿,恍然大悟:"哦,对!"同时双手在胸前击掌,表明开始进入演讲的正题,继续之前演讲时断掉的一句话,她说:"来到这里,觉得自己变得年轻了……"演讲恢复正常,继续进行。

董卿在面对这种情况时,先说"说得比唱得好",再讲"一会儿再唱好吗",不让观众失望,并且引导观众回应自己,最后拿这个话题"开玩笑",让观众感到放松和愉悦,同时迅速回归演讲的话题。

2. 观众遇到突发状况,无意间打断了台上的演讲

既然是观众遇到的突发状况,是不小心干扰了演讲,那么观众本人一定会很不好意思。其他观众也会注意到这个情况,还有可能心有怨言。作为演讲者,此时应该摆出宽容的姿态,让这位观众放松心情,尽快处理自己的状况,也让其他观众重新恢复到平和、愉悦的状态,继续关注演讲。

第10章 互动，考验你的时刻来临了

案例分析

仍是在上一案例提到的董卿的讲座中，她刚刚讲述了一个很感人的故事，正在抒发感慨的时候，观众席后排突然传出了孩子的哭声（听声音是一岁左右的孩子），即刻打断了董卿的话。其他观众也回头看，寻找哭声的源头。此时站在台上的董卿，停下了演讲，探头望向哭声的方向，说："这是他对我的一种回应吗？"听到这句话：观众把头转向了台上。"看来我讲得让你感动到落泪了。"观众善意地笑了，并且报以热烈的掌声。掌声过后，台下没有了哭声，演讲继续，仿佛刚刚的一切没有发生。（可能是孩子被哄好了，也可能是抱孩子的观众怕打扰大家提前离开了会场）

正是董卿这种宽容体贴的处理方式，让带孩子的观众不会陷入尴尬，让其他观众不会产生负面情绪，这也是她非常受大家喜爱的原因之一。

10.2.3 舞台内容的意外变化，如何处理？

如果舞台呈现内容上出现了意外，演讲者就不能像前文所述的那样快速处理、快速把节目拉向正轨了，因为此时演讲者面临的状况不一样。记住，此时演讲者的主线任务变了，这个意外本身变成了舞台呈现内容的一部分，如何将这个意外处理得精彩才是最重要的。所以，不能急，要慎重选择处理方式。舞台上的这种意外变化，一般有以下两种情况。

1. 观众能够看到舞台内容的变化

比如，比赛类节目选手突然退赛，颁奖节目的嘉宾没有来，点评导师愤然离场……各种意外状况本身变成了节目的一部分。我们应该如何处理呢？

首先，要接受主线任务改变的事实，认真面对突发情况。其次，平实地讲述、梳理发生的真实状况，要尊重每一个人、不带情绪和个人评价。再次，要考虑到这个改变为节目内容的制作者带来的工作任务的变化，并且帮助其协调。然后，要考虑观众面对这个变化时，可能会有的负面情绪，并迅速予以调整和梳理。最后，总结事实，给予点评和正向引导，将节目氛围引导向"虽然发生了这个变化，但是我们依然希望大家能够一起享受这个舞台"的开放、宽容、阳光的方向。

比如，在本书 7.1.4 小节的案例中，《我是歌手》的参赛选手孙楠退赛时汪涵的处理方式，就非常得体。他兼顾了孙楠、节目制作方、观众的感受——邀请孙楠继续以观众的身份共享盛会，给节目制作方调整的时间，梳理观众的心态等，是非常优秀的处理方式。

2. 观众看不到舞台内容的临时改变

比如，下一个节目没有按时准备好，需要有人临时讲一段话填补时间的空白，或者节目顺序突然被调整，等等。这种情况下观众很难看到内容的临时改变，但是时常出现。这种问题的处理方式是，首先稳住心态，快速想好即兴发言的内容；其次，保障这个即兴发言和舞台呈现的内容相关，最好还能做到这段发言有承上启下、画龙点睛的作用；最后，如果还有剩余时间，就讲一讲这次活动的意义和影响，等时间差不多了，就可以顺利介绍接下来的环节了。需要注意的是，最好不要让观众看出这个意外。

案例分析

董卿著名的"金色三分钟"，即《欢乐中国行 2007 元旦晚会》需要卡零点倒计时报数，可是所有节目演完之后，还有三分钟才到零点，所以主持人需要来填补这三分钟的空白。但是，在董卿演讲的过程中，导播又几次改变空白的时长，董卿则需要根据导播不断变化的提示时间来调整自己的语言、节奏等，还不能让观众看出来。她是这么处理的。

亲爱的观众朋友们，您现在正在收看的是我们在×××为您现场直播的 2007 年新年特别节目，今晚我们将在这里共同迎来又一个新年。

（出现两分钟半的空当，导播安排主持人救场）刚才，莫文蔚为我们带来了一首歌曲，叫《忽然之间》，真的，忽然之间好像 2006 年就过去了，忽然之间好像 2007 年马上就要来到了，我真的是怕时间不够长、不够将所有的祝福都送出；（她准备说大段的祝福词，但是这时导播突然说，只有一分半钟，所以她加快语速继续说）我也怕我们的礼物不够深，及不上你们对我们的那份真情；我也担心所有的礼物不够多，不够让所有关注我们的观众都能够有所收获。（导播又说，是两分半钟，于是她

第10章 互动，考验你的时刻来临了

放慢语速继续说）那在这里我只能说，无论今晚还是明晚，还是今后的每一天，我们所能做到的就是尽心尽力地在我们的工作岗位上，去做出最好的节目来回馈给你们，为你们带去更多的快乐。亲爱的观众朋友们，在我们的彼此问候中，在我们的期盼中，2007年马上就要来到我们的身边了，导播告诉我说，现在距离2007年只有17秒的时间了，让我们一起来倒计时吧，九、八、七、六、五、四、三、二、一。

不得不承认，这个临场发言需要主持人强大的心态、超高的即兴发言的能力以及语言节奏掌控的能力等。主持人在台上讲话，一边要临时想自己讲的内容，一边要听耳机里导播播报的剩余时长，一心多用，非常考验主持人。而刚开始训练的朋友也不要怕，当我们面对临时发言时，只需要稳定心态、调动思维，联系舞台前后的表演内容，回忆举办这次活动的意义和目的，很快就能想到要说什么了。至于如此精准把控时间，还需要多多练习。

观众花式提问，如何应对？

在演讲或者发言中，为了使演讲更加贴近观众，经常设置观众提问环节。这样做一方面可以让观众了解自己感兴趣的问题，另一方面可以让演讲者与观众的距离更近，让演讲者传播的话题更加深入人心。

但是，在这个环节中，不可控的因素有很多：有的问题是就事论事、友善正常的询问；有的是不友善的挑衅或八卦类的问题，如涉及隐私或机密；还有的是质疑的问题，等等。正常情况下，我们是希望本着友好坦诚的态度进行交流的，但实际情况是，不同类型的问题有更有效的不同的处理方式。

10.3.1 如何处理观众的恶意提问？

设置互动问答的环节，原本是为了增进双方的了解。但是事实情况是，有的场合会有不怀好意的人提出挑衅的问题，或者挖掘别人隐私的问题。正常回答，会让对方的奸计得逞，让被提问者的气势被压下去，而且有些问题是不方便公开回答讨论的。这种情况应该如何回应呢？是迂回地回答问题还是直接怼他？我们来看几个案例。

案例一：恶意揣测你目的的提问

2021年3月24日，在外交部例行的记者会中，日本记者提问："中国为外国驻华记者提供了接种疫苗的机会，这个措施的目的是什么？"华春莹冷笑一声，然后问："你昨天去打疫苗了吗？"记者回答："我打了。"华春莹说："你打了哈，你认为我们有什么目的呢？"她见记者回答不出来，便冷笑一声说："坦白地说哈，你提出这个问题我有点诧异。既然你自己也报名去打了……"台下的记者们笑了，华春莹也笑了，并继续说："我们之所以做这个安排，是因为有很多的外国记者提出，希望尽早在中国接种中国国产的疫苗。你去接种疫苗时应该注意到了，我们没有任何拍摄、没有任何报道，我们并不想做宣传。是你自己提出这个问题的，我就给你这个回答。"

华春莹是我国外交部部长助理，曾任外交部新闻司司长、外交部欧洲司参赞等职务，她的外交发言风格一直是优雅随和的，即便遇到不友好的问题，也能用轻蔑地笑、嘲笑等方式来表达自己的态度，不怒不急却让对方自惭形秽。在这个案例中，她就巧用"嘲笑"并提出了让对方"打脸"（自己后面的话语，让自己前面说的话无法成立）的问题来解决，无意间让在场其他人也"嘲笑"了这名记者。

案例二：拿攻击你的事件问你的态度

2021年5月12日的外交部例行记者会，有记者提出了"美国共和党众议员提议设立56个新联邦调查局特工职位，专门调查中国在美大学的间谍和偷窃活动。"并问华春莹对此有什么看法。华春莹没有像他预期的那样发怒或者解释。她先轻蔑地冷笑了一下，说："这个报道我也看到了，的确美国议员经常有各种很奇怪的论调或者建议，你刚才提到这个共和党议员建议设立56个FBI的岗位，专门监督中国留学生在美国大学的活动，我觉得他这个可能太低估了。前几年中国在美留学生是不是也有30来万人，他应该提议设立30万个FBI岗位或者至少15万个，顺便解决一下美国国内就业的问题。美国不管是历史上还是现实当中都存在很多的问题，那么对于由美国的人民选出来的这些美国国会议员，为什么不去专注、不花时间和精力、不投入地去解决美国国内存在的问题，而天天去对中国的事情说三道四、乱出主意呢？难道美国的议员，人民选出的这些议员，他们连什么是美国真正面临的威胁都分不清楚吗？都没有基本的判断吗？作为美国人民选出的议员，他们为促进美国人民的福祉，保护人民的健康、维护他们的人权、促进他们的平等，做了些什么？我想这些可能是美国国会议员需要思考的问题。"

这个记者的问题很有攻击性，并且带有侮辱的恶意假设，即假设中国留学生是间谍、盗贼。这是很容易让人发怒的问题。但是，华春莹的处理方式，先是蔑视他们的举动（56个哪儿够呀），然后戳他们的痛处（即美国就业问题），最后指责这些议员的失职，他们是被美国人民选出来的，但是"真正的美国的问题不去解决，天天搞无用的事情"。这个轻蔑的态度和迅速地反击，非常漂亮，正中要害。

案例三：挑衅你的主权问题

2020年时有记者问："为什么中国对加拿大暂停与香港的引渡条约表示不快？"赵立坚直接说："你这是强词夺理吧，你不知道这是在干涉中国内政吗？"

在2021年10月8日，日本记者恶意向赵立坚提问台湾的相关问题。赵立坚直接回怼："你的两个问题都不是外交问题，请你向我们主管部门询问。"

赵立坚的回答永远简单干脆、态度明确。他是我国外交部新闻司副司长（2019年至今），在面对记者提问时，他向来是非常坦诚的，遇到友好的提问甚至会说"今天是中巴建交69周年……我有幸曾在巴基斯坦常驻八年半……我说过'巴基斯坦偷走了我的心'，这反映了中、巴两国人民的深情厚谊"，态度真诚、友善。遇到不友好的提问或者挑衅，他会直接回怼："日本对中国的内部事务应该尊重，不要把手伸得太长了""美国是世界上唯一一个'制裁帝国'……不仅是头号强国，也是世界头号'枪国'"……精彩的回答比比皆是，每次都能让国人大呼过瘾。

案例四：在伤口撒盐的问题

2022年3月22日，在外交部召开的发布会上，汪文斌回应对于东航客机失事的有关问题。先是彭博社记者提问关于相关事件的调查，他回答："我们对东航客机失事感到非常悲痛。中方有关部门正在全力组织搜救，将尽快查明事故原因……"之后法新社记者询问此次事故中是否有外籍人员，汪文斌也回答了，"初步调查没有外籍人员……具体信息会进一步核实。"从回答中能看出来，汪文斌在尽力压制自己的悲痛之情，尽量做到体面地回答记者的问题。就在这个时候，英国路透社记者问汪文斌："我注意到您戴这个纯黑色的领带，请问有什么特别的意义吗？"汪文斌眼圈有些泛红，直接看着他说："不需要我跟你多说了吧。"便不再理会。

汪文斌是外交部新闻发言人，曾担任过外交部政策规划司副司长、外交大使等职务。他本人非常儒雅，在面对记者提问时，回答问题严谨全面、有理有据，而底线问题绝不容挑战。

案例五：涉及隐私的问题

女演员毛晓彤跟前任分手不久，就有记者趁着她宣传新剧的时候，问她情感状况。此时，毛晓彤举起话筒不知如何应对，张若昀就立刻挡到了她的前面，笑着说："拒绝回答这个问题。"当记者刚要追问时，张若昀又说："有什么事儿冲我来！"那个记者还没说出口，他又说："我也拒绝回答。"

面对类似情况，比较强势的那英直接说："你怎么那么好奇呢？""我知道也不跟你说。"王菲说："跟你没有关系。"

这种涉及隐私的问题，一般情况下艺人都是能绕过去就绕过去了。但是如果提问者追问或者不怀好意，那么他们就会直接回怼，不留情面。

在上述5个不同类型的不友好提问的案例中，虽然当事人的处理方式各有不同，但是总的态度是一样的：面对恶意的不友好的问题，要直面它、嘲笑它、蔑视它，可以有体面、有逻辑地回怼过去，也可以直接批评提问者，还可以怼一句之后不理会。如果你也遇到过类似情况，不要害怕所谓的"面子"的问题，对方既然能问出这样的问题，你就要勇敢地拿出自己的态度，守护自己的底线。

10.3.2 当对你不利的现实舆论摆到你面前时,你该怎么办?

有的时候虽然观众提的问题不友好,却反映了现实生活中存在的一部分舆论情况。此时,你不仅需要回答对方提问的观众的问题,还要解决背后这种"不友好舆论"。所以,你的回答任务变成了修正舆论,倡导好的价值观和社会风气。

怎么做呢?首先,心态要稳,要直面这种不好的舆论,并接受它并非提问者本人的过失;其次,指出这种不良舆论的不合理之处,可以用说理、比喻等手段;再次,表明自己对此事件和此舆论的态度和看法;最后,肯定和弘扬正确的价值观,倡导良好的舆论和社会风气。

案例分析

演讲节目《开讲啦》有一期的嘉宾是张信哲,他曾经是红遍大江南北的华语流行乐坛男歌手,代表作有《爱如潮水》《过火》《爱就一个字》等。在2015年,无数流行乐歌手拥挤的时代里,他来到了《开讲啦》做演讲嘉宾,在他演讲结束后观众提问时,出现了这样的一幕。

观众提问:"你知道我在网上搜索的时候,输入'过气歌手'就会出现'张信哲'的相关链接。我先问一下,我提'过气'这两个字的时候,你会不会内心突然被抓了一下?"

张信哲回答:"不会,我平时常常拿自己开玩笑,说自己是'老学究'或者'怪老头'。其实我觉得,音乐圈,当你知道这个模式之后,你知道演艺圈、娱乐圈,它基本上一直在追求新鲜这件事情。那说实在的,你如果说我'过气',其实这个我还蛮接受的,因为我在这个圈子已经这么久了……超过二十年了。其实不只是演艺圈啦,我想在各种行业里面,呃……"主持人补充:"这是个正常规律。"张信哲继续讲:"对,我觉得这个部分,呃,我可以接受。但是,当然'过气歌手','过气'这两个字基本上听起来谁都不舒服,所以呢,能不讲最好不要讲。"(笑声、鼓掌)

撒贝宁接着回答:"就像你现在非要让乔丹回到篮球场,去跟现在二十多岁的小伙子拼NBA的总冠军,不科学。但是这不影响乔丹仍然是 NBA 的'神'。(掌声喝彩)所以我觉得,'过气'可以说形容的是时间状态,但它并不意味着一个歌手被歌迷抛弃。恰恰相反,一个歌手如果能够在他几十年的唱歌生涯里,始终被他的歌迷记住,当然,这批歌迷因为长大了、成熟了,他们可能不会再像现在'90后''00后'的孩子那样天天刷微博来支持他,但是,他在这些人的心里比在微博上更重要。"(掌声喝彩)

这位观众的提问,属于不友好提问,但是,他说的内容也确实存在。而张信哲的回答比较慌张(在撰写案例时,为了简洁,删除了很多"嗯""啊"等重复的话语,其实他的回答更加慌张),表现出了被贬低的、无奈的不适感。但是,张信哲的回答也有可取之处,如他说"我可以接受""听起来谁都不舒服"以及"最好不要讲",这两点都是真实的回答。

在这里,我们更推崇撒贝宁的处理方式,指出这个舆论的不合理之处,并且用乔丹作类比,说他永远是 NBA 的"神",意思是张信哲永远是"情歌王子"。再说,"过气"是时间状态,不是评价这个人。最后,他强调张信哲始终在歌迷心里比在微博热搜上重要,修正了舆论的导向。

10.3.3 如何面对不同意见的提问者?

在演讲中,难免有些问题大家有不同的意见。在面对不同意见的提问者或讨论者时我们应该如何做呢?

首先,用平和的心态,礼貌地听完对方的陈述,听懂对方的表达。(不要忽视、逃避,不要攻击对方)也许他们并不是故意唱反调,而是确实立场与你不同。

其次,分情况回应。如果当时讨论的问题没有对错之分,只有左右之别,那么,站在这个高度上,回应这件事"确实有个人选择的自由";如果有明显的曲解或错误,就要严肃认真地解释,做到有理有据,逻辑严谨,要是能提出令人反思的问题更好。(要体谅他人误解的原因,不要攻击对方)

最后,不求结果。公开讲话的场合,回答别人的问题,也是向其他人重申自己的立场、态度的时机,只要这个目的达到了,就不必要求对方一定改变想法并同意你的想法。

综上所述,面对有不同意见的提问者,要本着平等、坦诚、开放的态度去沟通。

10.3.4 提问者真诚友好,回答却有可能让他失望,怎么办?

有一些观众的提问,本是带着善意的,甚至是带着期待的,但是从演讲者的现实状况出发却不好回答对方的提问。所以演讲者会担心自己的回答令对方失望,不愿意用"不知道""没有""没想过"这样简单的方式对待这名善意的观众。针对这种情况,演讲者更加需要灵活的思维与智慧,给出一个让自己和他人都满意的真诚的答案。应该怎么做呢?

既然无法回答这个问题,就想一想,导致无法回答的真正原因是什么,把这个原因说出来,然后提升到更高层面的价值和意义上。如果调动你所有的思维和角度都回答不了,那么请做到一件事——坦诚。你要相信,开诚布公地交流,不会让提问者失望,他们会体谅你并且感谢你的真诚。

案例分析

"翼龙"系列无人机总设计师李屹东在《开讲啦》节目演讲《创新从来不是浪漫的事》,讲述了无人机的发展历史与水平,以及中国在无人机领域从无到有、从有到优的创新与突破。这种高科技的从业者,即刻激发了观众探索的兴趣。

有一位观众提问:"老师您好,我是来自北京航空航天大学机械学院的一名学生,我了解到您当年也是北航的学生……您刚刚提到'创造是一个浪漫的过程'嘛,这个让我觉得非常有共鸣,因为我发现理工科男生都非常的浪漫,我们实验室有的男生会给自己的女朋友焊一个桃心形状的光立方拿去表白。我想问一下李总,您有没有做过一些浪漫的、有趣的东西,用您的技术?"

很明显,这位观众提的问题没有恶意,甚至期待得到一些"浪漫的答案"。但是李屹东将自己全部的生活都投入事业中去,一时不知道如何回答,就把自己的情况说了一下:"呃……这还想不起来。但是我可以告诉你，我做得最有趣的几个东西，都在这几个产品（演讲时讲述的无人机产品）里边。从事'翼龙'无人机之前，我也在歼-10、歼-20 的研制团队里边，大家知道这里边的很多的……这些……某些成果都有我的汗水。"撒贝宁微笑着听完之后说："我知道了，李总师制作过的最浪漫的东西，就是和平。"观众和李总师共同鼓掌，撒贝宁转头问李总师："哈哈哈，对吧，是这个意思吧。"李屹东握他的手，说道："谢谢、谢谢。"撒贝宁继续补充道："什么歼-10 呀、歼-20 呀这些都不说了，所有这些东西集合起来，每当看到一代一代的，中国最新的这种国防产品、军工产品出现的时候，实际上就是我们和平的一种保障力量，多浪漫！"观众微笑地说："谢谢。"撒贝宁说："谢谢，也希望你的梦想能够早日实现。"

观众带着崇拜和善意问了问题，同时也期待李屹东给出一个像他们班男生一样的浪漫故事。但是李屹东的全部生活都在工作上，所以他坦诚了自己的状况。这段问答精彩在撒贝宁最后的价值总结上：和平是最伟大的浪漫。如果你也遇到了这样的问题，最重要的一点也是只要你愿意就能做到的一点，那就是坦诚。而对于价值的提升，可以调动思维来想，如果实在想不到，也没有关系，说出原因之后，说说自己的感受也是很好的处理方式。

10.3.5　变身提问者，"我"该怎么做?

公开讲话时，无论你是演讲者、主持人还是被抽到的观众，都有可能扮演"提问者"的角色。一般提问者有三种：矛盾制造者、"无名之辈""访谈专家"。第一种是提出不友好问题的挑衅者；第二种是问了一个毫无特点的问题就匆匆离场的人；只有"访谈专家"是我们要努力成为的人。

作为提问者，你成了话题的源头，甚至是打开别人心扉的钥匙。想要做好这个角色，有三个非常重要的原则。做好这三点，你就有可能成为访谈专家，成为真正会沟通的人。

1. 不能着急，要摆正心态，真诚交流

很多提问者会有"我就是一个提问者，别耽误大家时间，快点问完

第10章 互动，考验你的时刻来临了

结束"的想法。千万不要这么想，不要着急忙慌地说完自己的问题就坐下，这样其实是浪费了一次公开讲话的机会，失去了与他人真诚交流的机会。

你要明白，即使你只是提问者，你的问题、你的状况也是值得被大家了解的。在提问的时候，要详细且真诚地说出自己的境况和面临的问题。与回答问题的人坦诚沟通，才能让回答者充分了解你的问题，从而给出真正的答案。

你除了拥有提问的机会，还有表达自己意见的机会。你与回答者的地位是平等的，有来有回地问答，可以推进话题的深度，甚至可以加深你们的关系。

案例分析

在"排爆专家"王百姓《"命悬一线"的选择》演讲结束后的观众提问环节，有一名观众的提问方式非常好。

他站起来先做了自我介绍："我是一名战地记者，在前几年我去了一些有战乱和冲突的国家去采访。我第一次去战乱的地区采访的时候，在去之前我想了很多，我想我可能回不来了。当我真正到现场的时候，我就把之前的顾虑全部忘掉了，取而代之的是一种亢奋的状态，就是我拿着相机我要一个劲儿地去拍摄那些照片。然后我看到了很多震撼的场景，我就觉得这都是一些好照片，都是很好的新闻素材。我有一张照片想给您看一下。"放出一张战争地区的照片，照片前景是一个扎在马路上的炮弹。"这是2011年的时候，卡扎菲刚被俘身亡的时候，我去他最后的一个据点——苏尔特，也就是他的老家，他被俘身亡的地方。长时间的战争，这座城市已经成为一座空城，一座死城。我看到了这么一个炮弹。当地人说它是哑弹，我觉得有点像迫击炮弹。当然，我不是很懂。"

这时王百姓接着这位记者的话讲："从哪儿能看出是迫击炮弹呢？这个弹体上有很多孔，这些孔是黑火药，在燃烧推进的时候，从外面喷出气体，所以确实是一颗迫击炮弹。"主持人问："他拍照的时候有危险吗？""危险是有的，不过距离不近的话，危险不大。"观众说："拍这个

的时候，我离它有二十公分。"主持人说："他应该是趴在跟前拍的。"观众继续说："我第一次看到一颗哑弹在我的面前，我真的很亢奋，没有想到害怕，或者会被炸死，我就赶紧去拍照。拍完照回来以后，回到酒店准备发稿的时候，翻到这张照片我就会想，如果它那一刻突然爆炸了，我可能就牺牲了。"王百姓说："好就好在，你没有给它拔出来。"观众说："我没有敢碰它。"主持人感慨道："你真是幸运，真的幸运。"观众说："对，我真是觉得我挺幸运的，因为我身边也有同事被流弹击中，然后去世。"主持人关切地问："战地记者，国内的吗？"观众回答："不是国内，是我们在埃及的同事。在这个过程中，我就发现，有很多同学会给我留言说，他觉得这个记者的职业非常酷，甚至说'我也想从事你这个职业，我也想去当战地记者'。然后，这个时候我就很矛盾，因为这些都是很有理想而且愿意为之努力的学生们，我觉得我应该鼓励他们。但是呢，我又觉得，鼓励他们去从事这样一份危险的工作，是不是又……我于心不忍。我不知道该怎么去处理这个困惑，所以我想问，当后辈想从事排爆工作的时候，您会怎么跟他们说？"

王百姓回答道："这几年呢，有很多人到家里找我，说'我想干这个（排爆工作），王老师，我以你为榜样，以后想做这个'。当时，我是这样回答的——第一，你是不是出于真心的，你的目的到底是什么；第二，就看他适不适合干这个，看这个人是不是把什么都看得很淡，而且心不急不慌；第三，看他是不是独生子女，如果是独生子女，你不要做这个事；第四，你要回去跟父母商量，看他们支不支持你干这个事。如果你不是独生子女，父母也支持，再有一个好的心态，我就会鼓励他撑下去。在河南我培养了很多这样的人。"

主持人说："刚才王老师的回答，莫名地戳中了我的泪点——你是不是独生子女。光这一点，就说明了这个工作是个玩儿命的工作。"

观众说："这点也很打动我，因为我就不是独生子女。"

主持人继续问："经历了这么多真实的战争场景之后，你觉得对于你来说，战争意味着什么？"

观众回答："战争，最开始对我来讲，意味着一项工作。到后来我就

第10章 互动，考验你的时刻来临了

觉得，战争可能是那种，冲锋陷阵、枪林弹雨。但是当一个人深入那个地方去看的时候，会发现，很多人，他们虽然在这种战争的阴霾下，但还是在坚持着自己的生活。"

主持人说："你说到的这点我跟你有同感。我看到你那张照片的时候，所有人都在注意近处的那只鞋、那枚炸弹的时候，我看到在远处，背景里有一把白色的太阳椅。在一个已经被遗弃的空城里，那个太阳椅孤零零地在街边靠着墙。我在想象着，未来有一天，当那个地方终于获得和平的时候，这把椅子的主人也许会回来，坐在这个椅子上，去享受阳光、和平，那种我们可能从小享受到大的觉得不足为奇的东西。但是，当他们经历了失去之后再拿回来，他们会倍加珍惜的。希望他们能够找回和平。"

2. 尊重他人

在提问的时候，无论你对他人的任何事情感到好奇，都要记得一点：对方是一个拥有体面和尊严的成年人，经历过很多你不知道的故事，同时对方有自己的做事原则和底线。

所以不要猎奇，不要只想着挖新闻而不顾及他人的体面和尊严。综艺效果、新奇的消息、他人的眼泪，不是你的提问所要达到的最重要的目的。

要想深入他人的内心，获得最真实的答案，只有一个方法——自己足够坦诚、对他人足够尊重。

案例分析

周星驰是高产的"天才"电影人，同时他的身上有很多传奇色彩和争议话题，一直以来他被各个国家的各种人采访。但是在种类繁多的采访中，央视记者柴静与他的对话能够让我们看出真心尊重他人的提问者，拥有强大的深入人心的"力量"。

柴静采访周星驰时，说到了周星驰政协委员的身份、对工作"认真"的反馈、对金钱的态度、对创新的忧虑，等等，后来他们谈到了周星驰6年的跑龙套的岁月。

柴静这样问："你那个时候被嘲笑过吗？"周星驰说："也没有。""连嘲笑都没有？"周星驰笑着说："哈哈哈，连嘲笑都没有，对……其实我从来没有觉得我是比别人好的。"在1983版的《射雕英雄传》中，他饰演一个被梅超风一掌拍死的龙套角色，当他提出对表演的想法后，被导演责骂太占时间了，但是实际拍摄时，他对于表演也有自己的处理方式"你看起来是没有对白、动作，但其实他有的，没看见我也做了一个反应吗？就是'啊~'这样。"柴静说："这个几乎不到一秒钟的画面。""嗯，但是你还是会有这种想法。"

……

柴静说到《喜剧之王》时，提到了一本电影中非常经典的书："你确实看过《演员的自我修养》吗？""看过一点点。""我因为你还买了那本书呢，看了30页，没看下去（哈哈哈）。""我差不多也是看了30页，哈哈哈。"

当说到他的电影都是解构"高大全"的英雄形象时，周星驰讲："那种很传统的'英雄'的概念，我个人觉得很好笑。""什么好笑？""很不真实，反而有点假的那种，就是变成很有喜感。"柴静接着说："所以你自己拍的时候，会有一种把什么东西戳破的一种乐趣，是不是？""我做的时候就会把这种再发挥一下，让它更有喜感。""你把它推到极端是吗？""对对对。"

说到自己的英雄梦想，周星驰是这么讲的："原来我小时候就是想要练功，希望锄强扶弱。"柴静问："什么是强？什么是弱？"周星驰说："就是欺负人的那个就是坏人。""你属于被欺负的还是欺负人多一点？""我希望我是欺负人的，但实际上当然是被欺负的。"此时，柴静说出了他的心中所想："这算不算，比如小的时候你自己是一个想当英雄而做不到的孩子，然后你想通过电影实现一下。""对，当然，我觉得都是这样子的。"

谈到电影中的女性与爱情时，柴静问他："为什么会比较多地来表现这样一个模式呢？（又美又强的女性，爱上小人物男主，并为之付出生命）"周星驰没有想过这个问题："有吗？很多吗？""你看，《喜剧之王》

第10章 互动，考验你的时刻来临了

算吧，《大话西游》也算吧。""说起来好像也是……对呀，这是为什么呢？为什么会这个样子？""为什么呢？"周星驰无奈地笑了，说"我也不知道为什么。哈哈哈。"看似这个问题没有答案了，但是在25天之后，周星驰主动联系柴静约第二次访谈，并回答了这个问题，说《西游·降魔篇》中的段小姐、《大话西游》中的紫霞仙子、《喜剧之王》中的柳飘飘都是从他母亲身上得到的灵感："我妈妈其实跟段小姐一样，她也是武功很高强的，我都打不过她，我被她打得很惨，她的美貌也跟段小姐很贴近。她不是外表温柔里面很强，她是外面跟里面都很强的。"柴静说："其实这些女性表面看上去，都不是很女人的那种。""但是她很真，就别看太多表面的东西。通常你表面跟里面的，有可能是不一样的。"周星驰继续说《西游·降魔篇》中关于女主和爱情的话题："那么漂亮的一个女人，武功又高强，她还三番四次地救了你的命，是吧，那你自己也不见得是什么'生鲜萝卜皮'（所以喜欢女生很正常）……但是女的为什么会喜欢男的？就因为他完全一点能力都没有，他就是有这个心，他就去打了。他真的去打了。所以段小姐她也不是省油的灯，她是独具慧眼，她看得出来其实这个才是真正的大勇之人。"

……

但是说到自己的情感生活，周星驰却比较悲观："像我这样子，你看，还有机会吗？"柴静说："为什么这么问呢？"周星驰说："年龄也越来越大了。""你才多大？！""你都知道了，我都害怕说出来了，现在，我自己的年龄。"……柴静说："你知道你本来是一个可以很轻而易举地得到你想要得到东西的人，在人们看来是这样的。"周星驰说："不一定，怎么会呢？我就是运气不好。"柴静反问他："不是吧，曾经有一段真挚的感情放在你面前，你没有珍惜而已。（他电影中的经典台词）"周星驰哈哈一笑之后他讲："我觉得是运气不好，假如我可以再重来，我就不要那么忙了。""你要把时间留下来干什么呢？""干我喜欢干的事。因为在那个时候，我的印象中就只有工作。但是其实突然间你到现在，就发现，我现在已经50岁了，有些事情我好像还没有好好地做过。"

……

新电影《西游·降魔篇》中有一段话，沿用了《大话西游》中的经典台词。《大话西游》中的台词是："曾经有一份真诚的爱情放在我面前我没有珍惜，等我失去的时候我才后悔莫及，人世间最痛苦的事莫过于此。如果上天能够给我一个再来一次的机会，我会对那个女孩子说三个字，我爱你。如果非要在这份爱上加一个期限，我希望是一万年！"而《西游·降魔篇》中的台词，唐僧直接对女孩说："我第一次见到你，就爱上你了。"女孩儿问："爱多久？"唐僧答："一千年、一万年。"

柴静问周星驰："为什么要用多年前的这几句话？"周星驰讲："可能我对这几句话有情结。"柴静问："我可不可以理解说，这就是一个不由分说的想法。就是，我就想在这个时候，说出我人生中想说的这句话。"周星驰惊喜地问："你有这个感觉吗？"柴静说："对。"周星驰欣慰地说："谢谢你啊，谢谢。"这一声"谢谢"，仿佛是感谢终于有人读懂了他。

其实第一次采访后，过了20多天周星驰又联系柴静，希望再约一个采访，让自己可以好好回答这些问题，并且为了这个采访专门苦练了普通话。

周星驰遇到的采访很多，国内的、国外的，记者、主持人、观众、电影人等，采访过他的人很多，但是只有柴静的采访让他又重新准备，非常郑重地又录了一次。可见柴静的采访获得了周星驰的尊重与重视。可能他也没有想到，一个普通的采访居然让他遇到懂他的人。

在这一段采访中，首先两个人是平等的、坦诚地相互交流。最重要的是，柴静把他当成了"周星驰"，只是单纯的一个人，所以两个人才会有如此深入的交流。

而周星驰参加过的其他采访，都有着某个社会角色和标签。杨澜的采访，都是从电影的"解构""后现代"等电影理论方面提问的，周星驰在访谈中就是一个电影制作人，多是谈谈怎么拍电影，以及对电影理论的看法。英国BBC、美国电视台的主持人采访周星驰，一般会细数他的作品，并且问电影背后的现实中国的样子，周星驰在这些访谈中扮演的是一个中国导演的角色。鲁豫的采访刻意营造"搞笑"和"喜剧感"，但

第10章 互动，考验你的时刻来临了

是当天的周星驰不想扮演一个"喜剧人"，所以采访效果比较尴尬……而只有在柴静的采访中，周星驰不需要有任何的社会身份、标签、角色，他只是周星驰本人而已。

3. 学会友善的花式提问

一个普通的问题，如果能增添一些真实的"幽默"，就会让整个问答的环境轻松、愉快，同时也会使得问题不那么生硬。

案例分析

西安交通大学的校长王树国在做客《开讲啦》时，撒贝宁开场是这么跟他聊天的。

"之前我听过这么一个笑话，说是有的同学考上了交通大学，家里人非常高兴，到处跟亲朋好友说：'孩子考上交通大学了'，亲朋好友说：'好啊，当司机好啊。'"观众、演讲嘉宾大笑，撒贝宁缓了缓，继续说，"之前可能有很多人并不知道，这个交通大学到底是学什么的。"

王树国回答："交通大学的'交通'二字，和大家现在理解的'交通'的字面含义不一样。天地交，则万物通。"他继续解释："（交通大学）创校已经122年了，所以交通本身是'育人、通天、立地'这样一个意思，所以我们说它是一个综合性大学。"

这个节目的开场提问，既轻松自在、风趣幽默，又解答了交通大学中"交通"二字的内涵，帮助观众理解了这个容易被误解的概念。试想，如果嘉宾来了，撒贝宁直接问："您作为交通大学的校长，可不可以跟我们解释一下这到底是学什么的学校？"效果就会不好：轻则让气氛变得尴尬，让嘉宾有被僵硬提问的感觉；重则会让嘉宾产生不满。而撒贝宁的处理方式，就像是朋友在聊天，也表明这是很多人会误解的地方，然后顺理成章地请嘉宾跟大家讲一讲交通大学到底是学什么的。

当我们作为提问者的时候，可以将第一个问题做一些轻松的、幽默的设计，这样有利于营造亲切的聊天氛围，方便接下来的提问或者交流。

第 11 章 经典演讲实战案例

《战国策》有言:"一人之辩,重于九鼎之宝;三寸之舌,强于百万之师。"演讲,一直在历史的闪光处发挥着自己的作用。在重大历史节点、在商界、在职场、在人们的生活中都有经典的值得被铭记的演讲时刻。在这一章,我们将去每一个演讲的精彩时刻,探寻它们成功的奥秘。

> **本章涉及的主要知识**
> - 产品发布会成功的秘密和成功秘籍。
> - 外行在短时间内成为演讲家的方法。
> - 在职场,工作开始前的演讲应该注意哪些要点。
> - 工作汇报类演讲的要点。
> - 如何成为意见领袖。
> - 如何引发观众与你共情。
> - 意见领袖如何做主题演讲。

> **注意**
> 本章综合了诸多著名演讲案例与方法,大家可以根据自身情况进行选择和学习,不用拘泥于具体的形式和内容。

商业演讲公式:发现商业产品发布会成功的秘密

商界一直是传奇故事频频诞生的地方,金融领域、科技领域、教育公司、传统产业领域等,处处都有着代表性的传奇人物和故事。而与他们相关的演讲,也一直被人们津津乐道。比如,乔布斯、俞敏洪、马云、罗永浩、罗振宇、樊登等人,无论是产品发布会、跨年演讲会、还是名校的邀请演讲,他们每一次讲话都会吸引各界人士的目光,带给大家新的启迪与震撼。

第 11 章 经典演讲实战案例

可以说,他们的演讲能力,为他们商业帝国的发展和成长,搭建了一个不可或缺的舞台,为他们个人的发展、公司的发展争取了观众、投资方、用户等。

11.1.1 乔布斯——商界演讲家

乔布斯,英文原名 Steven Jobs,是苹果公司的创始人之一。他领导并推出了苹果公司各个阶段的"明星"产品:Macintosh、iMac、iPod、iPhone、iPad 等。他通过这些科技产品改变了现代人的通信、娱乐、生活的方式,革新了科技公司的发展方向,带来了与之配套的新的行业和岗位(UI 设计等)。他是科技生活、智慧生活的引领者,也是苹果公司商业帝国的缔造者。

说起乔布斯,人们对他的固有印象是,黑色套头衫、牛仔裤、运动鞋,再配一副眼镜,手中握着一支翻页笔或者一款苹果产品。给人一种简约、干练的科技人才的感觉。而这个固有形象,来自经年以来由他主讲的苹果公司的产品发布会。

从 2007 年首款 iPhone 发布会成功后,几乎苹果公司的每一个新品发布会,乔布斯都是演讲者。在发布会上,乔布斯从容淡定、善于运用演讲的技巧吊足观众胃口,带给观众惊喜。几年之后,人们甚至会在发布会开始之前的几个月,就开始期待乔布斯的新品发布会以及新产品。而发布会结束后,乔布斯与他的新产品自然会出现在各大报纸的头版头条。

乔布斯卓越的演讲才能,为苹果公司带来了广泛的关注,他的演讲也被世界各国的演讲爱好者、商界奋斗者所学习和研究。人们不仅出书来分析乔布斯的演讲技巧,还将他请到各个地方做演讲。可以说,演讲才能与商业思维、创新能力一样,都是乔布斯身上不可或缺的重要品质。

11.1.2 首款iPhone发布会——乔布斯

2007 年 1 月 9 日,乔布斯在旧金山举办的 Macworld 主题演讲中,发布了首款 iPhone,并指明,"随着 iPhone 的发布,苹果将重新定义手机"。这场演讲至今被认为是商界最成功的发布会之一。这场演讲有精妙的文本结构,有乔布斯从容自信的魅力,还有简约大气的 PPT 设计等,

| 279 |

接下来我们一起来看这场被商界铭记的发布会。

  发布会上，乔布斯穿着经典的代表性服装站在舞台上，手中拿着翻页笔，身后的巨大屏幕用来展示发布会的 PPT。关于 PPT 的展示内容，下文会在括号里用"第 1 张""第 2 张"等来描绘，PPT 的背景都是黑色或深色，几乎不会引起观众的关注，这一点在正文中不再单独强调。正文中一个词连续重复两三次，并不是打错了，而是乔布斯控制演讲节奏的一种方式。一般该词语两次出现之间会有短暂停顿。

  （1）开场，乔布斯首先为这场演讲定了基调。他将推出一个"革命性的产品"，其震撼级别在"有生之年参与一次就很幸运"。

  （第 1 张：中心有苹果的 Logo，Logo 边缘处放出光芒，有一种高科技的氛围感）

  今天是这样一天，我期盼了两年。（掌声）

  每过一段时间，都会出现一个革命性的产品，可以改变一切的产品。首先，如果你有机会能在有生之年参与其中之一，就已经很幸运了。苹果何其有幸，有能力在全球推出这类产品。

  （2）进入主题。苹果在历史上的革命性产品依次登场，继续提高和巩固这次发布会的整体基调，拔高观众对革命性产品的期待，并在最后说出这个革命性产品的名称。乔布斯的这段设计使新产品名称的出现有一种"千呼万唤始出来"的气氛。

  1984 年，我们推出了 Macintosh。它不仅改变了苹果，它还改变了整个电脑产业。（掌声欢呼）

  （第 2 张：随着讲述左上角显现"1984"，屏幕中心显现 Macintosh 的照片。备注：Macintosh 是苹果公司推出的第一款个人消费型计算机，是台式一体机。）

  2001 年，我们推出了第一款 iPod。

  （第 3 张：随着讲述左上角显现"2001"，屏幕中心显现 iPod 的照片）

  然后，它不只是 iPod，它不仅改变了我们听音乐的模式，它还改变了整个音乐产业。（PPT 变成了第 1 张）

  今天，我们要推出（停顿）三个同等级别的革命性产品。

第一，触控式宽屏幕iPod。（欢呼）

（第4张：代表iPod的图标和文字）

第二，革命性的手机。（欢呼）

（第5张：代表手机的图标和文字）

第三，突破性的互联网通信设备。（掌声）

（第6张：代表互联网通信设备的图标和文字）

所以，三件东西：触控式宽屏幕iPod，革命性的手机以及突破性的互联网通信设备。

（第7张：前三个图标并列排在一起）

然后，一台iPod，一个手机，一个互联网通信设备。

（第8张，三个图标以动画的形式相继出现）

然后，iPod，手机……（掌声、欢呼声经久不息）

你们听出来了吗？

这些不是三个不同的设备，这是一个完整的产品。

我们把它取名为iPhone。（欢呼声、掌声）

（第9张：只有一个单词在屏幕中间：iPhone）

（3）犹抱琵琶半遮面，把观众的好奇心充分调动起来。在让观众看到iPhone的庐山真面目之前，乔布斯先介绍了市面上先进的同类产品的问题，之后顺势介绍了iPhone的产品定位。这样可以给观众一种印象，即"iPhone的出现可以改善那些问题"。

今天，今天，苹果要重塑"电话"，就在这里。

（乔布斯用手指向第10张：一个长相怪异的iPod，中间是可以拨电话的轮盘。观众显然明白这是在开玩笑，于是大笑了起来）

不，其实（真实的图片）在这里，（"这里"是指他手中有，并不是特指某个地方）但是我们先放上面的这张。

所以，在我们开始介绍之前，让我，让我聊聊这些进阶手机，这些所谓的智慧型手机，他们这样认为……

（第11张：文字大标题是"智慧型手机"，小字是"电话+电子邮件+上网"）

它们通常融合了电话与电子邮件的功能,再加上上网功能,其实是婴儿级别的上网功能。它们都有着这些塑料的按键。(这段语速超快)

问题是,它们没有那么有智慧,使用起来也没有那么方便。

所以,如果你做一张企业管理课程的初级阶段图表,(第12张:放了一个十字轴,纵轴表示手机的"智能"程度,横轴表示使用方便程度)有个智慧轴,还有一个使用方便程度的轴。

普通手机大概在这里。

(PPT十字轴中间的最下面出现一个红色标记,写着"手机")

它们不聪明,它们也不好用。

但是,智慧型手机肯定聪明一点,但其实它们在使用难度上更高,它们真的很复杂。

(PPT十字轴最左侧的中间,出现了蓝色的标记,写着各种所谓的"智慧型手机"的代号)

就算要做到最基本的操作,人们也要想破脑袋才知道怎么用。

我们不想做这两种产品,我们要的是,一个跨时代的产品,(乔布斯用胳膊比画出一个长长的跨度,仿佛在诠释"跨时代")一个有史以来最聪明的手机,然后使用起来超级简单。(他兴奋地挥舞着双手)

这就是iPhone的定位。(十字轴的右上角出现了绿色的标记,代表iPhone,观众报以掌声)

(4)乔布斯一步一步揭开iPhone的神秘面纱,一项一项介绍iPhone的神奇功能,使所有观众在一个个惊喜中越来越兴奋。

(第13张:中心一个大词是"iPhone",下面一行小字是"苹果重新定义手机")

所以,我们要重塑手机。

首先开始介绍的(第14张:中心词是"iPhone",下面放着三个图标,分别代表iPod、电话、网络),是革命性的使用界面。(第15张:中心词是"革命性的使用界面")

这是多年来研发的成果,当然是硬软件的整合。

为什么我们需要个革命性的使用界面呢?

这是四款智慧型手机（第 16 张：展示了四款当时最先进的手机，都有大排的塑料按键），摩托罗拉 Q，黑莓，Palm Treo，诺基亚 E62，常见的款式。

它们的使用界面出了什么问题？

它们的问题出现在下面的 40%，就是这些东西。（PPT 上的手机被去掉了屏幕，只留下塑料按键进行展示）

它们都有着这些键盘，不管你需不需要，都在那里。它们都有着这些控制按钮，固定着且充满塑料感，不管任何应用软件都只能用它，但是每个应用其实都应该有不同的使用界面，稍微优化过的独特按键。如果你六个月后突然有了很好的想法，该怎么办呢？你不可能再帮每一款手机再多加按键，它们已经出货了。所以你应该怎么办呢？没办法，因为按键及控制按钮无法改变，它们不能因为不同的应用软件而改变，它们不能因为你有任何更好的想法和更好的产品而升级，你要如何解决这个问题呢？

（做思考状，片刻后接着说）

原来我们早就解决了这个问题，20 年前我们在电脑上就已经解决了。（第 17 张：电脑屏幕的图 + 一只鼠标）我们可以用可以显示任何东西的大屏幕，放上任何我们想要的使用界面以及一个点选设备，我们用一个鼠标解决了。对吧？我们已经解决这个问题了。

我们要如何把它置入行动装置呢？（第 18 张：带按键的手机）我们的做法就是把按键都拿走，变成一个大屏幕。（第 19 张：第一代苹果手机的正面，只有大屏幕和一个按键的手机）（掌声）现在，我们要怎么下指令呢？我们不想随身带着鼠标吧？那我们应该怎么做呢？哦，触控笔，对吧？（第 20 张：手机屏幕侧着放，一支触控笔安在屏幕上）我们要用触控笔，不！谁想要触控笔呀？（质疑的语气）你要找它、要收起来、还会弄丢，哎呀！没有人要触控笔，（PPT 上的触控笔飞走了）所以我们就别用触控笔了。我们要用的是全世界最强的点选设备，我们要用的是我们生下来就有的点选设备，生下来就有十个。（PPT 上出现了一只手，食指点向屏幕）我们要用手指，用手指进行触控，我们甚至为此发明了一项新技术,就是"多点触控"。非常的神奇,跟魔术一样,你不需要触控笔,它比任何市面上的触控产品更准确,它能忽略意外的触控,超级聪明的触控感应,可以接受多手指的指令,我们当然大大地申请了专利!(屏幕上的手机旁,根据演讲者的讲述,出现了关键词:魔术一样的工作、无触控笔、更准确、忽略意外触控、多手势指令、专利保护)

所以,(掌声、尖叫声)所以,我们何其有幸,能在市面上推出几个革命性的使用界面,首先是鼠标,其次是 Click Wheel。(滚轮式 iPod 上的触控装置)现在,我们推出多点触控。(第 21 张:随着演讲者的话,并列出现鼠标图、Click Wheel、手指点击大屏幕手机的图)每一个革命性的使用界面,都成功实现了一个革命性的产品,Macintosh、iPod,还有现在的 iPhone。所以革命性的使用界面,我们将以它为基础,开发软件。(第 22 张:中心只有一个词,即"软件")

目前手机上的软件,就像……就像婴儿软件,功能不够强大。今天,我想跟各位展示软件上的突破,(第 23 张:中心只有一个词"突破")一个至少领先任何手机 5 年的软件,我们如何做到的呢?我们有一个坚实的基础,iPhone 上可以运行 OSX。(第 23 张:动画,由"OSX"变为中心一个大大的"X")

现在,为什么?为什么我们要在手机上运行这么复杂的 OS 呢?因为它有我们需要的所有东西,有很多功能,有最好的上网工具,它也知道如何进行电力管理,因为我们在电脑上已经用了很多年。它的安全机制很完备,还有适合的应用软件,它什么都有,从 Cocoa 到绘图;它有内建的 Core Animation,有 OSX 出名的影音软件;它有我们要的所有事物,而且全部内建在 iPhone 里,这让我们创造出了桌面电脑等级的上网及应用软件。不是其他手机上的阉割版,而是货真价实的电脑桌面等级的应用软件。(第 24 张:中心词——"电脑桌面等级")

你知道,本产业的先驱之一 Alan Kay 多年来留下了不少名言,我找到了,可以解释我们应该如何看待这一切的一句话,解释了我们为什么要这么做,因为我们深爱着软件,这句话是这样说的,"真正认真对待软件的人,应该制造自己的硬件。"(第 25 张:只放着这句名言) Alan 30

年前就说过这句话了,我们也是这样认为的,所以我们率先把突破性的软件带到了手机上,领先市场上任何手机 5 年。(第 26 张:中心词是"突破",小字是"领先其他手机 5 年")

……(继续讲述其他功能)……

11.1.3　产品发布会的成功秘籍

一般情况下,公司研发一个新产品需要几十个人甚至几百个人,投入几年或几十年的时间。而产品的发布会,一般会请媒体、商业合作伙伴、观众等到场。这场发布会需要让全社会看到该公司的新产品到底有多好,能为大家带来多大的价值,有多值得购买,等等。

所以,一场产品发布会对于公司和新品而言都非常重要。它直接关系着这个新品上市后所面临的场景,是无人问津还是新品被抢售一空的同时公司股价高升。

如此重要的发布会,有没有什么成功秘籍?

1. PPT 的设计与展示

首先,展示 PPT 的屏幕要大,像是人物的背景。这样做的好处是,无论你想在上面展示什么,这个内容都足够抢眼。

其次,PPT 的底色一般为黑色或其他较为深邃的颜色,这样可以让观众忽视 PPT 的背景,只关注演讲者或者 PPT 上展示的主要内容。

最后,关于 PPT 的设计,无论是布局、色彩搭配还是动画都要简约。一般就是一个单词、一句话、一个大的产品图。这样做的好处是,当你展示关键内容时,观众可以快速聚焦,同时 PPT 上展示的信息量不能太大,而且要展示不需要观众分心读取的信息,这样观众的注意力还是会集中在演讲者的讲述上。

2. 新产品的意义与价值

一个新产品的出现,对于他人有什么意义以及对于社会有什么意义。

关于这一点,一般在演讲的一开始,演讲者就给这场产品发布会定下基调。而这个"高价值"的展示,可以直接决定发布会的价值和意义。

比如,上文中 iPhone 的出现,是"有生之年遇到一次就很幸运的革命性产品",是会深刻改变行业、重新定义手机、改变人们生活方式的产品。

3. 造势——"千呼万唤始出来,犹抱琵琶半遮面"

新产品是如何闪亮登场的呢?很多产品发布会的主讲人忽略了这一点的设计,会直接说"这是我们公司设计的×××",然后说这个产品有哪些亮点,做了哪些设计等。这种叙述方式,平铺直叙,平平无奇。观众的内心毫无波澜,没有期待,甚至当观众听主讲人后续的介绍时,也不想费力气去解读主讲人传递出的信息。这样的发布会很难打动观众。

而成功的发布会,如乔布斯式的发布会,主讲人会在新产品出现之前拔高观众的期待,设置足够的悬念。在观众的好奇心被拉满的情况下,观众就会在内心急着问"这个产品能解决这个问题?""怎么解决的呢?""这个产品是什么呀?""快给我们看看呀!"在这种氛围下,主讲人讲述产品时,观众的接受度会很高,如果产品满足了观众的期待,观众就会报以热烈的掌声和欢呼声。

4. 详细介绍产品时要设置起伏

一个新产品的功能设计,是为了解决某一个问题。如果演讲者说:"产品的 A 可以解决 × 问题,产品的 B 可以解决 ××× 问题",会让人觉得毫无波澜,枯燥乏味。

但是如果演讲者在介绍时设置起伏,效果就会大不同。比如,乔布斯在介绍触控功能的时候说:"我们应该如何点选呢?总不能随身带着鼠标吧?那我们应该怎么做呢?哦,触控笔,对吧?我们要用触控笔,不!谁想要触控笔呀?你要找它、要收起来、还会弄丢,哎呀!没有人要触控笔,所以我们就别用触控笔了。我们要用的是全世界最强的点选设备,我们要用的是我们生下来就有的点选设备,生下来就有十个。我们要用手指,用手指进行触控,我们甚至为此发明了一项新技术,就是'多点触控'。非常的神奇,跟魔术一样……"观众的心情跟随着乔布斯的这一段描述上下起伏,在知道不用带任何装置,用手就能操作的时候,欢呼雀跃。假如乔布斯说:"我们的手机设置了大屏幕,看着方便,设计了触控功能,可以用手操作。"就不会有发布会现场观众欢呼雀跃的场

第 11 章 经典演讲实战案例

景了。

5. 创造使用场景

若演讲者把新产品的好处和功能全部讲清楚了，并且这些功能真的很好，观众就会有购买的冲动了吗？不，没有。

因为它是新的产品，在这个新产品出现之前，观众的生活也在有条不紊地进行着，他们不觉得没有这个产品会对他们的生活造成什么影响，那为什么还要买？

怎么办呢？演讲者应当为观众展示"当你拥有这个新产品，你的生活就会改变"，而且这个改变是非常巨大的，会让观众的生活变得非常方便或者精彩，这样才能让观众迫不及待地想要拥有。最好的方式就是，让观众亲眼看到，已经拥有这个产品时他们的生活会发生怎样的变化。

乔布斯在首款 iPhone 的发布会上，当 15 分钟的讲述部分完成后，他便开始展示 iPhone 的使用场景和使用方式，在 30 分钟的展示时间里，每一个功能都让观众惊呼、鼓掌。因此，当年 iPhone 一上市就被销售一空。

TED 如何把一个外行培养为演讲专家？

TED（Technology、Entertainment、Design，即技术、娱乐、设计）是美国一家私人的非营利性机构。因其常年产出各个行业的杰出人物的演讲，而被世界各国的演讲爱好者所熟知。

TED 是由理查德·索·乌曼在 1984 年发起的，2001 年克里斯·安德森接管 TED，并把每一年的演讲大会做成了一个个单独的视频，放在网上让全球的人免费观看，TED 的影响力也由此扩大。近年来，TED 的演讲内容不仅包括技术、娱乐、设计领域，还扩展到了几乎所有公众所关注的领域，其发布出来的演讲视频更是被全球的观众喜爱，仅 2015 年，TED 官网上的视频点击量就超过了 10 亿次。

为什么克里斯·安德森会花费如此多的时间和精力做一件公益的事情呢？或许他的一个著名的判断可以回答这个问题："曾经，知识经济中的人说，你要保护如黄金般的知识，这是你唯一的价值。但是，当全球都联系在一起时，游戏规则改变了，每个人都互相关联，一切都会快速发展。当知识传播出去后，会以最快的速度到达全球各地，得到反馈，得以传播，而它的潜在价值是无形的。"

11.2.1　里斯·安德森：《优秀公众演讲的秘密》

TED 的创始人克里斯·安德森组织并举办了近千场演讲。他会在前期帮助演讲嘉宾准备自己的演讲，而在正式演出时，克里斯会在舞台的侧面观察演讲成果。在如此丰富的观察和积累之后，克里斯发现了所有优秀的公众演讲的共同特点。在他本人的一场演讲中，克里斯把这个秘密分享给了世界各地的演讲爱好者。

克里斯认为，作为演讲者，最重要的任务是送给观众一件美丽的礼物——"想法"，并且得到观众的认同。要想做到这件事，有四条原则需要遵守。

第一，聚焦于一个主题。想法是复杂的，你要避免长篇大论，专注于最让你激动不已的那个想法，并想办法把它解释清楚。你需要解释背景、举例说明、娓娓道来。所以，只挑选一个想法，让它贯穿于你的整个演讲，让你讲的所有内容都能与之呼应。

第二，给人们一个关注你的理由。在你将自己的想法灌输给观众之前，你必须得到他们的允许，那主要的手段是什么呢？好奇心！引起观众的好奇心。提一些耐人寻味的、引人入胜的问题，让大家发现有些事情不合理，需要解释。如果你让某人发现他的世界观里有空白，他们就会想把这个缺口补上。一旦你勾起了他们的求知欲，灌输你的想法就容易多了。

第三，构建你的想法需要一步一步来，要用观众熟悉的概念进行表述。用语言的力量把观众脑海中已经存在的概念重新整合——不过要用观众能听懂的语言，你要让他们跟上你的节奏。演讲者经常会忘记，自己每天接触的术语和概念在观众眼中可能是天书。因此，善用比喻非常重要。因为比喻是用观众已经了解的概念，来勾画缺失的那一块知识拼图。在信任的朋友面前试讲一下很重要，你可以找出他们听不懂的地方（加以修改）。

第四,也是最后一条,让你的主意值得分享。我的意思是,扪心自问,这个想法对谁有好处?你需要实事求是,如果这个想法只服务于你或者你的组织,那么对不起,它也许不值得分享。观众也能马上发现这一点。但是,如果你认为你的想法可以照亮他人的人生,或者改善他人的观点,或者激励他人去改变,那么你就拥有了一篇精彩演讲的核心元素。所有人都会因此受益。

11.2.2　TED如何把普通人变为演讲者?

TED所邀请的演讲嘉宾来自各行各业,他们有的是科学家,有的是演员,有的是企业家,有的是作者……总之,很少有专业的演讲人或主持人。那么问题来了,为什么他们能够提供如此精彩的演讲呢?是因为他们自身的天赋,还是因为有特殊的训练方法?

TED的创始人克里斯·安德森在自己的书中曾经讲述过一个故事,或许答案就在这个故事中。

TED的核心成员会定期去世界各地搜罗演讲嘉宾,那年,克里斯和凯莉·施特策尔(TED的内容总监)像往常一样为TED寻找演讲人,他们在肯尼亚的首都内罗毕,找到了目标人物——理查德·图雷雷。

选理查德的原因是,他发明了一个非常有用且简单的装置——"狮灯"来帮助当地人解决麻烦。当地很多家庭都养牛,但是成群的牛却被附近的狮子盯上了,当地人想要保护自己的牛群就不得不猎杀狮子,这是一个非常残忍也非常危险的方法。而理查德通过实验发现,狮子害怕移动的灯火(而非固定的火把),于是他开动脑筋,自学电子学知识设计了一个灯光系统。这个灯光系统是由废旧的太阳能电池板、车用蓄电池、摩托车指示灯灯制成的,可以制造出灯光的运动感,从而可以有效地驱赶狮子。该装置被称为"狮灯"。当地人听说后,纷纷安装了"狮灯"来保护牛群。这样一来,狮子、牛群、人民都得到了保护。

虽然理查德的发明有趣且有用,但是他是一个腼腆的12岁男孩儿。克里斯一行人去他家找他的时候,理查德怯懦地躲在房间的角落。理查德英语不流利、问答不自如、气质怯懦、相关的故事也需要克里斯一行人慢慢引导和提问才能讲出来。据克里斯说，当时很难想象理查德做演讲会是什么样子。

当时距离 TED 的正式演讲还有几个月。克里斯一行人，在深入采访完理查德后，开始帮助他构建演讲的文本，包括故事应该从哪里讲起、如何铺垫、如何展开叙述、如何过渡、如何收尾……文本反复修改的同时，克里斯为理查德找到了训练的地方——肯尼亚的几所学校。从那之后，理查德开始对着镜子练习，在克里斯等人面前练习，在村民朋友面前练习，在这几所学校练习……练习演讲的舞台越来越大，理查德的表现也越来越好，越来越自信，越来越从容。

几个月后，理查德登上了 TED 的演讲舞台，刚开始他略显紧张，但是非常投入，慢慢地他表现得越来越从容，观众也被他的演讲吸引，仔细聆听他讲述的故事，跟随他建构的情境……最后，当演讲结束，观众起身为他鼓掌喝彩。

这就是理查德·图雷雷的故事，也是无数个从零开始到成长为演讲家的故事。就连 TED 的创始人克里斯·安德森，在第一次演讲时也非常紧张，他甚至因为自己的局促不安和笨拙而"无法站着说话"，不得不从后台搬一把椅子，坐下后才能开始讲话。丘吉尔、奥巴马、林肯……许多我们熟知的具备演讲才能的人，都是从最初懵懂、紧张的演讲状态中逐渐成长为自信、从容、富有魅力的演讲者的。

11.2.3　普通人可以借鉴的训练模式

如果一个其他领域的专家，需要做一场面对大众的演讲，那么如何让他在短时间内成为演讲家，为大家提供一场精彩的演讲呢？综合 11.3.1 中克里斯分享的优秀演讲的共同点和 11.2.2 理查德的成长路径，我们可以得出 TED 所推崇的提升演讲能力的方法，整理后有以下几点。

（1）心态调整：其他专业领域的杰出人才在发表公众演讲时，要注意心态的调整。首先，你不需要扮演一个杰出的演讲家，你就是你自己。你是科学家在舞台上依然是科学家，你是爆破专家，在舞台上你也依然是爆破专家。因此，你的职业特性和本人的性格特点不需要掩盖。其次，面对大众不要居高临下。记住如果你是某行业的专家,面对大众演讲时,主要是希望通过自己让大众了解你的研究或经历,而不是仗着有与众不同的经历,就觉得高人一等。记住,你是平等分享还是傲慢的,观众能迅速察觉。

(2)主题选择:一场演讲只选取一个主题。诚然,每一个行业值得关注的点有很多,值得分享的故事也非常多,但是一场演讲最好只聚焦一个主题,你的故事、观点等都围绕这个主题进行。要知道,一场演讲能清晰的传达出一个主题并被大家喜爱和接受,就已经成功了。过多的内容只会给观众过重的理解负担。

(3)讲述要循序渐进,不能着急。记得你是这个领域的专家,但是观众很有可能只是对该领域感兴趣的"门外汉",所以,要阐述你的理念时,记得要用普通大众能够听懂的话,一步一步展开讲述,如果遇到晦涩的部分,可以借用视频、比喻等多种手段进行阐释,主要目的就一个:能够让大家轻松听懂。(毕竟这是面向大众的演讲,而不是行业内部的学术交流会)

(4)为演讲赋予价值。简单讲,大家为什么要听你讲述晦涩的专业问题,这对大家有什么好处呢?就像克里斯·安德森所说的那样,要让你的演讲值得被分享,就要考虑到:"这个想法对谁有好处?你需要实事求是,如果这个想法只服务于你或者你的组织,那么对不起,它也许不值得分享。观众也能马上发现这一点。但是,如果你认为你的想法可以照亮他人的人生,或者改变他人的观点,或者激励他人去改变,那么你就拥有了一篇精彩演讲的核心元素。所有人都会因此受益。"

(5)在训练中调整状态修改文本。用哪种方式开场、用什么语言讲述故事、用什么结构传递思想才能达到最佳的效果,这些无法在一开始就选择的刚刚好,需要进行反复的训练和修改,这个过程演讲者需要有耐心,不要害怕改动演讲稿。(有的人觉得自己好不容易写出来背会了,就不愿意改了,这样非常不利于演讲最终的呈现)

(6)找到你的观众进行训练。演讲者的自信心、掌控力、演讲节奏、与观众的互动和熟悉程度等是无法通过自己对着镜子练习掌握的,你需要找到一批观众,这些观众需要足够真诚友善,一方面他们可以提出建议帮助演讲者修正自己的演讲方式,另一方面他们可以鼓励演讲者从而提升演讲者的自信心。

职场演讲的关键秘诀——让你在职场如鱼得水

职场一直有一个传说,"能干的不如会说的"。这是一部分人的抱怨,同时也体现了某种职场现象。其实我们都知道,只会干的人或者只会说的人,都比不过既能干又会说的人。

从某种程度上来讲,所谓"会说",不仅是嘴巴的功夫,还体现着思维的差别。工作中人们说出的话,体现着他的思维,体现着他考虑工作时的侧重点,安排工作时对于轻重缓急的考量,对接各部门事物的能力,处理事情的方法,汇报时对于工作的条理性、计划性以及应急方案的准备等,语言可以体现出各个方面的工作能力。有经验的领导或HR,甚至可以通过简单的对话大致判断一个人的工作能力。

在工作中,最具演讲特性且最有影响力的讲话,大致可以分为两类。一类是工作开始之前的演讲,如竞职演讲、就职演讲、影视开机演讲、项目启动演讲等;还有一类是工作完成之后的演讲,如年终总结、述职报告、工作汇报等。本节我们重点看这两种情况下的演讲要点。

11.3.1 工作开始前的演讲要点

工作开始前的演讲,首先你要明确演讲的终极目标:获取观众的信任,使他们愿意用一切方式支持你的工作。对于竞职演讲,观众支持你的方式是投票;对于就职演说,观众支持你的方式是主动积极地配合工作。

有了这个终极目标,工作前的演讲的要点就非常明确了。

(1)拉近与观众的距离,建立熟悉感与信任感。

这个任务需要在演讲的开场部分完成。演讲者先要拉近与观众的距离,表示友好,然后向观众介绍自己。

有的人在演讲时,面对的都是朝夕相处的同事,就以为不用自我介绍了，但其实这种想法是错误的、是不全面的。因为你现在做的是"工作开始前的演讲"，而观众了解的是你之前的做事风格，在此次演讲之后，你的职务变了、任务目标变了、工作内容变了、工作方式也会跟着改变，而这一部分，即便是朝夕相处的同事，也不一定了解。所以，无论你面对的观众是陌生人还是熟悉的人，都需要做自我介绍。此时设计自我介绍的内容时应该有这样的考量：其一，介绍基本信息时，要贴合未来的工作任务，透露出你可以胜任该工作的能力；其二，要表明在日常工作生活中无法让他人了解的内心世界，而这个内心世界是关于"为什么你特别想做好这份工作""为什么你愿意努力奋斗为大家争取更好的未来"的。这一部分的表述，要真诚且有实际例证。

（2）认清事实，分析问题，实事求是，直击痛点。

这一部分很重要，几乎占主体段落的一半。在这一部分，演讲者最重要的态度是实事求是，真诚全面。

提到过去出现的好的方面要夸奖，好的意识形态要鼓励，好的规矩政策可以萧规曹随。这样做的好处是，可以安定"军心"。

提到过去不好的方面要坦诚直白地直击痛点，讲出大家诟病已久的问题，寻找问题的根源，表明解决该问题的决心。这样做的好处是，让观众看到你不是个"摆设"或者"花瓶"，而是真的能够看到问题所在，有着为大家解决问题的态度和决心，所以大家才会支持你。

（3）给予希望，鼓舞人心。

工作开展之前的演讲有一个先天的特点——大家并没有看到你的工作能力，也不知道由你主持工作之后，事情会变成什么样子。是没有变化还是由于你不合理的工作方式使得事情变得更糟，抑或是你真的能为大家带来一个更好的未来，这一切都无从查证。

所谓的"给予希望，鼓舞人心"不可以是只喊口号，你需要提供真凭实据来证明自己可以把事情办得漂亮。比如，群体性的团结与意志；关于你的决心和能证明你可以坚持到底的案例；实际可行的解决办法（可以不多，但必须有）。

这样做的好处是可以获取观众的信任，可以让努力的人看到成功的希望,可以让"摸鱼混日子的人"有动力跟着你奔向一个更好的未来。

(4)收尾时要发出最后的号令,指引行动。

演讲的收尾处需要展示出你此次演讲的最终目的或是让大家给你投票,抑或是让大家跟着你好好做事……都可以,只要记住一点,你需要给观众一个明确的、可以呼应你的行动指令,这样才能更好地实现你的演讲目标。

11.3.2　奥巴马竞职演讲分析

工作开始前的演讲种类有很多,本小节我们就以最为著名的演讲之———奥巴马竞选宣言为例,分析他是如何实现前文所介绍的演讲要点的。

(1)展示友好,拉近与观众的距离。奥巴马用了朋友之间常用的寒暄的方式开场,直接讲出了大家近期的行动和心理活动。

首先,请允许我向你们表示感谢,感谢你们冒着严寒,从四面八方远道而来。

我们来到这里,为的是同一个目的,对此我深感惶恐,但是我从内心深处知道,你们并非仅仅为我而来,你们来到这里,是因为对这个国家的未来充满信心。战争之时,你们坚信会有和平;绝望之际,你们坚信希望犹存。面对那种把你们排除在外,让你们安于现状,使我们长久分裂的政治勾当,你们坚信我们能够团结一致,实现一切可能,建设更美好的美国。

(2)让观众了解你,了解你的履历、能力、愿景、信念等。奥巴马用自己真实的经历和感悟给观众传递出一个信号:"我是真的可以胜任这份工作,并且有着坚定的信念和决心——我可以与大家一道建设更加美好的美国,追寻共同的梦想与希望。"

这就是我们今天旅程的意义所在,但是让我给大家讲一讲,我是怎样到这里来的。你们大多数人都知道,我是20多年前搬到伊利诺伊州的。那时我还年轻,大学毕业刚一年,在芝加哥一个人都不认识,两手空空,举目无亲。但几所教堂给了我一份社区活动组织者的工作,年薪1.3万美元。我接受了这份工作,全无经验,只有一个简单而强有力的念头激励着我，那就是能够为建设更美好的美国略尽微劳。

……之后我开始明白，我们所珍视的自由和平等的权利，有赖于觉醒的选民积极参与。心中抱着这样的信念，我来到这座州府，当了州参议员。

正是在这里——斯普林菲尔德——我目睹了美国社会的几种表现——农民和教师，商人和劳动者，他们都有自己的故事要倾诉，他们都在寻求自己的一席之地，他们都在发出期望被人听到的呼声。我在这里结下了永恒的友谊——我看到，我的朋友就在今天的听众当中。

正是在这里，我们学会了平心静气地对待意见和分歧——只要你认清有哪些原则是决不能妥协的，就有了达成共识的可能；只要我们愿意彼此倾听，就能表现出人的优秀品质，而不是最坏的一面。

这就是为什么，我们能够改革已经千疮百孔的死刑制度；这就是为什么，我们能够为贫困的孩子们提供医疗健康保险；这就是为什么，我们使税收制度对劳动者家庭更为公平公正；这就是为什么，我们通过了愤世嫉俗者曾经认为绝对不会被采纳的改革法案。

正是在这里——斯普林菲尔德——这个四方聚集之地，提醒我牢记美国人民的正直本性——使我抱有这样的信念，依靠这种正直的本性，我们能够建设更为前程远大的美国。

这就是为什么，今天，在古老的州议会大厦旁，在林肯曾呼吁破裂的房屋继续屹立不倒的地方，在共同的希望和共同的梦想依然存在的地方，我在你们面前宣布，我将竞选美国总统。

（3）认清事实，分析问题。奥巴马坦诚地分析了这个国家存在的优势和劣势，真诚地承认"国家奠基者的英明之处"，同时直接指出了美国社会的问题，如战争问题、经济问题、政治作秀问题等。

我承认，这一宣告不无狂妄，有点鲁莽。我知道我学习华盛顿的行为方式的时间尚属短暂。但是，我在那里已经待了足够长的时间，足以确信华盛顿的做法必须有所改变。

我们国家的奠基者们的英明之处在于，他们设计了一个并非僵化的政府制度。现在我们应该振奋精神，因为我们过去曾经改变过这个国家。面对暴政，一群爱国者战胜了一个帝国。面对分裂的威胁，我们使国家保持统一并解放了黑人奴隶。面对大萧条,我们使人民重新找到了工作,成百上千万的人摆脱了贫困。我们欢迎移民踏上美国的海岸,我们开通了通向西部的铁路,我们让人类登上了月球,我们聆听了马丁·路德·金的呼吁,让正义如流水一般源源而来,让公正如大河般流淌开去。

每一次,新一代的美国人都挺身而出,完成要由他们来完成的任务。今天,我们再一次听到呼唤——这是需要由我们这一代人来回应的呼唤。因为那是我们永不动摇的信念——虽然会遭遇种种不可能战胜的困难,但是热爱自己的国家的人们能够改变它……

我们都知道今天的挑战是什么——一场无休无止的战争。对石油的依赖威胁着我们的未来,有太多的孩子在学校里不好好学习,家庭日复一日拼命工作,却在一张薪水支票到另一张薪水支票之间挣扎。我们明白挑战何在。我们听到过这些挑战,我们年复一年谈论这些挑战。

阻碍我们战胜这些挑战的,并不是治国良策和合理计划的缺乏。让我们止步不前的是领导缺乏,是我们陷入细枝末节之中的政治——我们心安理得地一门心思陷于鸡毛蒜皮之事上,日复一日回避艰难的决定。我们热衷于廉价的政治得分,而不是卷起袖子大干一场,并且建立工作性共识,以解决重大问题。

……那种政治勾当的寿数已尽。现在是翻开新的一页的时候了……让我们现在就开始做起来;让我们共同努力着手完成这个艰难的任务;让我们改变这个国家。

(4)让观众看到未来,给大家以信心和信念。下面这一段,奥巴马的处理非常经典和高级。他不仅完成了我们所说的"工作开始前的演讲"任务,即要给大家希望和鼓励,让人们看到事情变好的真实例证和办法。奥巴马还运用了排比段落,将美国面临的一个个问题的现状和解决方式分别呈现。仿佛让观众们看到了一个个问题被解决,美国在一天天变好的未来。这种磅礴的排比段落,使观众的情绪层层叠加,达到高潮。

我们应该成为这样的一代人,要改造我们的经济,以适应数字化时代竞争的要求。我们要为学校制定更高标准,提供实现这个标准所需要的资源。我们要招募一支新的教师队伍，付给他们更高的工资，给予他们更多的支持，以激发他们强烈的责任心。我们要让人们上得起大学，我们要投资于科学研究，我们要在全美国的各个地方，从城市中心到偏远小镇，都铺设宽带线路。

我们应该成为这样的一代人，随着这个国家经济的变革，确保劳动者分享繁荣的果实。我们要保护从公司的许诺中辛苦赚得的收益。我们将使辛劳工作的美国人为退休而储蓄成为可能。我们允许工会及其组织者再次扩大这个国家的中产阶级队伍。

我们应该成为根除美国贫困的一代人，每一个愿意工作的人，应该能够得到职业培训，进而获得工作，赚取足够谋生的工资，支付各种账单，负担得起儿童看护的费用，以确保父母上班时孩子们安然无恙。让我们做好这些事情。

我们应该成为这样的一代人，在我们手上，最终解决医疗健康保险危机的难题。我们要用重在预防的办法，用为慢性疾病患者提供更好的治疗手段的办法，用以技术手段减少行政管理开支的办法，来控制医保的成本。

我们应该成为这样的一代人，就在这里承诺，现在就承诺，我们将在下一届总统任期之内，使美国人普遍拥有医疗健康的保障。

我们应该成为这样的一代人……

这场竞选不能仅仅是只关乎我一个人的事情，它一定是我们大家的事情——一定是有我们的共同努力。这场竞选，必须成为实现你们的希望和梦想的一个机会、一条渠道。它需要你们花费时间、付出精力、提出建议——在我们做对的时候推动我们前进，在我们做错的时候发出警告。这场竞选，必然事关公民意识的复苏，事关我们共同观念的重建，而且可以清楚地表明，没有什么障碍阻挡得了千百万人发出要求改变的呼声……

（5）收尾处，重新强调演讲的目的，发出号令，鼓舞人心，让大家用实际行动支持你，支持你们共同的未来。

这就是我竞选总统的缘由所在。

不仅是为了获取总统职位,还是要与你们一道,改变一个国家。

我希望赢得竞选的胜利——为了正义和机遇。

我希望赢得竞选的胜利——为的是有更好的学校、更好的工作,还有覆盖所有人的医疗健康保障制度。

我希望我们承担起完善联邦的未竟事业,建设更加美好的家园。

假如你愿意与我一道加入这个未必成功的事业,假如你感到命运在召唤,并且像我一样看到,在我们面前展开的是无穷无尽的可能性;假如你像我一样意识到,现在应该摆脱麻木不仁,抛弃恐惧不安,绝不辜负前辈和后辈一代一代人的期望,那么,我已经准备好承担重任,与你们携手努力,共同奋斗。从今天开始,我们大家一道,去完成需要我们完成的任务,在这个星球上注入自由的新生。

奥巴马的演讲,完美契合了我们所说的"工作开始前的演讲"需要具备的要点。同时,他用丰富且宏大的排比段落增强演讲气势,用优美流畅的语言完成过渡,用真诚又华丽的辞藻鼓舞人心,是一篇非常好的演讲范本。

11.3.3 工作完成后的演讲要点

工作完成后的演讲是每一位职场人都会遇到的,如工作汇报、年终总结、述职报告等,我们将其统称为工作汇报类演讲。

工作汇报类型的演讲,因为职务的不同,涉及的具体内容也不同。比如,项目研发岗位和销售岗位、宣传岗位与行政岗位,都有着各自不同的工作职责,因此汇报的工作内容也不一样。但是所有类型的岗位,在做大型工作总结类演讲时,都有着相同的需要避免的误区,以及需要精心设计的重点。

1. 工作汇报类演讲的误区

(1)像记流水账一样,把本年的工作从头到尾说一遍。

(2)避重就轻。正确的做法是做得好的工作要讲,如果有重大的、不好的事件发生,也应该讲出来,分析原因、总结经验、凝练成长。

(3)言之无物。毕竟是工作汇报性质的演讲,它的第一目标是总结过去一年你做了哪些工作、取得了哪些成就、有了哪些成长,而这一切都基于真实的工作内容。关于这一部分内容,不同的岗位会有不同的内容,做出有总结性、结果性、分析性的汇报即可。

(4)贪功诿过。一项工作完成得漂亮,一定不是个人的功劳,但一项工作若完成得不好,那么负责人一定有最大的责任。你不说,领导也知道、部门内部的人也知道。所以,如何汇报,可以让领导看出你是不是一个负责的部门领导人,也可以让你的团队成员了解,你是不是一个好的领导。以上4个误区一定要避免,否则你的演讲效果将大打折扣。

2. 工作汇报类演讲需要注意的要点

(1)确定主题。很多人认为公司的年度总结、述职报告是完全职场化的演讲内容,所以只说工作就行了。若这样想,你就失去了一次大放光彩的机会。工作类演讲也需要找准主题,而你汇报的内容,依然需要围绕着这个主题进行。

选择主题的方式有两种。第一种,从公司核心价值观中选择与你工作汇报内容接近的描述,作为你工作汇报的主题。第二种,在你将要汇报的工作内容中提炼一些共同点且这些共同点可以凸显你的职场价值,如成长、梦想、创新等。

(2)设定演讲逻辑。工作汇报类演讲的整体逻辑要符合简洁、实用、高效、精彩的原则。所以一般情况下常采用"总——分——总"的整体结构。

开始部分,总结性阐述演讲的主题、整体的工作、个人的感悟、团队的成长等。

中间部分,也就是"分"的部分,展开讲述各项工作。不同项目应该按照什么顺序和逻辑进行讲述呢?常见的讲述方式有三种:第一,按照时间顺序,把每一个阶段的任务分别进行阐述;第二,按照项目模块分别进行阐释;第三,按照主题模块分别进行阐释。

这里需要注意,每一个单独的项目最好遵循"先讲结果再讲过程"的叙述原则。

最后的总结部分,要记得总结过去的整体工作,回归演讲主题,同时展望未来（个人与公司的未来发展）。

（3）数据的分析与可视化。如果数据离开了分析，那它就是一堆无聊的没有任何意义的数字。因此，当你的演讲中涉及数据时，一定要进行分析。比如，分析数据变化的规律、背后的原因，数据出现异常的地方发生了什么事情，从数据中可以得出什么结论，数据反映了工作中哪些措施是有利的、哪些措施是需要改进的等。

工作汇报中的数据很难让观众有直接的感受，因此需要把数据进行可视化的展示这样更利于大家对于数据的感知。比如，说占比用饼状图，说趋势用折线图，作对比用柱状图等。

（4）体现故事与情感。很多人认为，工作汇报类演讲不需要感情，不需要故事。要是这样想，工作汇报的效果就会被大大减弱，人们在工作中所做的努力也会被忽略。

要知道，工作是由人去做的，工作能不能做好，未来有没有发展，团队有没有希望，其基础在于人。个人以及人与人之间，发生得最多的就是故事。比如，谈业务遇到阻碍，员工是怎么发挥个人主观能动性解决的；洽谈国际项目，员工是如何加班加点、操心劳力的（时区问题）；面对一个看似普通的设计项目，设计人员在背后做了多少工作和调研，出了多少方案，加了多少班才让该设计项目竞标成功……这些故事多么感人，它既是企业核心价值观的实际例证，又是团队未来希望的体现，同时工作汇报中融入这些故事，员工可以知道自己的努力没有白费、领导把他们的努力看在眼里……好处不胜枚举。

（5）总结经验，展望未来。这是工作总结类演讲，是一个阶段的结束，也意味着这是另一个阶段的开始，所有的总结都是为了更加美好的未来。在演讲中应该明确讲出这一点，才能体现个人、团队、企业将迈上新的台阶。

11.4 主题演讲——让观众共情，成为民众的意见领袖

每一个群体都会出现不同类型的意见领袖。他们是在关键事物上发声的青年导师，是电视上各个行业的专家评论员，是引导舆论的拥有百万级粉丝的网络红人，是普通群体中领导他人的人……

而主题演讲，是他们成为意见领袖最重要的实现方式之一。

11.4.1 成为意见领袖，你要做哪些准备？

所谓"意见领袖"，就是指那些能够接触到更多的大众传播信息，并且经过加工后能够形成具有个性化的意见，再通过媒介影响更加广泛的大众的人。意见领袖可以分为专业型与综合型两类。

那么，成为意见领袖，你要做哪些准备？

（1）放平心态，淡化"地位"的影响。

意见领袖不是官方的领导者或者人们的上级。大多数情况下，意见领袖与大多数人的差距并不大，他们与普通大众有着相似的关注点、相似的利益、代表同一个阶级。只是意见领袖有更便捷的信息来源、更广泛的知识储备，他们具有更优秀的语言表达能力，能够通过更多大众媒介发声。

（2）增强信息收集能力，扩展知识的广度与深度。

意见领袖具备形成个性化意见的能力，这是他们区别于普通大众的一个重要的个人能力。比如，同样看到社会上的某个不好的现象，普通人看过之后，只会随便抱怨两句。而意见领袖会收集更加广泛的信息、相关的故事，以及周围人的态度，然后运用自己丰富的专业知识、分析能力等形成自己的意见。所以，他们的意见本身具备一定的价值。

（3）寻找并扩大适合自己的传播媒介。

对于意见领袖来说，最重要的是他们的意见可以被大多数人听到并认可，所以选择适合的大众媒介非常重要。否则，再好的语言、再精妙的分析，若别人听不到，便无法发挥作用。

（4）训练自己的演讲能力。

当你的声音可以被大家听到之后，观众为什么会认可并追随你的意见呢？你需要锻炼自己的表达技巧、说服能力、感染力等演讲的各方面能力，让自己成为富有语言魅力、人格魅力的人，你才有可能更好地传达自己的意见，才有可能影响他人，成为真正的意见领袖。

（5）训练引发他人与你共情的能力。

情感是非常重要的可以影响他人的因素。愤怒、同情、恐惧、焦虑、激动、感激……如果在这些方面可以让观众与你共情，那么这些情感不仅可以帮你获取更多的观众，还能够让你的演讲深入人心。

11.4.2 如何引发观众与你共情？

共情，是心理学的概念。最初是由人本主义的创始人罗杰斯提出来的，他认为："所谓的共情是指站在别人的角度考虑问题，它意味着进入他人的私人认知世界，并完全扎根于此。"这个技巧常被用于心理咨询，以及人与人之间的交流之中。

而在演讲领域，共情的实现方式带有演讲特性。演讲中的共情指的是演讲者利用演讲技巧，深入听众的内心世界，牵引观众跟随演讲者的思路，体验演讲者表达的情感，从而接受演讲者想要传递的主题思想和观念价值。换言之，在演讲中，演讲者要采取一切演讲技巧让观众与演讲者共情。

那么，演讲者应该如何引发观众与其共情呢？

（1）引用大众常见的困境，使之共情。如遇到新挑战时会自我怀疑、做事喜欢拖延、遇到爱情不自信、社交中怕尴尬、想学新东西却没有时间等。

（2）描述大众共同的人生课题，如亲情、友情、爱情、梦想、追寻平等与自由等。

（3）讲述特殊故事时，选取一个与大家经历相似的主人公。比如，讲述中大奖的故事，先从他中奖之前过着平凡的生活开始讲起。

（4）讲述日常生活中不常见的场景时，用语言激发观众的想象力，把观众带入该场景中。比如，讲大草原时说："想象一下，当夜幕降临，你躺在一望无际的大草原上，天就像一个深蓝色的盖子一样，星星又大又多，布满天空，一闪一闪的，仿佛你伸手就能够到……"

（5）利用观众关心的问题引发观众情绪变化，实现共情。比如，房价问题、股票问题、安全问题、油价等，这些信息能够使观众产生焦虑、恐惧、不安、愤怒、同情等情绪变化。

……

总之，演讲者利用自身的演讲技巧引发观众与之共情，能够吸引观众的注意力，同时建立双方的情感链接与信任链接，从而实现传播价值观的目的。

11.4.3　意见领袖如何做主题演讲？

从上文我们得知，要成为意见领袖，传播自身的意见（价值观），主题演讲是最好的实现方式之一。那么这类演讲的步骤和要点有哪些呢？

1. 筛选值得关注的信息

意见领袖要有信息敏感度。我们每一天都生活在各种各样的信息中，哪一类信息值得被讨论，哪一类信息的变化值得被关注，需要演讲者进行筛选。

此处，专业型意见领袖需要更多地关注行业信息。比如，股票行业的专家，更需要关注经济领域的各类新闻。而综合型意见领袖则需更加关注大众领域的信息变化。

2. 确定演讲主题

这一点非常重要。一个新闻出现后，意见领袖发表不同主题的演讲将会引发不同的社会舆论。比如，2022 年 6 月，唐山几名男子在烧烤店欺负并殴打女生事件发生后，网络上出现了诸多不同主题的演说，直接导致了不同的后果。当时，有的人将主题定为"女生到底要怎么做才能保护好自己？"，表达了女性生存现状困难，引导广大群众关爱女性，此主题引发了男生不做"危墙"的君子行动。有的人将主题定为"为什么伸出援手的都是女生"，引发了功夫演员、武术团体等人发声，宣布自己的弟子路见不平需见义勇为。而有的人直接说"身处闹市,为何歹徒如此猖狂",直接促使政府发动扫黑除恶专项行动……

3. 收集更多相关信息

了解的信息越多,距离事情的真相越近,发表的观点也就越全面,越有理有据。长此以往,有利于形成自己的权威性,从而巩固意见领袖的个人形象。

4. 形成自己的意见

形成个性化的意见对于意见领袖来讲,是他们成为不可代替的、有价值的"声音"的重要保障。

如果你是专业型意见领袖,那么对于该行业的历史、知识、理论等需要有深厚的积累和丰富的经验。

如果你是综合型意见领袖,则需要更强的综合实力。因为没有专业知识壁垒的保护,貌似对于任何主题、任何人都能发言。那么,为什么你能成为意见领袖呢?其原因在于你拥有更加专业、更加广泛的知识储备,天文、地理、社会学、心理学、传播学等学科都有所涉猎,可以支撑你进行缜密的理论分析,形成独特的意见。

5. 利用传播平台将自己的观点传播出去

在公众平台上发表演讲,用丰富卓越的演讲能力完成观点的传播。

首先,引导观众与你共情。如果你是股票行业的意见领袖,那么你可以借用股民非常关心的近期股票的震荡切入话题,并将观众的忧虑说出来,这样观众会认为你非常懂他们的担心,自然会与你共情并建立信任关系。

其次,运用演讲技巧将丰富的行业信息与深厚的专业知识,有逻辑有设计得组织起来,作为演讲的主体部分,并在其中表达自己的见解。

最后,着重表达自己的意见和建议,呼吁全社会广泛关注。

第 12 章 即兴演讲

在日常生活中，正式的舞台演讲的机会有限，人们面临更多的是在公众面前的即兴发言，又称为即兴演讲。本章将给大家介绍即兴演讲背后的法门以及提升即兴演讲能力的方法。

> **本章涉及的主要知识**
> - 即兴演讲的准备工作。
> - 即兴演讲的训练方法。
> - 领导的即兴问话应如何应对？
> - 工作会议上的即兴发言应该怎么讲？
> - 亲友聚会上应该说些什么？

注意

首先，本章介绍的训练方法，只有真实地多多训练才能提升自己的即兴表达能力，光是看书，用处不大。其次，本章涉及很多生活场景的语言表达，建议大家结合书中方法根据当时的实际情况来处理。掌握基本原则，但不要拘泥于具体话术。

即兴演讲能力的提升训练

为什么有的人即兴表达非常好，而有的人却"无话可说"？是因为天生的聪明程度不同还是因为后天经历的训练不同呢？所谓"即兴"，真的是没有时间做准备吗？

12.1.1　"有准备"的即兴发言

即兴发言看起来没有思考和准备的时间，纯粹靠演讲者瞬时的反应和自身的整体素养，但是"即兴"是真的没有准备吗？你要这么想，就证明你不是那一拨即兴发言好的人，因为能做好即兴发言的人，都知道

"即兴"背后的秘密。

即兴发言有两种状况。

第一种,提前知道将会发生的事情,甚至是该活动的主讲嘉宾,知道在完成准备的主体内容以外还有记者问答、嘉宾对话等需要即兴发言的环节。比如,过两个月有招商引资的路演,下个月要参加某项比赛,下周有记者发布会,过两天要进行项目提案,明天有工作汇报,一会儿有个面试……这种情况下,演讲者明确知道之后的即兴演讲的主题,完全有时间做好充分的准备。

比如,关于丘吉尔的即兴演讲,他的孙女在一本书中回忆说:"他在重要的议会演讲前的几天里会认真准备,为应对可能出现的各种各样的质疑,练习机智回答或者巧妙回避的技巧。丘吉尔练习得非常到位,以至于看起来他像是在做即兴演讲。"

那么,我们应该为即兴发言提前准备哪些内容呢?

(1)与主题相关的问题。比如,讲中国的经济发展问题,就要考虑观众可能会问创业前景的问题、大学生就业的问题、职场生存的问题、斜杠青年(同时做两份及两份以上工作)的问题等。

(2)与自身背景、经历、愿景相关的问题。比如,你讲自己身为"拆弹专家"的故事,就要考虑观众可能会问,"你为什么要做这个?有没有什么契机?""你印象最深刻的事情是什么?""你会鼓励别人当拆弹专家吗?"等问题。

(3)与大众生活相关的主题性问题。比如,你讲述暗物质,就要考虑观众可能会问日常生活中各类奇特现象是否与暗物质相关。而如果你的主题本身就与大众生活息息相关,就需要准备更多的更加实际的内容,因为观众很可能问你生活中面临的相关困惑。

(4)对于有可能出现的意外情况,要提前想好处理办法。比如,出现主持比赛时选手退赛,主持颁奖活动时相关嘉宾迟到,你刚上场设备突然出故障等状况,你应该如何应对。

(5)了解热点事件。如果你参加的活动涉及热点事件,你就要提前做好功课,了解热点事件的背景和进展,做好回答相关问题的准备。如

果你是热点事件的主角，那么也要想好应对他人问题的策略。（这个策略包括不想回答时如何拒绝）

第二种，没有预知与活动相关的任何信息，或者只是作为观众去参加某个活动，却被临时要求发言。这种情况下，你也不是完全没有时间准备。曾有广泛的调研表明，当你被临时要求发言的时候，如果不需要离开座位，那么你有 15～30 秒的时间准备；如果需要走上台，则可以争取 1～2 分钟的准备时间。

那么，在这短短的时间内你该做什么呢？首先，你没有时间犹豫要不要说、要不要拒绝，否则不仅会让你看起来扭扭捏捏，还浪费了可以用来准备的时间。（除非你确保自己能够拒绝且完全不想要这次机会）其次，请快速进入准备状态——打腹稿。

打腹稿在即兴演讲中是指在短暂的准备时间内，在头脑中构建基本的表述框架和语言，以便做到出口成章。

在短短的时间内，我们要想以下几个问题。

（1）对方问的是什么？——分析题意。

（2）"我"的观点和态度是什么？——确定即兴表达的中心思想。

（3）"我"要讲哪些内容——快速梳理框架和每个部分的内容。

（4）开场第一句讲什么？

这四个步骤是遵循思维顺序的。这样做的好处是，当你想完全部内容且构思好第一句话时，刚刚好可以开口讲话。如果先想如何开场，那么在你想好其他问题后，又得再回忆一遍想过的内容，时间很可能不够用。

12.1.2　即兴演讲的训练方法

日常生活中有这样一个规律，那些即兴发言好的人，总能有即兴讲话的机会，而且无论是在生活场景中还是在工作场景中，他们的即兴发言都表现得不错。甚至在他们很小的时候，就会被大人问各种各样古怪的问题，这是大人逗小孩儿的一种方式，也是最原始的训练即兴演讲的方法。

国内的语言表达课堂、主持人思维训练课堂以及国外的演说和表演课堂（Presentation & Performance）中，有很多训练即兴表达能力的方法，在训练思维能力的基础上提升即兴表达的能力。下面，我们来看几个常见的比较高效的训练方法。

1. 即兴评述训练

第一步,准备一条新闻,练习者在 3 分钟内熟悉信息并准备点评。3 分钟后,无论准备的结果如何,打开录音或录像设备,进行 3 分钟叙述,讲述该新闻的内容并给予评价。

第二步,给练习者更长的时间去认真准备和写稿子,不限时间,直到该稿件可以完整地表述出练习者心中的真实想法,再打开录音或录像设备进行表述并录制。

第三步,将前后两段录制的内容进行对比,寻找自己的薄弱点,看自己的思维在哪里没有跟上,语言在何处不流利,思路在什么地方断片,有什么口头禅……将这些问题记录下来。

第四步,再次准备一条同类型的新闻,重复上面的步骤。

这个训练可以迅速提升个人在短时间内分析问题、厘清思路、组织语言的能力。

2. 看图 / 看物说话

练习者随机挑选一张图片或者一个物品,然后做一场 3 分钟的即兴演讲。准备时间不要超过 10 秒。

比如,随手拿起一杯水,在 10 秒之内,想一个演讲主题然后开始讲话。可选内容有男朋友让你多喝水的直男的爱;一个很重要的人送给你一个杯子的故事;以平凡的幸福就像杯中的水为切入点,然后讲一个故事;发散思维,讲述一杯神奇的水。(如果"我"有一杯忘情水)

讲述的时候记得录制下来,然后回看自己的表达。记录表现不好的地方。

这个训练既有助于锻炼人的发散思维能力,以及思维的聚焦能力,又有助于训练边说边思考的能力,以及语言的组织能力。

3. 迅速接话的训练

这个训练可以当作游戏,题目为《你说的是对的(错的)》。

游戏规则是,甲、乙两个人为一组,甲说一句话,这句话可以是毫无依据的判断句,也可以是天马行空的无厘头描述,然后乙说"你说的是对的(错的)"并且给出合理的原因。甲说的话可以无厘头,但是乙想出的理由必须有道理。比如，甲说："东施是最美的女孩子。"乙说："对呀，因为……"，甲问乙答连续三次，然后甲、乙互换问答立场。

这个训练有助于锻炼练习者正反论证的思维，无论是什么结论，都可以迅速找到可以支撑（反驳）它的论据。

12.2 偶遇领导，他问的话怎么接？

如果在路上、食堂、电梯里、商场里偶遇领导，在完全没有准备的情况下，他的问话应该怎么回答？这一类问题的答案有千万种，没有所谓的最好的答案，但是有一些需要遵循的基本原则和技巧。只要掌握了这些原则和技巧，回答时所用的具体语言可以根据当时的场景做出相应的调整。

12.2.1 工作背景的问答原则

什么是工作背景的问答呢？比如，领导问："最近忙不忙""加班累不累""工作还顺利吧""做新项目习不习惯呀""跟同事相处得怎么样"……这一类问题基本上都围绕着工作项目、工作环境、工作心态、工作能力等，属于工作背景类的问题。

如何回答呢？只需要一个方法——把自己放到领导的位置上思考。具体的回答方式可遵循以下三个原则。

原则一，模糊问题模糊回答，不要非黑即白地回答。比如，领导问你"工作累不累"，说"不累"，意思是工作不饱和；说"太累"，领导可能认为你个人能力有问题或者认为你对公司有抱怨。所以最好的回答方式是，态度中立，表明工作很充实且正在有条不紊地进行。

原则二，具体问题清晰回答，三句话以内将重点回答清楚。比如，领导问"新项目做得怎么样呀？"如果项目进行得顺利，你可以回答，目前进展到什么状况，大概哪天（几点）可以完成初步计划。如果项目推进得不顺利，那么你可以在此时向领导汇报目前进展到了什么阶段，遇到了什么问题，预计需要哪些支持。这样快速简洁地将有效信息汇报给领导，可以让对方了解你的工作进展，肯定你的工作态度，并及时给予你相应的支持。

原则三，他人问题，只谈工作。如果领导的问题是关于其他同事或领导的，那么，建议你的回答紧紧围绕与对方有交集的工作部分展开且回答应做到实事求是。其余的事情不要提，如果领导明确问，你就表明自己也不了解，即便听到过一些貌似可信的评价或事迹也不要传话。

12.2.2 生活背景下的对话技巧

什么是生活背景下的对话？就是聊一聊你的生活，如朋友、父母、感情、孩子、娱乐活动等，都属于生活背景下的对话。这种情况并不少见，却远比聊工作更难。很多人在职场混迹几十年，做到了合伙人、副总的职位，却依然拿捏不好生活背景下的对话的分寸。

上司和下属能成为朋友吗？可以聊生活吗？人是复杂的，在工作场合纠结个人情感问题，实属没有必要。但是领导问了，也不能回避。既然如此，那么与领导聊生活类话题时有没有技巧呢？有。

（1）不主动与领导谈个人生活。

（2）谈论私人问题时，注意二人的身份，可以表现得趋近于朋友，但心里要明白，你们是上下级关系。因为大部分领导不会关心你的私人问题，无论多个人化的问题，背后都与工作有一定的相关性，只是这个相关性很隐晦。

回答这类问题的具体方式是，不要直接把话题转移到工作汇报上，要先像朋友一样回答领导的问话，然后让领导放心，你的工作不会出现任何问题。比如，领导问："昨天你发烧，现在好点没？"你不要直接回答"我不会耽误工作的"，这样的回答直接推远了对方。记住，领导也是人，也有人情味。他的问话有一部分是关心工作，但也有一部分是关心你。此时你只需要接受他的善意，同时暗示对方自己的工作状态很好就行了。比如，你可以这样回答："昨天吃了药，现在好多了，做什么都比较有效率。"如果确实私人情况很严重且非常影响工作，那么可以酌情与领导解释并商量暂时的处理办法，然后向他表明，你会尽快处理好个人状况，快速回归到正常的工作中。

另外，还有一种极少的情况：领导问你的私人问题确实与工作一点关系都没有，你也不想回答这个问题。针对这种情况，你可以混过去。

比如，他问你情人节怎么过、去哪里过年等，如果你想回答就回答；如果你不想回答，就说"没想好呢""到时候再说"等。

（3）还有一种问题类型：大众范畴的问题。比如，领导问你"哪里的饭馆好吃？""有没有什么好的演出？""你们年轻人平时喜欢干什么？"……

大概率上你的领导不会这么闲，但如果他问了，多半是因为要接待客户、要见重要的朋友，或者想要发展新的项目等。这些不是明确的工作，还处在领导的个人想法阶段。针对这一类问题，既不能像正式的工作任务一样做调研报告，也不能完全被动回答，知道多少说多少即可，不知道就算了。最好的应对方式是，像你的好朋友问你时你的处理方式一样：动手查一下，以最快的速度、最轻松的态度给出答案。

工作会议上，老板让"我"发个言，"我"该怎么办？

工作会议在非常正式的工作场合，而且一般每一个会议都有自己的使命。比如，工作汇报会议是为了让大家了解各部门的工作情况及进展，方案讨论会议是为了确定即将施行的方案，项目洽谈会议是甲、乙双方就某个项目洽谈应该如何合作，项目推进会议是为了使项目顺利推进，学习交流会议是为了增强个人与团队的业务能力等。

在工作会议上，一般每个人都有自己需要汇报和推进的内容。如果你已经完成了个人相关的工作汇报任务，领导又临时点名让你发言，其主题多半不是你已经准备好的个人汇报的相关部分。这种即兴发言的处理方式，也会根据会议类型、发言任务的不同而有所变化。

12.3.1　内部工作会议上的即兴发言

内部工作会议是指公司内部举行的会议，一般有工作汇报类会议、项目推进类会议、方案制定类会议等。

民间对于领导与工作会议之间的关系有这么一句谚语："小事大会定、大事小会定、大的决策自己定。"这个谚语巧妙地揭示了公司内部会议的本质。即具体项目的工作细节，公司需要开会反复讨论、共同确定，但是关于公司的战略决策性问题，即便开会讨论也只是领导收集信息和意见的一种方式，最终决策还是由领导自己制定的。内部会议的此项特性，直接决定了在会上领导让你发个言时，你需要思考的内容和表达的内容。

（1）如果你是下级，领导让你在公司内部会议上发言，一般有以下三种情况。

① 领导让你讲一讲别人的工作汇报。汇报类工作会议，大家都是针对自己的工作内容进行有准备的汇报，如果这时领导让你发言，基本上是需要让你做查缺补漏的工作，一般是因为对方的工作与你的工作有交集，你们是需要相互配合的兄弟部门或者是上下游部门。所以你的发言，只需简单总结上一位同事的发言，然后重点讲述你们有交集的工作内容和工作流程。

② 领导问你对于某个项目的意见。项目推进类会议或者是项目的策划制定类会议，其主要内容就是，所有参会人员针对该项目畅所欲言。这时如果领导点名让你发言，（不是自由发言阶段，也不是轮着点名发言，而是大家说完了，领导特别点名让你讲话的情况）说明对于大家的意见，领导并不满意。领导认为他们讲的方案不够好或者不全面，而领导对你还抱有一丝期待。（或许是因为你是领导看好的新人，或许是因为领导对你有所了解，认为你能够提出一些中肯的建议）

所以此时你首先要总结评论其他人的意见，然后提出自己新的想法且这个想法需要有理有据，有市场案例支撑，或者有相关的实验或调研。如果你确实没有任何新的想法，那么可以先总结评价他人的意见，然后说明该意见的不足之处，提出应该做哪些调研或者实践，之后再做决定。

③ 领导问你对于某项决策的意见。这种情况需要你对公司的实际情况以及领导的性格和做事方式有一定的了解。如果是新的决策，那么建议你不要轻易下结论评价该决策好与不好，你发言的主要方向应该是这项决策如何落实、如何验收落实结果，以及在落实过程中应该注意哪些问题。如果是一项老的决策，领导问你的意见，那么基本上是因为该决策没有达到预期的效果。建议你的发言侧重于该决策在落实的过程中遇

到了哪些问题，有哪些不足，可以如何改进等。

（2）如果你是领导，那么开公司内部会议的时候也要分情况说话。

① 当你想听取大家的建议时，记住一句话"贵人语迟"。在会上，你可以提出自己的问题，询问大家的建议，但是不要说自己的想法，因为一旦领导（也就是你）的想法暴露了出来，很有可能就听不到与之相左的意见了。

② 当你想了解项目推进和落实中的问题时，在会议上就要明确询问各个相关部门在项目推进的过程中遇到了什么问题、需要什么支持。因为有的职员遇到困难，宁愿自己想破头也不敢寻求领导的帮助，所以请你表现出足够的真诚，让大家了解你是想解决问题推进工作的，而不是来追究大家过失的。

12.3.2 外部工作会议上的即兴发言

外部工作会议是指公司举办的对外的工作会议，比较常见的有两种。

（1）项目合作双方的洽谈会议，其重点在于促成合作并最大限度地为自己代表的公司争取利益。

此时你作为该项目负责人的陪同者，你的重点工作应该在会议之前。你需要了解项目的推进程度、对方的态度和背景、有没有与你们竞争的公司等，同时要与领导确认己方公司的态度和底线。

在会议上，一般双方领导会主动推进洽谈流程，当自己领导点名让你讲话时，（如果谈判出现空当，可以根据现场情况慎重地酌情讲话，不一定非得等领导点名）你就需要分析情况，如果自己所在的公司在谈判上落于下风，那么你可以根据之前掌握的资料，提出对方的困境（他一定有困境，没有困境的公司不需要找合作方）；如果对方公司落于下风，那么你可以递出橄榄枝，表明对方与你们公司合作的有利之处；如果和平达成了协议，那么说一些夸奖对方公司和对方领导、职员的话语，再加上对未来合作的祝愿即可。

（2）对外会议是公众会议或行业会议，如座谈会、发布会、展会等。这种会议带有一定的公众表演性质，其重点在于树立公司的公众形象，推广公司的重点项目/产品。

在这种情况下，一般会前会有丰富的准备时间，你需要了解该会议的主题、参会人员等。如果领导让你发言，那么请时刻记得你的使命，你的发言重点应该围绕会议主题，展现公司诚意，展示友好的公众态度等。

亲友聚会，举起酒杯说两句

亲友聚会的场景，看起来温馨随意，但是如果参加聚会的亲戚平时走动得不多、朋友来往不密切的，那么还是会有人觉得拘谨。

人没有三六九等，但是绝对有亲疏远近。与你的关系不同，人的心态会不同，说话之间的分寸也不相同。这一节，与其说我们学的是"说话"，不如说我们在学习与各类亲友如何相处。

12.4.1 亲近之人的语言环境

非常亲近的人，一般是指父母、亲兄弟姐妹、爱人、极其亲密的朋友。这些人都是我们亲近的人，我们会把最真实的一面留给他们。如果是这些人的聚会，你可以"炫耀"你的成功、表达你的脆弱……你可以百无禁忌，只需记得两点。

第一，确定他们属于你的亲近之人，意思是确认他们是真心希望你过得好，过得非常好，过得比他们还要好的人。

第二，不要因为自己的情绪，说出故意伤害他们的话。

在亲近之人的聚会上，举起酒杯/茶杯/果汁杯讲话时要注意，说祝福语时不要说空话，而是要说每个人近期最希望得到的祝福与最看重的事情，结构可以用总——分——总。

总——送出整体的祝福，比如，"祝福全家人都健健康康、平平安安的"，或者说一件你们近期共同的事，比如，"今天我们搬到了新的别墅里，每个人都有了自己的超大空间……"。

分——祝福每个人近期的愿望都能够实现。顺序是长辈在先，晚辈在后，客人在先，主人在后，急事在先，缓事在后。还有，送祝福时不要落下某一个人，不要厚此薄彼。

总——号召大家为某事举杯或祈愿未来的美好。

12.4.2 朋友之间的语言环境

朋友、伙伴的聚会相处，一般都有着小群体独有的语言环境。有的比较温和有礼，有的习惯相互拌嘴，有的喜欢用吹牛的方式放松，有的喜欢谈古论今，还有的喜欢一起发呆、吃吃喝喝……在这些小团体中，正常情况下没有举杯讲话的环节，如果需要举杯讲话，那么只有两种情况。

（1）你有重大的消息要宣布，如要结婚了、要出国了等。此时举杯讲话，可以坦诚地讲述自己的状况，但是分享喜悦时不要太嘚瑟，表明这只是新阶段的开始，会面临新的挑战，最后要回归到你们之间的情谊，感谢朋友们的陪伴，并希望在人生的新阶段，可以有好友继续见证你人生的新篇章，友谊长存，情谊不散。

（2）你们很久没聚会了，借着节日或者其中一位朋友的婚礼相聚在一起。此时的举杯讲话，可以采取这样的结构：忆往昔峥嵘岁月——叹匆匆一别数年——盼归来仍是少年——看未来情谊不变。当然，最好选用日常生活中的语言，且每个部分都有一些真实的故事与细节。

12.4.3 远亲与远友的语言环境

远房亲戚或者遥远的朋友聚会时，（此处的"远"，不是指物理距离，而是指心理距离）会有很多人明显不自在，因为彼此确实不熟悉。这种情况下，举杯讲话的机会反而更多，而且往往有着化解尴尬、拉近距离等社交作用。

此时如果你有举杯发言的机会，那么你的讲话可以分为以下三个部分。

首先，感谢此次聚会的组织者，并说明自己参加聚会的机缘。

其次，活跃现场气氛，拉近彼此距离。可以讲一讲你们之间仅有的小事，或者是你听说过的对方的事迹。比如，"我记得我小时候去过您家，当时……"或者"听说××当年跟我们住得特别近……"，总之，这一段要拉近大家的关系，寻找共同的记忆，增加彼此的熟悉度。

最后，表明你们之间本应很亲近，但是大家都太忙了，所以以后应该多来往、多走动。此处最好能有具体的实例支撑，比如，在老家聚会时可以说"我听说××也在北京，以后有事可以多联系"等。

结 语

很开心可以和大家分享关于演讲的诸多方法和奥义。本书的演讲技巧和训练方法皆是笔者多年学习、交流、教学的经验所得，希望可以给大家提供一些提升自己语言表达能力、演讲技巧、表达思维、训练方法等方面的建议。在本书的最后，有几点非常重要，希望可以和广大读者共勉。

1. 演讲原本没有模式

市面上关于演讲的书籍有很多（当然也包括本书），会给大家分享演讲的技巧和训练演讲能力的方法。我们在学习的时候要明白一点——这些内容是怎么来的？

最初，演讲没有模式，后来出现了一些广受大家喜爱的演讲，于是就有人研究为什么这些演讲是成功的。经过对大量案例的研究，逐步有了一些演讲可以借鉴的模式，也有了行之有效的训练演讲能力的方法。

之后，不少演讲的学习者，学习、研究、实践这些成熟的经验，用实际案例证明了成熟模式的有效性。与此同时，有一部分具有创新精神和钻研精神的演讲者，不断尝试与创新演讲方式，这些创新有的失败了，被摒弃；有的成功了，又被收录到了成熟的演讲模式之中。

对于本书的学习者来讲，只要明白了以上过程，就知道应该采取怎样的学习态度和学习方法了。那些成熟的经验我们要吸纳、学习、研究，与此同时，我们也不能被其束缚，要勇敢地根据演讲的需要进行创新与尝试。

2. 真诚是最重要的法门

演讲能力的提升不是一日之功。就算演讲能力与口才都很强，也会遇到新的挑战。那么，有没有什么诀窍和法门，可以攻克一切难关呢？这个问题唯一有可能的答案就是"真诚"。

任何技巧离开真诚，都无法起到好的作用。而如果拥有真诚，只要稍稍注意一下演讲的技巧，就能事半功倍。一些学习演讲的朋友，专注于练习标准的语音、生动有趣的比喻、华丽的辞藻、掌控别人情绪的技巧……此时，千万不要忘记，这些技巧只有在真诚的前提下，才能发挥出巨大的作用。

3. 功夫在平时

现在很多人没有耐心，做任何事情都希望快速看到结果。短视频发布几天，就觉得自己应该爆火；跑步没几天就认为自己应该瘦下来；看了两个演讲技巧，就希望自己成为演讲大师……很遗憾，这都不可能。

古人说"厚积薄发"，西方有一万小时定律，这些道理都说明，只有经年累月地不断积累与训练，才能表现出专业与卓越的一面。

因此，读者朋友们，请不要只是看书，只看各类演讲综艺，就妄想自己能变成演讲大师。只有踏踏实实地根据书中介绍的方法去训练和积累，你的演讲能力与思维能力才能得到真正的提升。也只有这样，在关键的时刻，你的演讲能力与才华才能发挥作用，为你的人生增光添彩。

致　谢

　　本人如今能深耕语言表达与思维训练、演讲与口才等方面的研究和教学，要归功于四川音乐学院、中国传媒大学、纽约理工大学以及小时候参加的语言培训班中帮助我、训练我、启迪我的恩师，我收获的启发与成长，离不开他们对我的谆谆教诲。

　　还有，我要感谢信息化的时代，让我可以轻松获得历史名人的演讲资料，包括文字资料、音频资料、视频资料等，使我可以在浩如烟海的璀璨的演讲作品中寻找到优秀的演说，思考和丰富演讲的知识体系。同时，也要感谢历史上那些乐于把自己的想法分享出来的优秀的演讲者们。

　　我要感谢从教以来信任我的学生们。他们让我得以了解在语言能力训练提升的过程中，人们会面临的真实问题以及解决这些问题的方法，使我可以在实践中验证这些训练方法的有效性并持续优化。

　　我要感谢我的父母，他们在我成长的过程中不遗余力地支持我的所有决定，投资我的成长教育，支持我的事业，坚定地相信我的能力与未来。

　　最后，还要感谢出版社，让我的理念得以成书面市。